普通话等级考试
实用教程

PUTONGHUA DENGJI KAOSHI SHIYONG JIAOCHENG

主　编：郎娟娟　严岳峰　高梅媛
副主编：王莉莉　徐小萌　汤锦蕾　顾雪光　颜　彦
参　编：焦黎黎　李　慧

东北师范大学出版社
长　春

图书在版编目（CIP）数据

普通话等级考试实用教程/郎娟娟，严岳峰，高梅媛主编. —长春：东北师范大学出版社，2022.8
ISBN 978 - 7 - 5681 - 9329 - 0

Ⅰ. ①普… Ⅱ. ①郎… ②严… ③高… Ⅲ. ①普通话—水平考试—教材 Ⅳ. ①H102

中国版本图书馆 CIP 数据核字（2022）第 160114 号

□责任编辑：何世红 □封面设计：张 然
□责任校对：王立娜 □责任印制：许 冰

东北师范大学出版社出版发行
长春净月经济开发区金宝街 118 号（邮政编码：130117）
电话：0431—84568023
网址：http://www.nenup.com
东北师范大学音像出版社制版
长春方圆印业有限公司印装
长春市绿园区迎宾路 2066 号（邮政编码：130062）
2022 年 8 月第 1 版 2022 年 8 月第 1 次印刷
幅面尺寸：185 mm×260 mm 印张：14 字数：339 千

定价：45.00 元

前言

《普通话等级考试实用教程》以国家语委最新颁布的《普通话水平测试大纲》和《普通话水平测试实施纲要》为依据，以高等院校普通话教学基本要求为准绳，以提高学生普通话等级考试成绩为目标而编写。本教材可作为高等院校学生普通话等级考试的培训教材。

本教材将普通话语音基础与普通话水平测试紧密结合，把测试的重点和难点融入对语音基础知识的学习与训练中，主要针对学生方言区鼻边音不分，平翘舌不分，前后鼻音不分，二、三声不分等情况，进行有针对性、实用性、可操作性的辨析和训练，从而使学生收到立竿见影的学习效果。为了提高学生普通话等级考试的成绩，本教材把普通话等级考试的应试训练作为重要的组成部分，对测试中每一种题型的基本要求和考试技巧都做了重点辅导。对“读单音节字词”和“读多音节词语”这两类题，除了提供必要的真题以外，还对测试中容易读错的字词进行了归纳整理和重点练习。对 60 篇朗读作品中容易读错的字词进行了注音，既重点突出，又方便实用。对 30 个说话题目，除了提供说话提纲以外，还提供了精选范文，使学生既有所借鉴，又能根据自己的实际情况做说话练习，避免雷同。同时，随着计算机辅助普通话水平测试的普及，本教材还对计算机辅助普通话水平测试的流程和注意事项做了介绍，以适应机测的需要。

本教材是安徽省高校多位一线教师根据近几年来多个省级精品课题项目整理而成，主要课题有阜阳幼儿师范高等专科学校严岳峰主持的“安徽省 2019 年高等学校省级质量工程项目——精品线下开放课程《普通话》(编号：2019kfkc)”，阜阳职业技术学院王莉莉主持的“2018 年省级质量工程项目‘大规模在线开放课程（MOOC）’示范项目《普通话》课程（项目编号 2018mooc081）”和 2021 年安徽省“提质培优”项目——基于普通话水平测试研究背景下的职业教育精品在线开放课程——《普通话》。本书由滁州城市职业学院郎娟娟负责统稿并定稿，该书在出版过程中得到了各学校领导的大力支持，在此表示感谢！

总之，本教材新颖实用，是方言区人们学习普通话、参加普通话等级考试的重要学习和参考资料。

由于编写时间仓促，以及作者水平有限，本教材中难免有错漏之处，敬请广大读者批评并给予指正。

编　者

2022 年 7 月

目　录

资源库

第一章 普通话与普通话水平测试

第一节 什么是普通话

“普通话”这个概念，在不同的时期、不同的地区有不同的叫法。古代一直都有普通话，只是叫法不同而已。普通话在先秦两汉时期被称为“雅言”，元明清时期叫作“官话”，民国时期叫作“国语”，现在台湾、香港、澳门仍叫作“国语”，而新加坡、马来西亚等国家的华人把它叫作“华语”。1955年召开的全国文字改革会议和现代汉语规范问题学术会议，将“国语”改成了“普通话”，并对普通话重新进行了定义。改“国语”为“普通话”，实际上有避“大汉族主义”之嫌，因为普通话毕竟是现代汉民族共同语，而我国是一个多民族的国家，从尊重少数民族的角度看，这一改动不无道理。当然，普通话的“普通”不是“普普通通”的意思，而是具有“普遍共通”的含义。

准确地说，普通话是“以北京语音为标准音，以北方话为基础方言，以典范的现代白话文著作为语法规范”的现代汉民族共同语。这个定义实质上从语音、词汇、语法三个方面提出了普通话的标准。

一、以北京语音为标准音

从语音标准来看，“以北京语音为标准音”指的是以北京话的语音系统为标准。北京话的语音系统是指由21个声母、39个韵母、4类声调，以及它们相互配合构成的体系。

“以北京语音为标准音”主要是以北京受过中等教育的人群发音为标准，特别是以播音员的发音为标准，因为他们接受过汉语拼音和普通话的教学，发音比一些老北京人要规范、准确得多。有的老北京人把“尾巴（wěiba）”说成“yǐba”，把连词“和（hé）”说成“hàn”，把“蝴蝶（húdié）”说成“húdiěr”，把“告诉（gàosu）”说成“gàosong”，这些土音使其他方言区的人难以接受。当然，也不是说现在受过中等教育的北京人，包括一些播音员，一定说的都是标准的普通话，他们的语音仍然有与普通话不一致的地方，如：把“处理（chǔlǐ）”说成“chùlǐ”，把“比较（bǐjiào）”说成“bǐjiǎo”，把“潜伏（qiánfú）”说成“qiǎnfú”，把“复杂（fùzá）”说成“fǔzá”，把“亚洲（yàzhōu）”说成“yǎzhōu”，把“着急（zháojí）”说成“zhāojí”，把“质量

（zhìliàng）”说成“zhǐliàng”。因此，方言区的人学习普通话不能盲目模仿。

“以北京语音为标准音”是有取舍的，主要针对北京话里面的异读词、轻声和儿化词。

首先，北京话里的异读词不是多音多义词。多音多义词的读音不同，意义也不同，如“重量（zhòngliàng）”与“重庆（chóngqìng）”；而异读词没有意义上的区别，却有几种不同的读音，如“侵略”既被念“qīnlüè”，又被念“qǐnlüè”；“附近”既被念“fùjìn”，又被念“fǔjìn”；“波浪”既被念“bōlàng”，又被念“pōlàng”；“小溪”既被念“xiǎoxī”，又被念“xiǎoqī”；就连一个毫无意义区别的“手指”的“指”，也有三种不同的读音，如“手指”的“指”念“zhǐ”，“指头”的“指”念“zhí”，“指甲”的“指”念“zhī”。这给方言区的人学习普通话带来许多麻烦。因此，北京话的异读词要进行规范，这项工作由普通话审音委员会完成。从1956年开始，国家对北京土话的字音进行了多次审订，制定了普通话的标准读音。因此，普通话的语音标准当前应该以1985年公布的《普通话异读词审音表》和1996年版的《现代汉语词典》为规范。

其次，北京话里面的轻声较多，普通话没有必要全盘吸收。普通话首先要取能区分词义、词性的轻声。如：“男人”，读“nánrén”时，是指“男性的成年人”；读“nánren”时，是指“丈夫”。两者尽管都是名词且词性相同，但词义不一样。再如：“地道”，读“dìdào”时，是指“地面下掘成的交通坑道”；读“dìdao”时，是指“真正的，纯正的”。两者词义不同，词性也不同。这类轻声，普通话是必须取的。有的轻声，尽管没有区别词义、词性的作用，但根据约定俗成的原则，即人民大众的语言习惯形成轻声读音，如“爸爸”“妈妈”“明白”“糊涂”“马虎”“老实”，如果不读成轻声，则会显得不自然、不规范。这类轻声词在交流思想和表达感情方面起着积极的作用。适当地使用轻声，能使我们说话强弱得当、和谐动听，普通话也是要取的。其余的，像“西瓜”“练习”“因为”“白菜”等一类词，普通话就没有必要全盘吸收了。

北京话中的儿化词特别多，这是北京话的一个特点，但普通话并非全盘吸收北京话中的儿化词。首先，能区别词义、词性的儿化词，普通话是要取的，如“白面”（麦子磨成的面粉）与“白面儿”（毒品海洛因），“两口”（数量短语）与“两口儿”（夫妻俩，名词），“盖”（盖上，动词）与“盖儿”（瓶盖儿、盖子，名词）等。有的儿化词尽管没有区别词义、词性的作用，但不读成儿化音就破坏了这些词固有的语音形式，虽然不一定会影响语意的表达，但是听起来不自然。如：把“小孩儿，过了这个村儿，就没这个店儿了。今天我有事儿，你等我一会儿”说成“小孩，过了这个村，就没这个店了。今天我有事，你等我一会”，听起来就没有那么明显的口语味儿了，语言也显得不那么生动活泼。所以这类儿化词也是要取的。而带有明显北京土音成分的，如“吃饭倍儿棒”这类儿化词就没有必要吸收到普通话中来。

二、以北方话为基础方言

从词汇标准来看，普通话“以北方话为基础方言”，主要规定了普通话词汇的取词范围。首先是选取北方方言通用的词汇，剔除个别方言偏用的词汇。北方方言区面积最大，使用北方方言的人口最多，包括西南官话中的四川话都属于北方方言，但是并不是说凡是北方方言区的词汇都可以成为普通话的词汇，这里应该确定一个核心地区的词汇作为标准，这个核心地区就是北京。当北方方言区对同一个事物有不同叫法的时候，一般应该以北京话的词汇为标准，如同样都是北方方言，北京话中的“玉米”，四川话叫“包谷”，山东话叫“棒子”，东北话叫“苞米”，应该以“玉米”为标准。那么是不是北京话中所有词汇都可以成为普通话的词汇呢？也不是。以北京地区的词汇为核心，一方面，要摒弃北京当地比较土俗的词汇，例如老北京人把“太阳”说成“老爷儿”，把“下小雨”说成“掉点儿”，把“跑”说成“撒丫子”“颠儿”，把“傍晚”说成“晚半晌”，把“斥责”说成“呲儿”，把“吝啬”说成“抠门儿”等。另一方面，非北京话、非北方话地区的方言词有特殊的意义和表达力，北方话里没有相应的同义词，这样的词语也可以吸收到普通话词汇中。例如“搞”“垃圾”“尴尬”“噱头”等词已经在书面语中经常出现，早已加入了普通话词汇行列。普通话所选择的词汇一般都是流行较广而且早就用于书面上的词语。国家语委组织人力编写的《现代汉语规范词典》对普通话词汇进一步做出了规范。

三、以典范的现代白话文著作为语法规范

从语法标准来看，普通话“以典范的现代白话文著作为语法规范”，这个标准包括四方面意思。

第一，“典范”就是排除不典范的，如毛泽东、鲁迅、郭沫若、茅盾、巴金、老舍、曹禺等现代著名作家的代表作中规范的用例是堪称“典范”的，但如果是不规范的用例，仍不能成为现代汉语的语法规范。比如鲁迅虽然是现代著名作家，但由于鲁迅早期是写文言文的，五四时期提倡白话文，他才改写白话文，所以鲁迅的早期作品有文白夹杂的现象。鲁迅曾经谦虚而客观地评价自己的早期作品，他说：“我的初期作品多少杂着一些古怪的字眼，但这不是金子，而是砂砾！我的白话好像小脚放大脚，所以这种白话是不纯洁的，不健康的！”

第二，“白话文”就是排除文言文，如《聊斋志异》虽是文学名著，但它是文言文，可以作为古代汉语的语法规范，而不能作为现代汉语的语法规范。

第三，“现代白话文”就是排除五四以前的早期白话文，如《水浒传》《红楼梦》等，虽然它们堪称经典，但是用古白话写成，不能作为现代汉语的语法规范。

第四，“著作”就是指普通话的书面形式，它建立在口语基础上，但又不等于一般的口语，而是经过加工、提炼的语言，它比口语更明确、规范，更容易把握。

第二节　怎样学好普通话

目前，由于国家的大力提倡和社会进步的需要，我国各地推广普通话的热潮正一浪高

过一浪。学校是推广普通话的重要阵地，许多高等和中等学校都设立了普通话课或语言基础课等，普通话正逐步走入校园，成为校园语言。社会上各部门、行业或个人学习普通话的热情也十分高涨，许多行业已把会讲普通话看作个人职业素质的一部分，并由此推动了文明、礼貌用语活动的开展，推动了社会主义精神文明建设。尽管如此，由于有些人受传统思想的束缚，存在着学不学无所谓的想法或怕别人议论、讥笑等心理障碍，或因缺乏普通话基础知识，学习起来颇觉费力；也有的人学习热情高，但学习方法不当，事倍功半。因此，以下分几个方面简单地介绍一下学习普通话的基本要求和方法。

第一，要学好普通话，首先应学习和了解国家有关推广普通话的政策和措施，并从根本上认识推广普通话的重要意义，这样才能使自己的学习有强大的动力，才能使学习普通话变成一种自觉的积极的行为。

第二，要学好普通话，应认真掌握普通话的有关基础知识，以理论来指导实践，这样才能收到良好的效果。语言的三要素是语音、词汇、语法，学习普通话也需要同时注意这三方面的内容。虽然语音准了，但如果使用了方言词语或方言句式，听起来就会感到别扭，也不合乎规范。但是鉴于方言与普通话的差异主要还是体现在语音上，因此应把学习普通话的重点放在对普通话语音的学习上，着重掌握普通话语音的基础知识。要熟悉普通话的语音特点、语音体系，要掌握和学会运用《汉语拼音方案》，要掌握国家关于正音方面的有关条文，如 1985 年 12 月，国家语委、国家教委、广播电影电视部联合颁布的《普通话异读词审音表》就是异读词正音的一个标准，还可以将新版《现代汉语词典》《新华字典》等具有权威性的工具书作为正音标准。

掌握普通话的语音基础知识，还应了解方音辨正的有关知识，学会自觉地、有效地对照普通话语音方面存在的差异，发现某些规律，并按照规律事半功倍地纠正方音。当然，对于一些规律之外的方音特点需要下功夫去专门记忆了。

第三，要学好普通话，只单纯掌握有关知识和理论是远远不够的，还必须把它们与实践结合起来。语音是口耳之学，学习普通话必须多练。如果做不到反复地、持久地练习，那么提高普通话水平只能是一句空话。因此，应做到：

多听，即勤动耳。最简单的办法就是经常收听广播、收看影视作品等，这一过程中既能有重点地记忆一些字词，又能总体感受普通话的语音特点，久而久之，耳熟能详，对自己的发音会大有裨益。此外，在看电视时也应注意播音员、主持人的标准读音，还可以跟着他们的口型练习发音，也可以专门买些有关普通话学习方面的磁带、光盘或自己录制部分有关材料经常播放和学习。多听也应包括日常生活中注意听周围普通话标准的同学、朋友、亲戚等说话，多倾听他们的发音，多与他们交流。

多读，即勤动口。读是有文字材料依据的动口活动，这是学说普通话的基础和初级阶段。读既可以读单个的字、多音节的词语，也可以读整段整篇的文章，在读的过程中，通过发音，感受普通话的语音特点，从而能逐步减少方音，提高普通话水平。在挑选文章时，应选思想性、艺术性俱佳的作品，这样的美文不仅有助于普通话语音的学习，也有助于掌握规范的词汇和语法，还可以使人得到美的享受。除此之外，应多参加朗诵、演讲等一些与普通话有关的活动，注意掌握普通话语调和句中语音的变化规律，在反复训练、强化中逐步缩小与普通话的距离。

多记，即勤动脑。除了在听、读训练的同时注意记一些重点字、词外，还应专门记忆一些规律之外的难点字音。如普通话与各地方言中声调对应规律之外的“声调例外字”，就需要花费力气逐个记忆。有人在学普通话时总有一种畏难心理，认为需要纠正的字音太多，不知怎样记记，从而在学习时要么裹足不前，要么急于求成。语言的学习是最见功夫的，必须扎扎实实地去练习，没有捷径可走。况且此类字数量并不多，只要肯下功夫，逐个攻破是完全有可能的。平时做有心人，学习起来恐怕并不像想象的那么艰难。

多说，即多说话。说是没有文字材料依据的动口活动，说一口流利的普通话是学习普通话的最终目的，因此，学习普通话最重要的一点是多说。平时常见到这种现象：有的人碍于面子，学习普通话时只肯拿着文字材料默读，不好意思开口和别人用普通话进行交流，这是学习普通话的一大障碍。读和说不同，读是一种依据文字材料进行的被动的语言活动，而说是内心思想和情感的外在流露，是一种主动的语言活动。会读绝不意味着会说。要想使普通话真正成为自己传情达意的得力工具，就必须多进行说的练习。一开始说不好没关系，任何一个以方言为母语的人学习普通话都有一个由说不好到说得好的过程，关键看个人是否认识到了这一点，是否有勇气度过这一阶段。只要有信心、有勇气，方法得当，勤学苦练，就一定能说一口标准流利的普通话，使其更好地发挥它的交际作用。

第三节 普通话水平测试

一、什么是普通话水平测试

普通话水平测试（PUTONGHUA SHUIPING CESHI，缩写为 PSC），主要是通过测查应试人的普通话规范程度、熟练程度，认定其普通话水平等级，属于标准参照性考试，以口试的方式进行。

二、普通话水平测试的内容

（一）读单音节字词（100 个音节，不含轻声、儿化音节），限时 3.5 分钟，共 10 分。

（二）读多音节词语（100 个音节），限时 2.5 分钟，共 20 分。

（三）朗读短文（1 篇，400 个音节），限时 4 分钟，共 30 分。

（四）命题说话，限时 3 分钟，共 40 分。

三、普通话水平测试等级标准与成绩划分

普通话水平测试分为三级六等：

一　级

甲等　朗读和自由交谈时，语音标准，语汇、语法正确无误，语调自然，表达流畅。测试总失分率在3%以内。

乙等　朗读和自由交谈时，语音标准，语汇、语法正确无误，语调自然，表达流畅。偶有字音、字调错误。测试总失分率在8%以内。

二　级

甲等　朗读和自由交谈时，声调基本标准，语调自然，表达流畅。少数难点音（平舌音、翘舌音、前鼻尾音、后鼻尾音、边鼻音等）有时出现失误。语汇、语法极少有误。测试总失分率在13%以内。

乙等　朗读和自由交谈时，个别调值不准，声母、韵母发音有不到位现象。难点音（平舌音、翘舌音、前鼻尾音、后鼻尾音、边鼻音、fu—hu、z—zh—j、送气不送气、i—ü、浊塞音和浊塞擦音、介音、复韵母等）失误较多。方言语调不明显，有使用方言词、方言语法的情况。测试总失分率在20%以内。

三　级

甲等　朗读和自由交谈时，声母、韵母发音失误较多，难点音超出常见范围，声调调值多不准。方言语调明显。语汇、语法有失误。测试总失分率在30%以内。

乙等　朗读和自由交谈时，声调发音失误多，方音特征突出。方言语调明显。语汇、语法失误较多。外地人听其谈话有听不懂的情况。测试总失分率在40%以内。

成绩划分：

97分及其以上，为一甲；

92分及其以上，但不足97分，为一乙；

87分及其以上，但不足92分，为二甲；

80分及其以上，但不足87分，为二乙；

70分及其以上，但不足80分，为三甲；

60分及其以上，但不足70分，为三乙。

四、计算机辅助普通话水平测试流程及注意事项

（一）计算机辅助普通话水平测试流程

1. 佩戴耳机

（1）应试人就座后戴上耳机（麦克风应在脸颊左侧），并将麦克风置于距离嘴巴2～3厘米的位置。

（2）戴好耳机后点击“下一步”按钮。

2. 应试人登录

（1）屏幕出现“登录”界面后，考生填入自己的准考证号。准考证号的前几位系统会自动显示，考生只需填写最后四位数字。输入后，点击“进入”按钮登录。

（2）如果输入有误，单击“修改”按钮，重新输入。

3. 核对信息

（1）考生登录成功后，考试机屏幕上会显示考生的个人信息，应试人请仔细核对所显示信息是否与自己的相符。

（2）核对无误后，单击“确认”按钮，继续下一项。

（3）核对时若发现错误，点击“返回”按钮，重新登录。

4. 应试人试音

（1）进入试音页面后，考生会听到系统的提示语。提示语结束后，以适中的音量和语速朗读页面呈现的句子，进行试音。（如图 1 - 1）

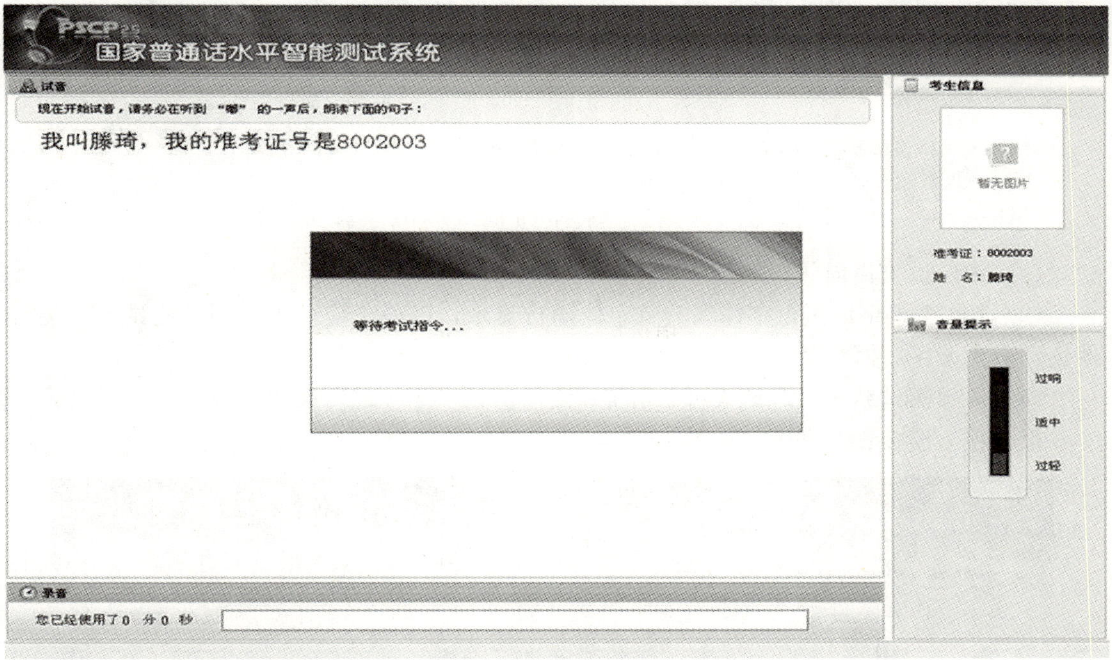

图 1 - 1

（2）如试音顺利，系统会出现“试音结束”的对话框。点击“确认”按钮，进入下一程序。

（3）若试音失败，需提高朗读音量并根据系统提示重新试音。

5. 开始测试

特别提示：

（1）普通话水平测试共有 4 个测试项，每个测试项开始时都有一段语言提示。语言提示结束会发出“嘟”的结束提示音，这时应试人才可以开始测试。

（2）测试过程中，应试人应做到吐字清晰，语速适中，音量与试音时保持一致。

（3）测试过程中，应试人应根据屏幕下方时间提示条的提示掌握时间。

（4）如某项测试结束，应试人可单击屏幕右下方的“下一题”按钮，进入下一项测试。如某项测试规定的时间用完，系统会自动进入下一项测试。

（5）测试过程中，应试人不能说该测试项之外的其他内容，以免影响评分。

（6）测试过程中，如有问题，应试人应举手示意，请工作人员予以解决。

第一项　读单音节字词（如图 1 - 2）

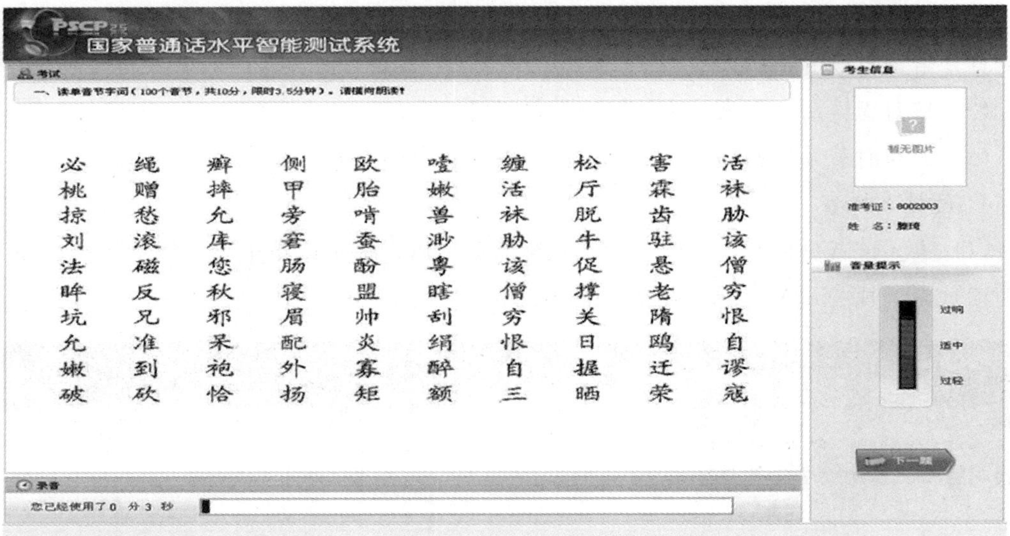

图 1 - 2

（1）请应试人横向依次朗读单字。

（2）100 个单字以黑色字体和蓝色字体隔行显示，以便于应试人识别。应试人应逐行朗读，避免漏字、漏行。

（3）该项测试结束，应试人可单击屏幕右下方的“下一题”按钮，进入下一项测试。

第二项　读多音节词语（如图 1 - 3）

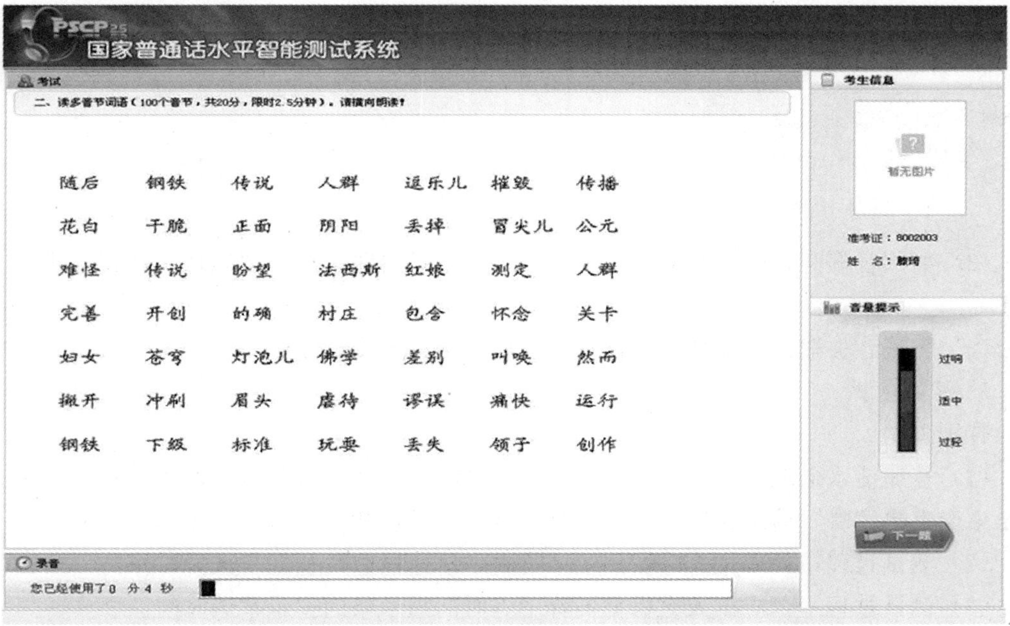

图 1 - 3

（1）请应试人横向依次朗读词语，避免漏读。

（2）该项测试结束，应试人可单击屏幕右下方的“下一题”按钮，进入下一项测试。

第三项　朗读短文（如图 1 - 4）

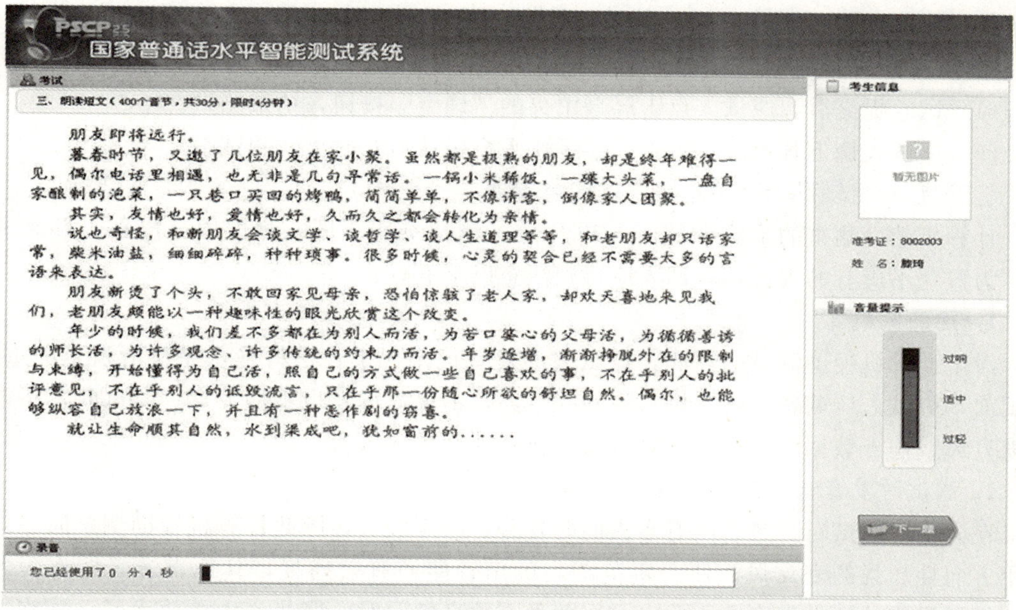

图 1 - 4

（1）应试人应注意语音清晰，语义连贯，防止添字、漏字、改字。

（2）该项测试结束，应试人可单击屏幕右下方的“下一题”按钮，进入下一项测试。

第四项　命题说话（如图 1 - 5）

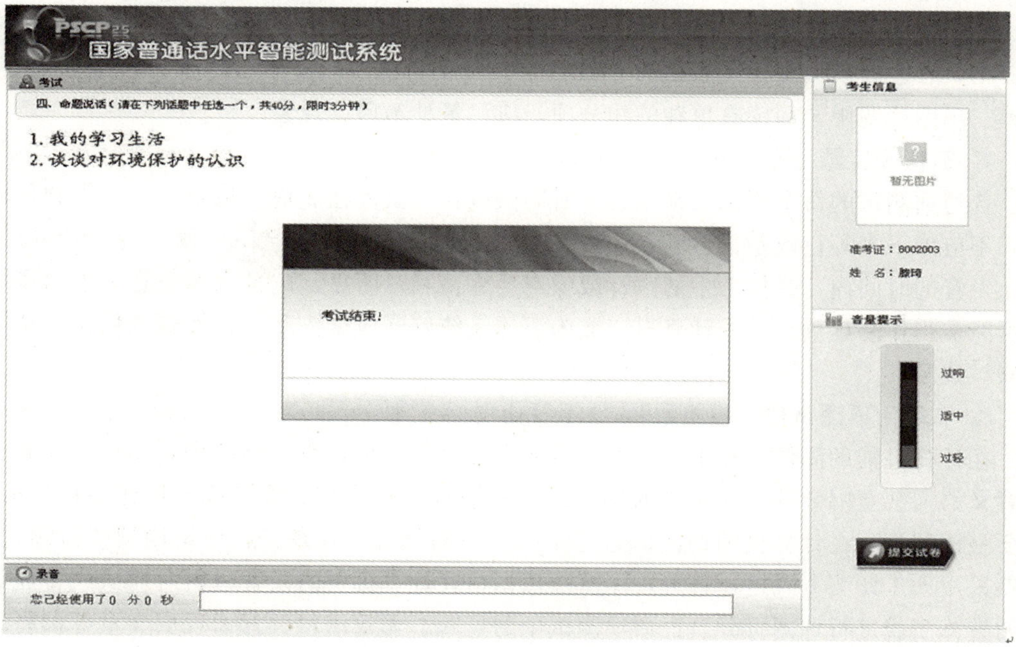

图 1 - 5

（1）该项测试开始后，应试人应先说所选的话题。如：我说的话题是“我喜欢的节日”。应试人的说话内容不得同时包括试卷提供的两个话题。

（2）命题说话部分满 3 分钟后，该项测试自动结束，不需要点击“提交试卷”按钮，系统会自动提交试卷。

(3) 命题说话必须说满 3 分钟，应试人应根据屏幕下方的时间提示条把握时间。

6. 结束考试

(1) 试卷提交后，应试人点击屏幕中央的“确定”按钮，结束测试。

(2) 应试人摘下耳机放在桌上，经工作人员确认后及时离开测试室。

(二) 计算机辅助普通话水平测试注意事项

计算机辅助测试的形式和流程与以往人工测试有所不同，测试中会出现一些新的情况。为避免不应有的失误，应试人应特别注意以下五点：

1. 正确佩戴耳麦

对于计算机辅助测试的评测，应试人的发音记录、录音材料是否完整清晰至关重要。测试前，应试人应调整好麦克风与嘴唇的距离，不可太近，也不能太远。测试时，不要触摸麦克风或摆弄数据线，以免气息音传入或其他杂音被录入。

2. 测试时发音音量控制得当

在大机房测试时，考场内有多人同时发音，噪声较大，因此计算机辅助测试时一般会采用方向性较强的麦克风，使一定范围内的声音能被有效捕捉，其他声音只能作为背景音；但如果应试人的声音太小，电脑在放大有效音的同时，背景音也被放大了，这将严重影响应试人的测试成绩。而且，应试人的发音也不是越大越好，如果声音太大，会影响其他考生正常应考，同时容易导致电脑音频数据失真，增加共鸣和气息音，从而影响应试者的测试成绩。

3. 测试前三项时，尽量避免错、漏、增、改与回读

在测试前三项时，错、漏、增、改读以个数计算扣分，第三项中的回读以次数计算扣分。第一、二题虽然允许读第二遍并以第二遍读音为准，但也不要过于频繁地读第二遍。在第三项朗读题中，回读有单独的扣分项，应尽量杜绝回读现象。

4. 不在每道题完成后的余暇时间做其他事情

普通话测试的每个测试项都预设了时间限制，应试人在完成一道题后，如未到预设时间，不应停下来等待或趁机准备下一题的内容，而应及时点击“下一题”。因为在应试人停止发音的时间内，其他考生的声音或噪声会变得相对明显，应试人不经意发出的声音也有可能被当作测试读音录入计算机，成为机测系统判断应试人下一题发音的依据，从而影响测试成绩。

5. 在说话项测试中不投机取巧，不背诵现成文章

在计算机辅助测试过程中，少数应试人因抱侥幸心理，在说话项中，用反复读题、说无意义语词甚至唱歌等方式填充时间，或者背诵现成的诗歌、故事或其他作品投机取巧。需要强调的是，在计算机辅助测试过程中，虽然测试员不在现场，但第四项“命题说话”仍然采用人工评测方式进行打分，测试员依据留在计算机中的录音材料对应试人普通话水平的整体面貌进行评测打分。说话项测试中的离题、无效语料、背诵现成文章等都将严重影响应试人的此项得分。

第二章 普通话语音基础

第一节 语音的基本概念

音节： 音节是我们听觉上能够感觉到的最自然的语音单位。一般来说，一个汉字的字音就是一个音节，如“普通话”（pǔtōnghuà）三个字，就是三个音节；儿化词例外，如“聊天儿”（liáotiānr）是三个字，却只有两个音节。普通话的基本音节约有 400 个，带上声调有 1270 多个。

音素： 音素是最小的语音单位。如“花”（hua）有 h—u—a 三个音素。普通话的音素共有 32 个，其中元音有 10 个，即 a、o、e、ê、i、u、ü、er、-i（前）、-i（后）；辅音有 22 个，即 b、p、m、f、z、c、s、d、t、n、l、zh、ch、sh、r、j、q、x、g、k、h、ng。辅音中除了 ng 以外，其余 21 个都做声母。

元音： 元音是根据音素的发音性质分出来的类。发元音时，气流在口腔中不受阻碍，声带振动，声音响亮。

辅音： 辅音是根据音素的发音性质分出来的类。发辅音时，气流在口腔中要受到这样或那样的阻碍，除了 m、n、l、r 四个辅音外，大多数辅音发音时声带不振动，声音较小。我们把发音时声带振动的辅音叫浊辅音，声带不振动的辅音叫清辅音。

声母： 声母是一个音节开头的辅音，如 hua 中的“h”。一个音节如果是元音开头，这样的音节叫零声母音节，如以 a、o、e 开头的音节。普通话辅音声母有 21 个。

韵母： 韵母是一个音节声母后面的部分，如 hua 中的“ua”。普通话韵母有 39 个。

声调： 声调是音高的变化，即一个音节高低曲直的变化。普通话声调有 4 类，即阴平、阳平、上声、去声。轻声由于没有固定的调值，它要随前一个音节声调的变化而变化，所以不算一类。但是轻声仍然有声调，只是由于它没有固定的调值，因而没有相应的声调符号。汉语拼音方案规定，轻声音节不标声调符号。

第二节　普通话声母

一、声母的分类与发音练习

（一）声母的分类

声母按发音部位（气流在口腔或鼻腔中受阻的地方）可分为七类：

1. 双唇音：b、p、m　是由上唇与下唇构成阻碍而发出的音。

2. 唇齿音：f　是由上齿与下唇构成阻碍而发出的音。

3. 舌尖前音：z、c、s　又叫“平舌音”，是由舌尖与上齿背构成阻碍而发出的音。

4. 舌尖中音：d、t、n、l　是由舌尖与上齿龈构成阻碍而发出的音。

5. 舌尖后音：zh、ch、sh、r　又叫“翘舌音”，是由舌尖与硬腭前部构成阻碍而发出的音。

6. 舌面音：j、q、x　是由舌面前部与硬腭前部构成阻碍而发出的音。

7. 舌根音：g、k、h　是由舌根与软腭构成阻碍而发出的音。

声母的发音方法包括构成阻碍与消除阻碍的方式、声带是否颤动、送气不送气等三个方面，由此又可以将声母分为不同类型。

声母根据构成阻碍与消除阻碍方式的不同可以分为五类：

1. 塞音：b、p、d、t、g、k　发音时，发音部位完全闭塞，构成阻碍，气流冲破阻碍，迸裂而出，爆发成声。塞音又叫“爆发音”或“破裂音”。

2. 擦音：f、h、x、sh、r、s　发音时，发音部位接近，留有一条窄缝，气流由窄缝中挤出，摩擦成声。

3. 塞擦音：j、q、zh、ch、z、c　发音时，发音部位先是完全闭塞，然后气流把阻塞部位冲开一条窄缝，再从窄缝中挤出，摩擦成声。可见这类声母兼有塞音与擦音的特点，前半部分像塞音，后半部分像擦音，前后发音过程紧密结合，形成一个完整的辅音。

4. 鼻音：m、n　发音时，口腔中的发音部位完全闭塞，软腭下降，声带振动，气流从鼻腔通过。

5. 边音：l　发音时，舌尖抵住上齿龈，声带振动，气流从舌头的两边通过。

根据声带是否颤动，可以把声母分为两类：

1. 清音：b、p、f、d、t、g、k、h、j、q、x、zh、ch、sh、z、c、s　发音时声带不颤动，又叫“不带音”。

2. 浊音：m、n、l、r　发音时声带颤动，又叫“带音”。

根据送气不送气，可以把声母中的塞音与塞擦音分为两类：

1. 送气音：p、t、k、q、ch、c　发音时口腔中呼出较强的气流。

2. 不送气音：b、d、g、j、zh、z　发音时口腔中呼出较弱的气流。

综合上述分类，列普通话辅音声母列表如下：

普通话辅音声母总表

	塞　音		塞擦音		擦　音		鼻　音	边　音
	清　音		清　音					
	不送气	送气	不送气	送气	清 音	浊 音	浊　音	浊　音
双唇音	b	p					m	
唇齿音					f			
舌尖前音			z	c	s			
舌尖中音	d	t					n	l
舌尖后音			zh	ch	sh	r		
舌面音			j	q	x			
舌根音	g	k			h			

（二）声母的发音

1. 声母的呼读音

大多数声母发音时声带不振动，声音不响亮，为了便于教学，我国传统的教学方法是在这些声母的后面加上一个发音响亮的元音，我们把这种音叫“呼读音”，如：

b、p、m　　后面加 o　　读成：bo、po、mo
f　　后面加 o　　读成：fo
z、c、s　　后面加－i（前）　　读成：zi、ci、si
d、t、n、l　　后面加 e　　读成：de、te、ne、le
zh、ch、sh、r　　后面加－i（后）　　读成：zhi、chi、shi、ri
j、q、x　　后面加 i　　读成：ji、qi、xi
g、k、h　　后面加 e　　读成：ge、ke、he

这种呼读音并不是声母的本音，用于拼音就不准确，如，“爸爸”的“爸”拼读出来就像“bo＋a＝boa”，所以，教师在拼音教学的时候不得不强调“前音轻短后音重，两音相连猛一碰”，目的就是不要发出声母后面加上的元音。

2. 声母的本音

声母的本音是把发音部位与发音方法相结合发出来的音。具体发音如下描述：

b　双唇不送气清塞音　发音时，双唇紧闭，形成阻碍，较弱的气流冲破双唇阻碍，爆发成声，声带不颤动。

p　双唇送气清塞音　发音情况与 b 基本相同，只是在除阻时口腔呼出的气流较强，形成送气音。

m　双唇浊鼻音　发音时，双唇紧闭，形成阻碍，软腭下降，打开鼻腔通路，气流由鼻腔通过，声带颤动。

f　唇齿清擦音　发音时，下唇接近上齿，形成窄缝，气流从窄缝中挤出，摩擦成声，声带不颤动。

z　舌尖前不送气清塞擦音　发音时，舌尖抵住上齿背，形成阻碍，较弱的气流将阻碍冲开一条窄缝，从窄缝中挤出，摩擦成声，声带不颤动。

c　舌尖前送气清塞擦音　发音情况与 z 基本相同，只是在除阻时口腔呼出的气流较强，形成送气音。

s　舌尖清擦音　发音时，舌尖接近上齿背，形成窄缝，气流从窄缝中挤出，摩擦成声，声带不颤动。

d　舌尖中不送气清塞音　发音时，舌尖抵住上齿龈，形成阻碍，较弱的气流冲破阻碍，爆发成声，声带不颤动。

t　舌尖中送气清塞音　发音情况与 d 基本相同，只是在除阻时口腔呼出的气流较强，形成送气音。

n　舌尖中浊鼻音　发音时，舌尖抵住上齿龈，形成阻碍，软腭下降，打开鼻腔通路，气流由鼻腔通过，声带颤动。

l　舌尖中浊边音　发音时，舌尖抵住上齿龈，形成阻碍，气流从舌头两边或一边通过，声带颤动。

zh　舌尖后不送气清塞擦音　发音时，舌尖上翘，抵住硬腭前部，形成阻碍，较弱的气流将阻碍冲开一条窄缝，由窄缝中挤出，摩擦成声，声带不颤动。

ch　舌尖后送气清塞擦音　发音情况与 zh 基本相同，只是在除阻时口腔呼出的气流较强，形成送气音。

sh　舌尖后清擦音　发音时，舌尖上翘，接近硬腭前部，形成窄缝，气流从窄缝中挤出，摩擦成声，声带不颤动。

r　舌尖后浊擦音　发音情况与 sh 基本相同，只是声带颤动，形成浊音。

j　舌面不送气清塞擦音　发音时，舌面前部抵住硬腭前部，形成阻碍，较弱的气流将阻碍冲开一条窄缝，由窄缝中挤出，摩擦成声，声带不颤动。

q　舌面送气清塞擦音　发音情况与 j 基本相同，只是在除阻时口腔呼出的气流较强，形成送气音。

x　舌面清擦音　发音时，舌面前部接近硬腭前部，形成窄缝，气流从窄缝中挤出，摩擦成声，声带不颤动。

g　舌根不送气清塞音　发音时，舌根抵住软腭，形成阻碍，较弱的气流冲破阻碍，爆发成声，声带不颤动。

k　舌根送气清塞音　发音情况与 g 基本相同，只是在除阻时口腔呼出的气流较强，形成送气音。

h　舌根清擦音　发音时，舌根接近软腭，形成窄缝，气流从窄缝中挤出，摩擦成声，声带不颤动。

此外，在普通话里，存在相当数量没有辅音声母的音节，即零声母音节，如以 ɑ、o、e、y、w 开头的音节。

（三）声母发音与练习

1. 声母的呼读音与本音对比练习

可以先读呼读音，再读本音，然后全读本音，也可按顺序、倒序、鼻边音对比、平翘舌对比等多种形式练习。

b　p　m　f　z　c　s　d　t　n　l

zh　ch　sh　r　j　q　x　g　k　h

2. 单音节发音练习

b	播	班	帮	泵	比	背	布	崩	笨
	标	备	悲	边	丙	埠	碧	扮	暴
p	盆	坡	砰	拍	蓬	品	铺	爬	破
	偏	撇	票	跑	鹏	频	普	抛	皮
m	每	某	买	慢	门	梦	忙	面	母
	明	满	灭	冒	马	迈	明	木	蒙
f	非	副	翻	逢	乏	房	幅	发	费
	富	匪	访	反	罚	废	浮	肺	愤
z	在	走	做	最	字	早	杂	怎	总
	尊	紫	暂	砸	赠	责	组	咱	泽
c	才	次	擦	册	此	村	侧	层	凑
	蚕	菜	苍	窜	错	参	惭	从	操
s	三	所	送	艘	扫	桑	色	涩	岁
	素	索	森	酸	孙	四	僧	洒	搜
d	的	地	都	对	当	但	多	动	得
	带	点	党	丢	单	电	短	邓	顿
t	它	提	听	透	兔	探	太	套	谈
	趟	铁	条	天	挺	听	体	吞	疼
n	年	那	能	你	难	牛	怒	鸟	女
	暖	捏	念	拟	脑	闹	泥	弄	嫩
l	里	采	老	另	离	类	冷	路	乐
	列	乱	蓝	料	临	辣	罗	领	临
zh	这	只	真	扎	张	抓	重	周	追
	中	转	准	装	拽	摘	着	长	捉
ch	出	成	长	穿	插	车	查	柴	船
	拆	缠	唱	称	乘	抄	春	揣	吃
sh	上	说	使	手	水	受	声	沙	栓
	闪	山	晒	双	数	烧	书	社	刷
j	急	进	见	节	脚	街	句	件	价
	叫	卷	假	井	倦	炯	江	及	巨
q	切	去	强	取	区	且	权	穷	秋
	确	琴	怯	洽	群	抢	敲	气	巧
x	想	向	新	写	小	选	学	寻	修
	鞋	雪	消	凶	峡	信	绣	歇	咸
g	歌	高	古	贵	国	滚	归	工	刮
	逛	沟	广	鼓	瓜	感	搞	棍	耕
k	可	空	亏	卡	阔	开	孔	扣	刻
	坑	颗	靠	款	啃	跨	考	恳	愧

h	好	和	会	混	很	花	哈	淮	灰	
	后	轰	户	慌	化	呼	汗	黑	唤	

3. 双音节发音练习

b	八宝	把柄	百般	摆布	斑驳	颁布	班级	包办	宝贝	报表
	卑鄙	奔波	弊病	辨别	标兵	表白	冰雹	病变	步兵	鄙薄
p	澎湃	批判	皮袍	枇杷	匹配	偏旁	偏僻	瓢泼	拼盘	品评
	乒乓	评判	铺平	爬坡	批评	琵琶	铺排	排炮	婆婆	品牌
m	妈妈	美满	茂密	面貌	明媚	牧民	命脉	梦寐	弥漫	磨灭
	美妙	莫名	谋面	名目	满目	密谋	木马	木棉	明码	绵绵
f	福分	发愤	反复	方法	仿佛	非凡	芬芳	奋发	放风	发福
	防范	奋飞	非分	分飞	防腐	佛法	丰富	风范	夫妇	芳菲
z	祖宗	最早	总则	栽赃	藏族	自尊	走卒	罪责	造作	遭灾
	做作	走嘴	遭罪	粽子	自在	凿子	造字	在座	咂嘴	啧啧
c	参差	苍翠	草丛	猜测	粗糙	从此	仓猝	层次	催促	残存
	匆匆	璀璨	措词	寸草	匆促	摧残	苍苍	草草	涔涔	曹操
s	搜索	松散	洒洒	飒飒	三思	嫂嫂	色散	色素	瑟缩	森森
	僧俗	思索	四散	送丧	嗖嗖	酥松	诉讼	随俗	琐碎	洒扫
d	当代	达到	打赌	大地	歹毒	单独	导弹	道德	等待	独到
	地点	敌对	抵挡	地道	颠倒	点滴	短笛	独断	涤荡	登顶
t	团体	塔台	贪图	唐突	坦途	滔天	逃脱	挑剔	推托	图腾
	通途	体贴	体坛	梯田	淘汰	跳台	铁蹄	体统	吞吐	天堂
n	拿捏	哪能	奶娘	奶牛	男女	难能	能耐	泥泞	牛奶	忸怩
	扭捏	农奴	南宁	难弄	袅娜	浓浓	呢喃	恼怒	讷讷	女奴
l	拉力	来历	来临	牢笼	勒令	联络	连理	莅临	利率	力量
	流落	嘹亮	邻里	凌厉	领略	料理	浏览	留恋	罗列	磊落
zh	战争	针织	征战	执政	忠贞	助长	郑重	珍珠	真挚	壮志
	专职	转战	长者	招展	专著	症状	支柱	卓著	茁壮	珍重
ch	长处	超产	车床	城池	乘除	驰骋	赤诚	冲程	出丑	臭虫
	惆怅	查处	蟾蜍	叉车	长城	初创	传承	船厂	除尘	春城
sh	闪烁	伤势	上述	烧伤	省时	生疏	身世	深山	射手	设施
	舍身	事实	少数	实施	舒适	树梢	述说	税收	神圣	山水
r	冉冉	嚷嚷	扰攘	忍辱	仁人	忍让	荏苒	仍然	容忍	容人
	融融	荣辱	柔软	如若	软弱	柔韧	濡染	闰日	茸茸	柔润
j	集锦	激进	积聚	基建	机井	即将	家具	佳节	嘉奖	艰巨
	见解	奖金	讲解	健将	阶级	京剧	经济	捷径	境界	家教
q	清秋	凄切	奇巧	强求	窃取	崎岖	情趣	铅球	亲切	秦腔
	漆器	求全	千秋	鹊桥	确切	群情	前驱	侵权	亲戚	轻取
x	笑星	消闲	相信	休息	湘绣	虚心	详细	信心	鲜血	兴修
	习性	心胸	兴许	喜讯	行凶	显现	形象	小型	新兴	雄心

g	感官	钢轨	杠杆	高干	公告	攻关	观光	拐棍	瓜葛	雇工
	骨骼	古怪	勾股	灌溉	光顾	规格	桂冠	国歌	故国	高歌
k	开垦	坎坷	慷慨	苛刻	空旷	苦口	宽阔	旷课	空空	困苦
	可靠	可口	克扣	侃侃	夸口	夸克	款款	矿坑	框框	开课
h	海河	憨厚	航海	豪华	好汉	和缓	火红	合欢	荷花	洪湖
	花卉	怀恨	黄昏	皇后	黄花	浑厚	火海	欢呼	后悔	黄河

二、声母辨正与练习

普通话的声母系统跟各个方言区的声母系统不完全一致，声母辨正就是辨别声母的差异，纠正方音。全国大多数方言区都存在着鼻音 n 与边音 l 不分，平舌 z、c、s 与翘舌 zh、ch、sh 不分，舌根音 g 与唇齿音 f 不分等现象。此外，有的地区的人们还对部分舌根音与舌面音、送气音与不送气音、零声母与非零声母等分不清。下面主要结合四川方音进行辨正。

（一）分清鼻音 n 与边音 l

四川几乎所有地区的人们都分不清鼻音声母 n 与边音声母 l 的字音，如“大怒 dànù”与“大路 dàlù”、“无奈 wúnài”与“无赖 wúlài”没有区别。要分清 n 与 l，一要读准音，二要辨清字。

1. 读准音

从读准音来看，发鼻音 n 时，舌尖抵住上齿龈，形成阻碍，软腭下降，打开鼻腔通路，气流由鼻腔通过，声带颤动。发边音时，舌尖抵住上齿龈，形成阻碍，气流从舌头两边或一边通过，声带颤动。为了让气流能从舌头两边出来，发音时，面带微笑，嘴角自然就咧开了。

对比练习：n——l

n——niang	n——nan	n——niu	n——nong
l——liang	l——lan	l——liu	l——long
大娘——大梁	男子——篮子	牛犊——流毒	老农——老龙

2. 辨清字

一般的普通话教材在讲怎样辨清字的时候，都介绍了“记少不记多”“利用形声字声旁类推”等原则和方法，但主要是从微观的角度举例性地介绍。本教程也要运用这种原则和方法，但是从宏观的角度来把握，并且把这些原则具体化，落到实处，使学习收到立竿见影的效果。具体做法是：

（1）记少不记多。《新华字典》涉及鼻边音的字共有 735 个，而鼻音 n 声母的字只有 181 个，记住较少的 n 声母字，就可以倒推较多的 l 声母字。

（2）利用形声字声旁类推。181 个鼻音字也不好记，可以让它再少一点，这就可以利用形声字声旁类推的方法，如“宁”是 n 声母字，具有相同声旁的“拧、柠、咛、狞、泞”等字也可类推为 n 声母字，“宁”则叫作类推代表字。在 181 个 n 声母字中，这种类推代表字有 30 多个，但仅仅记住这 30 几个字还不够，因为有的 n 声母字尽管不能类推，却是常用字，如“男、女、牛、年”等，如果不记住，倒推的时候就可能出现错误，所以，也应该加入我们的记忆范畴。这样，我们大约要记 60 多个字。但我们认为，这 60 多个字也不好记，因为它们没有意义联系，即使一时记住了，时间久了也会忘记。

（3）运用记忆规律。我们知道，少的东西比多的东西好记，有意义联系的比没有意义联系的好记，押韵的比不押韵的好记。上面，我们已经把 735 个字压缩为 60 多个字，如果我们把它们编成既押韵又有意义联系的歌诀或短文，就可以提高记忆的效率了。

（4）编记忆歌诀或短文。这件事说起来容易，但做起来并不容易。因为这些字毫无意义联系，很难组成词语和句子，所以，有时候不得不加进几个不是 n 声母的字，这表面上看来多记了几个字，但它使无意义联系的字组成了有意义联系的句子，实际上提高了记忆效率。

下面是笔者编的《鼻音 n 字记忆歌诀》，尽管谈不上什么思想性、艺术性，但我们的目的是尽快记住歌诀中的鼻音字，然后通过字形辨字，所以，有的意义有些牵强也是可以理解的。后面的《平舌（z、c、s）字记忆短文》和《前鼻（in、en）字记忆歌诀》方法与此相同。

鼻音（n）字记忆歌诀

南宁那边过新年，
男农女妞捏黏团。
聂倪念书是孬种，
弄泥腻烦把嫩鸟撵。
肚馁匿娘把牛奶灌，
逆孽溺尿内难暖。
“你恼怒吵闹能耐寒？
囊装糯米拿去碾！”
“无奈，喏。”
（拟、疟、虐、凝、挠、啮、蔫）

说明：

①字下面有横线的词作人名或地名。

②歌诀中加点的字不是鼻音字。

③歌诀后面括号里的字暂未编进歌诀，由于数量不多，又押同样的韵，多读几遍也能记住。

④“娘”只推“酿”，其余带“良”旁的字，如“良、粮、狼、浪、郎、朗”等字都是边音。

⑤歌诀中“黏”：读“nián”（“糯”的意思）。馁：饿。逆：逆子。孽：作孽。囊：名词做状语，用口袋。“溺”读“niào”，撒尿。

⑥歌诀中，前一个引号内为聂倪娘的话，后一个引号内为聂倪的回答。

辨字前，先理解记忆，把歌诀的意思弄懂，然后机械地记忆，把歌诀读几遍。记住歌诀的大意和字形后，即使还没有把歌诀背下来，辨字也可立竿见影了。比如，教师写出一个“扭”字，学生便可从歌诀中的“妞”推出它是鼻音字；如果写出“流”字，学生觉得歌诀中没有这个字或相同的声旁，便可推出该字是边音字。

⑦少数使用频率不高的鼻音字，如“拗、淖、镍、廿”等字，在掌握了上面的歌诀后，再补充记忆。

思考与练习

1. 辨别下列字中的鼻边音字（如果判断为鼻音字，要求说出它在歌诀中的出处。比如“浓”鼻音，“男农女妞”；“弩”鼻音，“恼怒吵闹”等），然后读准它们。

脓	亮	娜	另	懦	灵	奴	辣	涅	领
镊	梁	念	离	劣	连	耐	纽	列	来
拟	敛	利	逆	赖	累	呐	腊	暖	路
乱	酿	浪	柠	努	李	丽	捺	您	冷
临	蜡	雷	能	流	脸	呢	奴	令	琳
峦	轮	琅	拿	嫩	立	绿	脑	老	聊
鸟	俩	辆	赖	刘	内	挪	轮	弩	闹
年	龙	隆	蓝	男	岚	拦	难	懒	揽
篮	楠	栏	喃	烂	览	澜	南	滥	阑

2. 单音节字对比练习。

蜡——捺	刘——牛	暖——卵	宁——陵	尿——料	连——年
努——鲁	狼——囊	棱——能	脑——老	吕——女	浓——笼
赖——奈	莉——逆	辆——酿	聂——裂	泪——内	娘——梁
虐——略	蓝——男	念——恋	诺——洛	路——怒	兰——喃

3. 双音节词语对比练习。

兰陵——南宁	连带——年代	涝灾——闹灾	无赖——无奈
流毒——牛犊	篮子——男子	隆重——浓重	侣伴——女伴
荷兰——河南	留恋——留念	老子——脑子	水流——水牛
黄鹂——黄泥	陨落——允诺	泪腺——内线	蓝布——南部
鲢鱼——鲇鱼	分裂——分蘖	了却——鸟雀	大梁——大娘
老路——恼怒	褴褛——男女	蓝色——难色	篱笆——泥巴

4. 分清下列词语中的鼻边音字，并读准词语。

农林	老练	年轮	辽宁	耐劳	哪里	脑力	流露
奴隶	纳凉	奶酪	凌乱	内涝	暖流	能力	联络
凝练	逆流	年龄	岭南	辽宁	冷暖	留念	烂泥
连年	来年	年轮	烂泥	老娘	扭捏	落难	历年
流脑	遛鸟	冷暖	老年	伶俐	裸露	奶牛	落难
尼龙	嫩绿	料理	流浪	农奴	能量	两难	泥泞
伦理	领路	年龄	脑力	纳凉	内陆	南宁	那里

5. 朗读练习：朗读作品 22 号《可爱的小鸟》。

6. 绕口令练习。

（1）新脑筋，老脑筋，老脑筋可以努力变成新脑筋，新脑筋不努力也会变成老脑筋。

（2）车棚里有四辆四轮大马车，你爱拉哪两辆就拉哪两辆。

（3）刘庄有个刘小柳，柳庄有个柳小妞。刘小柳放奶牛，柳小妞路边种杨柳。刘小柳的牛踩了柳小妞的柳，柳小妞的柳扎了刘小柳的牛。

附录一 n 声母字类推表

【那】nǎ 哪，nà 那、娜（人名），nuó 挪、娜（袅娜）

【乃】nǎi 乃、奶、艿、氖

【奈】nài 奈、萘，nà 捺

【南】nán 南、喃、楠，nǎn 蝻、腩

【囊】nāng 囊（囊揣）、囔，náng 囊（囊括）、馕（名词），nǎng 攮、馕（动词）

【挠】náo 挠、铙、蛲

【脑】nǎo 脑、恼、垴、瑙

【内】nèi 内，nè 讷，nà 呐、纳、衲、钠

【尼】nī 妮，ní 尼、坭、呢（呢绒）、泥、怩、铌，nì 泥（拘泥）、伲、昵，ne 呢

【倪】ní 倪、霓、猊、鲵，nì 睨

【你】nǐ 你，nín 您

【念】niǎn 捻，niàn 念、埝

【鸟】niǎo 鸟、袅

【捏】niē 捏，niè 涅

【聂】niè 聂、嗫、镊、颞、蹑

【宁】níng 宁、拧（拧毛巾）、咛、狞、柠，nǐng 拧（拧瓶盖），nìng 宁（宁可）、泞、拧

【纽】niū 妞，niǔ 扭、忸、纽、钮

【农】nóng 农、侬、哝、浓、脓

【奴】nú 奴、孥、驽，nǔ 努、弩，nù 怒

【虐】nüè 虐、疟（疟疾）

【诺】nuò 诺、喏、锘，nì 匿

【懦】nuò 懦、糯

（二）分清平舌音 z、c、s 与翘舌音 zh、ch、sh

四川大多数地区没有翘舌音声母 zh、ch、sh、r，把翘舌音声母 zh、ch、sh 的字都读成平舌音字母 z、c、s 的字。如把“主力 zhǔlì”读成“阻力 zǔlì”，把“支援 zhīyuán”读成“资源 zīyuán”。有些地方虽有翘舌音，但这些地方的人发 zh、ch、sh 音的部位比普通话略微靠前或靠后，而且字音范围比普通话窄。总之，也不能完全分清 zh、ch、sh 与 z、c、s 音。

要分辨平舌音与翘舌音，首先要发好 zh、ch、sh 这几个音。zh、ch、sh 与 z、c、s 两组音的发音方法是一样的，不同在于发音部位。zh、ch、sh 这组的发音部位是舌尖后，即舌尖翘起对准硬腭前部；z、c、s 这组发音部位是舌尖前，即舌尖平伸对准上门齿背。要注意舌尖后音的定舌位强化练习，然后进行从舌尖后音到舌尖前音或反方向的移动舌位练习。

《新华字典》中，平翘舌音的字有 2000 多个，其中平舌字有 500 多个，对平舌这 500 多个字进一步压缩，把类推代表字和不能类推的常用字提取出来，大约有 120 个字，我们仍将它们编制成记忆短文来提高记忆效率。

下面是笔者编的《平舌（z c s）字记忆短文》，供大家参考：

平舌（z、c、s）字记忆短文

兹宗族，祖子孙，夙散坐，操总册，暂在四则速算。

姊岑司思采足蚕桑再缫丝擦梭。嫂苏卅萨奏完瑟才扫灶做早餐：醋蒜、脆笋、酥枣参差杂素。

损贼崔三寸，凶残最自私。巳窜藏粟仓，凿墙砸锁遂索穗——造灾哉。昨岁作祟虽曾肆，此次所作太丧策。

曹择责，早猜测，飒洒随从左右塞。贼色惭，匆匆走，似兕蚤，钻脏仄。卒送死，斯家绥。

宰肃塑，啧啧赞，松森寺尊赐蓑、皂伞。

（诉、葬、宿、层、灿、涩、俗、姿、邹、宋、颂、诵、讼）

说明：

①字下面有横线的做人名或地名。

②短文中加点的字不是平舌字。

③短文后面括号里的字是暂未编进短文的平舌字。

④兹：这。祖子孙：祖孙三代人。夙：早晨。素：素食。巳：巳时。“粟”和“穗”借代粮食。肆：肆无忌惮。丧策：失策。飒洒：飒爽英姿，洒脱精悍。兕：母犀牛。仄：狭窄。卒：终于。斯：这。绥：平安。宰：宰相。赐：赏赐。皂：黑色。

⑤类推例外字：宗（崇）、则（铡）、足（捉）、速（束）、才（豺）、参（掺、渗、人参）、差（差别、出差、差生）、仓（创、疮）、此（柴）、责（债）、作（乍、炸、诈、窄）、嫂（瘦）、缫（巢）、窜（串）、擦（察）、塞（寨）、洒（晒）、寸（除了“村”“忖”常用字为平舌，大多为翘舌，如时，肘、守、狩）

⑥平翘舌都有的常见多音字。

色（sè 颜色、色彩，shǎi 掉色、色子、本色儿）

似（sì 相似，shì 似的）

择（zé 选择，zhái 择菜）

扎（zā 扎辫子，zhā 扎实，zhá 挣扎 ）

琢磨（zuómo 思考、琢磨，zhuómó 雕刻、打磨）

⑦“册、寺、诉”三个字不能推，否则推出的都是发翘舌音的字，如：由“册”推出“栅、删、珊、姗、跚”，都发翘舌音；由“寺”推出“诗、侍、持、痔、峙、恃”，都发翘舌音；由“诉”推出“斥、拆”，都发翘舌音。

思考与练习

1. 辨别下列单音节字的声母（如果判断为发平舌音的字，要求说出它在歌诀中的出处，如：“粗”平舌，“祖、子、孙”；“慈”平舌，“兹、宗、族”），然后读准它们。

泽	闸	杂	骚	闯	装	踩	神	载	措
资	成	草	村	爽	葱	床	撕	种	磁
澡	商	舱	姿	志	迟	春	阻	找	烧
所	厕	摘	税	岁	腮	催	侧	琐	吹
最	彩	输	刷	踹	租	憎	遵	唱	挫
从	霜	常	饲	搜	酸	傻	插	收	试
沙	召	蹿	扇	超	材	苍	索	紫	走

栽　糙　再　综　字　词　山　叔　俗　揍
在　十　四　三　婶　僧　索　追　正　伤

2. 单音节字对比练习。

资——知　此——尺　四——是　杂——闸　擦——插　洒——傻
最——坠　崔——炊　穗——睡　怎——枕　岑——晨　森——身
钻——专　窜——串　酸——栓　早——找　草——吵　扫——少
栽——摘　材——豺　腮——筛　则——哲　策——撤　色——设

3. 双音节词语对比练习。

桑叶——商业　杂草——铡草　肃立——树立　自学——治学
搜集——收集　栽花——摘花　早稻——找到　三角——山脚
死记——史记　走私——走失　资源——支援　阻力——主力
自理——治理　宝藏——保障　自愿——志愿　造就——照旧
综合——中和　自序——秩序　赞歌——战歌　散光——闪光
从来——重来　电磁——电池　粗布——初步　激素——基数
祠堂——池塘　木材——木柴　新村——新春　不曾——不成
鱼刺——鱼翅　死结——使节　走私——走失　五岁——午睡

4. 双音节词语综合练习（先标出词语中的平舌字，然后读准词语）。

四川　测试　春蚕　凑数　遵照　琐事　随手　增值
松弛　丝绸　苏州　自传　誓死　杂税　惨重　算术
村镇　深思　赞成　餐车　周岁　纯粹　沉思　增长
沼泽　失策　超载　尊重　杂志　栽种　在职　赞助
滋长　奏章　宗旨　总账　诅咒　罪证　转载　种族
十四　尺寸　上诉　山色　尊重　佐证　作者　渣滓
张嘴　沼泽　振作　争嘴　正宗　知足　职责　制造
种族　著作　装载　追踪　准则　财产　采茶　餐车
残春　操场　槽床　磁场　此处　粗茶　促成　催产
存储　错处　仓储　辞呈　差错　唱词　场所　神速
除草　初次　财产　收缩　松鼠　宿舍　作主　组织
炒菜　车次　陈词　吃醋　尺寸　筹措　冲刺　初次
楚辞　揣测　船舱　春蚕　撒手　私塾　死水　四处
素食　肃杀　松鼠　丧失　算术　岁数　损失　唆使
山色　膳宿　上司　伸缩　深邃　生死　绳索　世俗
失散　石笋　收缩　输送　曙色　疏散　哨所　参战
致辞　侦察　珠算　挫折　才智　珍藏　失真　辞章
出租　赛程　舒畅　早晨　昌盛　生造　色彩　作祟
慈善　赛场　草书　丧失　扫帚　姿势　种子　宿舍

5. 辨字练习（先标出平舌字，注意类推例外字，然后读准单音节字）。

z 与 zh

只　直　姿　制　治　自　知　紫　咨　痔　志　字　滋

致　指　资　渍　之　纸　籽　值　职　姊　孜　峙　智
质　支　止　枝　汁　执　置　织　至　吱　植　滞　脂
子　兹　滓　芝　侄　旨　掷　址　稚　挚　秩　蜘　趾
c 与 ch
吃　茨　迟　此　持　词　池　赤　齿　赐　斥　驰　尺
慈　辞　瓷　翅　炽　痴　次　叱　磁　刺　耻　祠　雌
s 与 sh
是　试　四　恃　寺　诗　肆　室　式　饲　市　丝　湿
私　时　事　斯　使　师　士　世　撕　石　始　死　视
识　十　食　屎　史　饰　拾　施　失　侍　示　释　誓
势　氏　失　逝　适　驶　狮　蚀　拭　柿　师　蚀　思

6. 朗读练习：朗读作品 1 号《白杨礼赞》。

7. 绕口令练习。

（1）四是四，十是十，十四是十四，四十是四十，谁能说准四十、十四、四十四，谁来试一试。

（2）石、斯、施、史四老师，天天和我在一起。石老师教我大公无私，斯老师给我精神粮食，施老师叫我遇事三思，史老师送我知识钥匙。我感谢石、斯、施、史四老师。

附录二　平舌 z、c、s 字类推表

z 声母

【匝】zā 匝、咂，zá 砸
【载】zāi 栽、哉，zǎi 载（记载），zài 载（载重），cái 裁
【宰】zǎi 宰，zǐ 滓、梓
【赞】zǎn 攒（积攒）、趱，zàn 赞、瓒
【臧】zāng 臧、赃（臟），zàng 藏（藏族）、脏
【澡】zǎo 澡、藻，zào 噪、燥、躁，（“操”念 cāo，“臊”念 sāo 或 sào）
【造】zào 造，（“糙”念 cāo）
【则】zé 则，cè 侧、厕、测、恻，（“铡”念 zhá）
【责】zé 责、啧、帻、箦，zì 渍，（“债”念 zhài）
【曾】zēng 曾（曾孙）、憎、增、赠，[“曾（曾经）”念 céng，“蹭”念 cèng，“僧”念 sēn]
【子】zī 孜，zǐ 子、仔（仔细）、籽，zì 字，zǎi 仔（牛仔裤）
【兹】zī 兹、滋、孳
【资】zī 资、咨、姿、趑，zì 恣
【宗】zōng 宗、综、棕、踪、鬃，zòng 粽，（“淙、琮”念 cóng，崇”念 chóng）
【奏】zòu 奏、揍，（“凑、腠”念 còu）
【卒】zú 卒（小卒），zuì 醉
【祖】zū 租，zǔ 诅、阻、组、祖、俎，（“粗”念 cū）
【最】zuì 最，zuō 嘬，zuǒ 撮（一撮头发）

【尊】zūn 尊、遵、樽、鳟

【左】zuǒ 左、佐

【坐】zuò 坐、座、唑

c 声母

【才】cái 才、材、财，（“豺”念 chái）

【采】cǎi 采（采访）、彩、睬、踩，cài 采（采地）、菜

【参】cān 参（参观），cǎn 惨，cēn 参（参差），（“人参”念 rénshēn，“渗”念 shèn，“掺”念 chān，“碜”念 chěn）

【餐】cān 餐，càn 灿（燦）、璨

【仓】cāng 仓、苍、舱、沧、伧（伧俗），（“伧”又念 chen，“疮”念 chuāng，“创、怆”念 chuàng）

【曹】cáo 曹、漕、嘈、槽、螬，（“遭、糟”念 zāo）

【次】cí 茨、瓷，cì 次

【此】cī 疵，cí 雌，cǐ 此，zī 龇，zǐ 紫，（“柴”念 chái）

【慈】cí 兹、磁、鹚、糍

【匆】cōng 匆、葱

【从】cōng 苁、枞，cóng 从、丛，zòng 纵，sǒng 怂、耸

【猝】cù 卒、猝，cuì 淬、悴、萃、啐、瘁、粹、翠，suì 碎

【窜】cuān 撺、蹿，cuàn 窜，（“串”念 chuàn）

【崔】cuī 崔、催、摧，cuǐ 璀

【错】cù 醋，cuò 错、措

【寸】cūn 村，cǔn 忖，cùn 寸，（“衬”念 chèn）

【搓】cuō 搓、磋、蹉，cuó 嵯，cī 差（参差），（“差”又念 chā、chà、chāi）

s 声母

【塞】sè 塞（堵塞），sāi 塞（耳塞）、噻，sài 塞（要塞）、赛，（“寨”念 zhài）

【散】sā 撒（撒谎），sǎ 撒（撒播），sǎn 散（散文）、馓，sàn 散（散发）

【桑】sāng 桑，sǎng 嗓、搡、颡、磉

【搔】sāo 搔、骚，sào 瘙

【司】sī 司，sì 伺（伺机）、嗣、饲，（“词、祠”念 cí，“伺”又念 cì）

【思】sī 思、锶，sāi 腮、鳃

【斯】sī 斯、厮、澌、撕、嘶

【四】sì 四、泗、驷

【松】sōng 松、忪（惺忪）、凇，sòng 讼、颂，（“忪”又念 zhōng）

【叟】sǎo 嫂，sōu 溲、搜、嗖、馊、飕、螋、艘，sǒu 叟，（“瘦”念 shòu）

【酥】sū 酥、稣、苏（蘇）

【素】sù 素、愫、嗉

【塑】sù 塑、溯，suō 嗍

【粟】sù 粟、傈

【遂】suí 遂（半身不遂），suì 遂（遂心）、隧、燧、邃

【孙】sūn 孙、荪、狲

【唆】suō 唆、睃、梭，suān 酸、狻

【锁】suǒ 唢、琐、锁

（三）分清 f 与 h

四川绝大多数地区，不能完全分清唇齿音声母 f 与舌根音声母 h 与韵母 u 构成的字音，如：把“胡”（hú）读作“fú”，“呼”（hū）读作“fū”，“虎”（hǔ）读作“fǔ”。有的地方还分不清普通话中哪些是 f 声母的字音，哪些是 h 声母与 u 领头的韵母构成的字音，如：“花”（huā）与“发”（fā）不分，“黄”（huáng）与“房”（fáng）不分，“会”（huì）与“费”（fèi）不分。还有个别地方没有 f 声母，把普通话 f 声母的字都念 h 声母的字音了，如把“风”（fēng）念成“hōng”。

如果是“hu”与“fu”音节不分，我们可以记住下面这句话：

胡乎拎壶看《水浒》，忽见狐虎互追鹄至户。

说明：

①“胡乎”做人名。

②没有加点的字不是 hu 音节字。

③记住一个“胡”，便可推知“湖、糊、蝴、葫、瑚、煳、猢”等字都是 hu 音节字。

思考与练习

1. 辨字练习。

护	付	副	互	复	负	富	沪	附	父
妇	蝴	唬	伏	狐	符	赴	琥	腹	服
浮	呼	忽	辅	府	瑚	腐	壶	覆	府
肤	扈	赋	肤	糊	浒	乎	户	抚	斧
馥	蝠	惚	鹄	福	负	夫	呼	护	附

2. 单音节字对比练习。

发——花　灰——飞　黄——房　风——轰

换——饭　分——昏　胡——肤　翻——欢

3. 双音节词语对比练习。

公费——工会　船夫——传呼　俯视——虎视　放荡——晃荡

反冲——缓冲　翻阅——欢悦　风干——烘干　发凡——花环

富丽——互利　西服——西湖　附注——互助　犯病——患病

复句——沪剧　废置——绘制　发誓——花市　防风——黄蜂

4. f—h 综合练习。

fǎnhuí	fēnhuà	fánghù	fánhuá	huīfā	háofàng
返回	分化	防护	繁华	挥发	豪放
hùnfǎng	huífù	huǒfáng	fǎnhuǐ	hàofèi	huìfèi
混纺	回复	伙房	反悔	耗费	会费

fèihuà	huīfù	hùfǎng	fánghóng	huàféi	huāngfèi
废 话	恢 复	互 访	防 洪	化 肥	荒 废
fāhuī	fǎnháng	fánghù	fánghàn	fēihuā	fēihóng
发 挥	返 航	防 护	防 旱	飞 花	绯 红
féihòu	fènghuán	fúhé	fùhè	fāhuà	fāhuāng
肥 厚	奉 还	符 合	附 和	发 话	发 慌
fǎnhuǐ	fánhuá	fēnghòu	fùhé	hàofèi	hǎifēng
反 悔	繁 华	丰 厚	复 合	耗 费	海 风
héféi	héfàn	hóngfěn	héfāng	huànfā	hóngfú
合肥	盒 饭	红 粉	何 方	焕 发	洪 福
fùháo	huàfǎng	hóngfēng	fánghuá	fènghuáng	huàfèi
富 豪	画 舫	洪 峰	防 滑	凤 凰	话 费

fēnghuázhèngmào	fēngyúnbiànhuàn	fǎnlǎohuántóng
风 华 正 茂	风 云 变 幻	返 老 还 童
fāntiānfùdì	hūfēnghuànyǔ	hújiǎhǔwēi
翻 天 覆 地	呼 风 唤 雨	狐 假 虎 威
fènfātúqiáng	húzuòfēiwéi	fēihuángténgdá
奋 发 图 强	胡 作 非 为	飞 黄 腾 达
féngxiōnghuàjí	huíguāngfǎnzhào	fánghuànwèirán
逢 凶 化 吉	回 光 返 照	防 患 未 然

5. 朗读练习：朗读作品 9 号《风筝畅想曲》。

6. 绕口令练习。

（1）一堆粪，一堆灰，灰混粪，粪混灰。

（2）粉红墙上画凤凰，凤凰画在粉红墙。红凤凰，粉凤凰，红粉凤凰花凤凰。

（3）商场卖混纺，红混纺，黄混纺，粉混纺，粉红混纺，黄粉混纺，黄红混纺，红粉混纺，样样都是好混纺。

（4）风吹灰飞，灰飞花上花堆灰。风吹花灰灰飞去，灰在风里飞又飞。

（5）化肥会挥发：黑化肥发灰，灰化肥发黑。黑化肥发灰会挥发，灰化肥挥发会发黑。

附录三 f 与 h 字类推表

f 声母

【发】fā 发（发展），fà 发（烫发），fèi 废

【乏】fá 乏，fàn 泛

【伐】fá 伐、阀、筏、垡

【番】fān 番、蕃、藩、翻

【凡】fān 帆，fán 凡、矾、钒

【反】fǎn 反、返，fàn 饭、贩、畈

【方】fāng 方、芳、坊（牌坊）、钫，fáng 防、妨、坊（油坊）、房、肪，fǎng 仿、访、纺、舫，fàng 放

【非】fēi 非、菲、绯、扉、霏，féi 腓，fěi 匪、榧、斐、蜚、翡，fèi 痱
【分】fēn 分、芬、吩、纷，fén 汾，fèn 份、忿
【峰】fēng 峰、烽、锋、蜂，féng 逢、缝（缝补），fèng 缝（缝隙）
【风】fēng 风、枫、疯，fěng 讽
【夫】fū 夫、肤、麸，fú 芙、扶、呋
【弗】fú 弗、佛、佛（仿佛）、氟，fó 佛（佛教），fèi 沸、狒、费、镄
【伏】fú 伏、茯、袱
【孚】fū 孵，fú 孚、俘、浮
【福】fú 幅、福、辐、蝠，fù 副、富
【甫】fū 敷，fǔ 甫、辅，fù 傅、缚
【复】fù 复、腹、蝮、馥、覆
【父】fǔ 斧、釜，fù 父
【付】fú 符，fǔ 府、俯、腑、腐，fù 付、附、驸，fu 咐

h 声母

【红】hóng 红、虹、鸿
【洪】hōng 哄、烘，hóng 洪，hǒng 哄（哄骗），hòng 哄（起哄）
【乎】hū 乎、呼、滹
【忽】hū 忽、惚、唿，hú 囫
【胡】hū 糊（糊泥墙），hú 胡、湖、葫、猢、瑚、糊（糊涂）、蝴，hù 糊（糊弄）
【狐】hú 狐、弧
【虎】hǔ 虎、唬、琥
【户】hù 户、护、沪、扈
【化】huā 花、哗（哗啦），huá 华（华丽）、哗（哗然）、铧，huà 化、华（华山）、桦，huò 货
【怀】huái 怀，huài 坏
【还】huán 还（還）、环（環）、寰
【奂】huàn 奂、唤、涣、换、焕、痪
【荒】huāng 荒、慌，huǎng 谎
【皇】huáng 皇、凰、湟、惶、徨、煌、蝗、隍
【晃】huǎng 恍、晃（晃眼）、幌，huàng 晃（晃动）
【黄】huáng 黄、蟥、磺、璜、簧、癀
【挥】huī 挥、辉、珲（瑷珲），hūn 荤，hún 浑、珲（珲春），（“荤”又念 xūn）
【灰】huī 灰、恢、诙
【回】huí 回、茴、蛔，huái 徊
【悔】huǐ 悔，huì 诲、晦
【会】huì 会（会议）、烩、荟，（“会”又念 kuài）
【惠】huì 惠、蕙
【彗】huì 彗、慧
【昏】hūn 昏、婚、阍

【混】hún 馄，hùn 混

【活】huà 话，huó 活

【火】huǒ 火、伙、钬

【或】huò 或、惑

（四）分清部分零声母音节与非零声母音节

普通话发零声母音节的字音，其中一部分四川话读成辅音做声母。例如“业、仪、疑、严、验”等字，四川话大多是 n 或 l 等辅音做声母；“哀、爱、安、岸、昂、欧、额、恩、硬、我”等字，四川话普遍读成辅音 ng 做声母。相反，四川话也有将普通话辅音声母的字音念成零声母的，如“荣、容、融、溶”等字，四川话读成 yong。

由于这类字数量不多，可以通过下面的词语练习来掌握。

áidǎ	gāo’ǎi	chén’āi	hé’ǎi	āiqiú	àizībìng	àihào
挨打	高矮	尘埃	和蔼	哀求	艾滋病	爱好
gān’ái	xiá’ài	àimèi	ānshuǐ	ānchun	ānquán	hé’àn
肝癌	狭隘	暧昧	氨水	鹌鹑	安全	河岸
yīn’àn	jiào’àn	àndàn	ànrán	āoxiàn	áoxiáng	mián’ǎo
阴暗	教案	暗淡	黯然	凹陷	翱翔	棉袄
àohuǐ	āngzāng	ōugē	ōudǎ	hǎi’ōu	ǒufěn	ǒutù
懊悔	肮脏	讴歌	殴打	海鸥	藕粉	呕吐
ǒurán	òuféi	òuqì	ōuzhōu	ézhà	émáo	éwài
偶然	沤肥	怄气	欧洲	讹诈	鹅毛	额外
èxí	èhào	èyùn	èshā	èzhǐ	cán’é	jīng’è
恶习	噩耗	厄运	扼杀	遏止	蚕蛾	惊愕
ruǎn’è	jī’è	ēn’ài	èyú	yàhuājī	yǎnrán	càiyáo
软腭	饥饿	恩爱	鳄鱼	轧花机	俨然	菜肴
yánjiū	yángé	yànshōu	yèwù	yíwèn	yùnyù	yìngbì
研究	严格	验收	业务	疑问	孕育	硬币
yíbiǎo	yìlì	yánshí	yǎotiǎo	wǒmen	nüèdài	róngyì
仪表	毅力	岩石	窈窕	我们	虐待	容易
rónghuà	niānhūhū	fúróng	rónglú	xījì	róngyù	róngzhuāng
融化	蔫呼呼	芙蓉	熔炉	希冀	荣誉	戎装
nüèji	róngdòng	róngshù	rǒngcháng	zhēngróng	róngjiě	
疟疾	溶洞	榕树	冗长	峥嵘	溶解	

（五）分清部分送气与不送气声母

普通话中，p、t、k、q、ch、c 是送气声母，b、d、g、j、zh、z 是相对应的不送气声母。四川大多数地方把普通话一部分送气声母读成不送气声母，如把“翅”（chì）读成“zì”，把“券”（quàn）读成“juàn”。反过来，又把普通话某些不送气声母的字音读成送气声母的字音，如把“抖”（dǒu）读成“tǒu”，把“遍”（biàn）读成“piàn”。

这类词没有什么规律，但数量不多，可以通过下面的词语练习来掌握。

tíbá	bēibǐ	fùbì	bīnlín	péngbó	bǔzhuō
提拔	卑鄙	复辟	濒临	蓬勃	捕捉
báshè	biàndì	húpàn	piányi	bànjiǎo	piējiàn
跋涉	遍地	湖畔	便宜	绊脚	瞥见
mábì	pípa	bìngqì	bìngchú	bóhǎi	zhānbǔ
麻痹	琵琶	摒弃	摒除	渤海	占卜
péngpài	pílín	pìměi	pípa	bǐshì	huópo
澎湃	毗邻	媲美	枇杷	鄙视	活泼
póyánghú	piāobó	bīpò	gàiniàn	fādǒu	biāntà
鄱阳湖	漂泊	逼迫	概念	发抖	鞭挞
húntun	tífǎ	tīduì	kāituò	tǎndàng	dòngtan
馄饨	提法	梯队	开拓	坦荡	动弹
tángdàn	guànxǐ	jǐngūzhòu	guàngài	kàoláo	guìzishǒu
糖弹	盥洗	紧箍咒	灌溉	犒劳	刽子手
dàgài	gēzhì	kèshǒu	zhìxù	zhǎozé	zhàiquàn
大概	搁置	恪守	秩序	沼泽	债券
chénjìn	jiézhǐ	qǐ'é	tuōjiù	jīnglún	rùchǎngquàn
沉浸	截止	企鹅	脱臼	腈纶	入场券
jiébào	gǒuqǐ	xìnjiān	dùqí	qíchéng	jìntòu
捷报	枸杞	信笺	肚脐	脐橙	浸透
fājué	jiémáo	jiānmiè	jiénàn	zhùzhái	chìbǎng
发掘	睫毛	歼灭	劫难	住宅	翅膀
chìzhà	zhōngxīn	chìrè	chuòhào	bùzhòu	zhǐdǎo
叱咤	衷心	炽热	绰号	步骤	指导
chóuchàng	jiēchù	zhàoshì	guìzú	fánzào	gānzào
惆怅	接触	肇事	贵族	烦躁	干燥
xuǎnzé	gǎizào	zhǎozé	bǎozàng	bǐshì	dǎodàn
选择	改造	沼泽	宝藏	鄙视	导弹
zàoshēng	quèzáo	zhǒngzú	cóngcóng	báichìdēng	jiēcéng
噪声	确凿	种族	淙淙	白炽灯	阶层

（六）分清部分舌根声母与舌面声母

普通话中，g、k、h 是舌根音，j、q、x 是舌面音，两者是不会混淆的，但在四川话中，却把某些普通话的舌面音读成舌根音，如把“窖”（jiào）读成“gào”，把“敲”（qiāo）读成“kāo”，把“咸”（xián）读成“hán”。不过，这类字数量不多，而且随着普通话的推广，这类字已逐渐向普通话靠拢，如把“阶级”（jiējí）的“阶”读成“gāi”音的人已不多了，把“法院”（fǎyuàn）的“院”读成“wàn”的也不多了。

练习下列词语，掌握读音。

gěiyǐ	jǐyǔ	jiěshǒu	jiēdào	jiējí	dìjiào
给以	给予	解手	街道	阶级	地窖

gōngjǐ	jièshào	shǒujiè	yǎnjiǎo	qiāojī	jīngxià
供给	介绍	首届	眼角	敲击	惊吓
kǒnghè	xiánshuǐ	xiánjiē	lúnxiàn	xiàngliàn	xiǎoxiàng
恐吓	咸水	衔接	沦陷	项链	小巷
xiéyóu	yínxìng	bǐbǐjiēshì	xiánshì	xiàncài	xiànzhì
鞋油	银杏	比比皆是	闲事	苋菜	限制
hàngdào	jǐngxiàng	tuōxié	jiǎoluò	shuìyijiào	xiāngqiàn
巷道	颈项	拖鞋	角落	睡一觉	镶嵌
qūqiào	yìjiānfáng	jiědú	guānqiǎ	gāzhiwō	xiàyitiào
躯壳	一间房	解毒	关卡	胳肢窝	吓一跳

此外，还有极少数字，四川话在发音方法上把塞音与塞擦音相混淆，如把“喷”（pēn）读成“fēn”，把“酵”（jiào）读成“xiào”，把“碎”（suì）读成“cuì”，把“俗”（sú）读成“xú”。这类字不多，稍加留意，不难掌握。

bǔyù	chànà	chángshí	chánghuán	chángshì	cháng'é
哺育	刹那	常识	偿还	尝试	嫦娥
chéngkè	chénguāng	chōusuì	chúnhòu	cìhou	dànchén
乘客	晨光	抽穗	醇厚	伺候	诞辰
dīngzhǔ	dòuchǐ	fājiào	fǎnxǐng	fēngsú	hàisào
叮嘱	豆豉	发酵	反省	风俗	害臊
huàxiān	jīxiè	jiǎoxìng	jiàoduì	kuàisù	kūqì
化纤	机械	侥幸	校对	快速	哭泣
lāqiàn	mòshēng	náochóng	núlì	pánshān	pēnshè
拉纤	陌生	蛲虫	奴隶	蹒跚	喷射
piānxiān	pòsuì	qiújìn	qiúdù	qiúzhǎng	Qín Huì
翩跹	破碎	囚禁	泅渡	酋长	秦桧
rǔxiù	ruìxuě	shāngbù	shèntòu	shènzhòng	shēngchù
乳臭	瑞雪	商埠	渗透	慎重	牲畜
shùfù	shúzuì	suìdào	xīliú	xùmù	yánsui
束缚	赎罪	隧道	溪流	畜牧	芫荽
yánsù	yùnniàng	zhàoshì	zhǔmù	zuǐchún	quánsuō
严肃	酝酿	肇事	瞩目	嘴唇	蜷缩

第三节　普通话韵母

一、韵母的分类与发音练习

（一）韵母的分类

根据韵母的内部结构情况，韵母可以分为单韵母、复韵母和鼻韵母三类。

1. 单韵母

单韵母是由一个元音构成的韵母。普通话单韵母共有 10 个，这 10 个单韵母根据发音时舌头的部位和状态，又可以分为舌面韵母、舌尖韵母和卷舌韵母。

舌面韵母：ɑ、o、e、ê、i、u、ü

舌尖韵母：－i（前）、－i（后）

卷舌韵母：er

2. 复韵母

复韵母是由两个或三个元音组合而成的韵母。普通话复韵母共有 13 个。根据主要元音所在位置的不同，复韵母又可以分为前响复韵母、后响复韵母和中响复韵母。

前响复韵母：ɑi、ei、ɑo、ou

后响复韵母：iɑ、ie、uɑ、uo、üe

中响复韵母：iɑo、iou、uɑi、uei

3. 鼻韵母

鼻韵母是由元音与辅音韵尾 n 或 ng 构成的韵母。普通话鼻韵母共有 16 个，可分为前鼻韵母与后鼻韵母。

前鼻韵母：ɑn、iɑn、uɑn、in、en、uen、ün、üɑn

后鼻韵母：ɑng、iɑng、uɑng、ing、eng、ueng、iong、ong

根据韵母开头元音的口形来分，韵母又可以分为“开、齐、合、撮”四呼。

开口呼：没有韵头，韵腹又不是 i、u、ü 的韵母。

齐齿呼：韵头或韵腹是 i 的韵母。

合口呼：韵头或韵腹是 u 的韵母。

撮口呼：韵头或韵腹是 ü 的韵母。

（二）韵母的发音

1. 单韵母的发音

单韵母的发音特点是从发音开始到发音结束，舌位、唇形、开口度始终不变。

ɑ　舌面、央、低、不圆唇元音。

o　舌面、后、半高、圆唇元音。

e　舌面、后、半高、不圆唇元音。

ê　舌面、前、半低、不圆唇元音。

ê　发音时，口腔半开，舌位半低，舌头前伸，舌尖抵住下齿背，嘴角向两边自然展开，唇形不圆。在普通话里，除语气词“欸”外单用的机会不多，只出现在 i、ü 的后面，在 i、ü 后面时，书写要省去符号“∧”。可采用引导法来引出这个音，如把“些”拖长，后面的尾音就是这个音。

i　舌面、前、高、不圆唇元音。

u　舌面、后、高、圆唇元音。

ü　舌面、前、高、圆唇元音。

－i（前）　舌尖、前、高、不圆唇元音。

发音时，舌尖对着上齿背形成狭窄的通路，嘴唇不圆。这个韵母只跟 z、c、s 相拼。可采用引导法来发这个音，如把音节 zi、ci、si 拖长，后面的尾音就是这个音。听起来就像四川话不翘舌读“日本”的“日”音，但声调要读阴平。

－i（后）　舌尖、后、高、不圆唇元音。

发音时，舌尖翘起对着硬腭形成狭窄的通路，嘴唇不圆。这个韵母只跟 zh、ch、sh、r 相拼。可以采用引导法来发这个音，如把 zhi、chi、shi、r 拖长，后面的尾音就是这个音。听起来就像普通话翘舌读“日本”的“日”音，但声调要读阴平。

er　卷舌、央、中、不圆唇元音。

发音时，口腔半开，开口度比 ê 略小，舌位居中，稍后缩，唇形不圆。在发 e 的同时，舌尖向硬腭轻轻卷起，在发 e 的同时舌尖卷起，软腭上升，封闭鼻腔通道，同时，颤动声带而成音。“er”中的 r 不代表音素，只是表示卷舌动作的符号。er 只能自成音节，不和任何声母相拼。四川话中，有部分人舌头卷不起，把 er 读成 e，如 222 读成“è bái è shí è”。大多数地方的人却是把舌头卷起来，舌尖抵住硬腭，读音近似于声母 l 的本音。应该注意纠正。

2. 复韵母的发音

复韵母的发音不是所含单元音的简单相加，发音时，舌位、唇形要逐渐变动，气流不中断，形成音素结合的有机整体。另外，复韵母中只有一个主要元音，即韵腹，它在整个音节中开口度最大，声音最响亮。发音时要突出主要元音。

前响复韵母：

ai　发音时，先发 a，这里的 a 舌位前，念得长而响亮，然后舌位向 i 移动，不到 i 的高度。i 只表示舌位移动的方向，音短而模糊。

ei　发音时，先发 e，比单念 e 时舌位前一点，这里的 e 是个中央元音，然后向 i 的方向滑动。

ao　发音时，先发 a，这里的 a 舌位靠后，是个后元音，发得响亮，接着向 u 的方向滑动。

ou　发音时，先发 o，接着向 u 滑动，舌位不到 u 即停止发音。

后响复韵母：

ia　发音时，i 表示舌位起始的地方，发得轻短，很快滑向前元音 a，a 发得长而响亮。

ie　发音时，先发 i，很快发 ê，前音轻短，后音响亮。

ua　发音时，u 念得轻短，很快滑向 a，a 念得清晰响亮。

uo　发音时，u 念得轻短，舌位很快降到 o，o 念得清晰响亮。

üe　发音时，先发高元音 ü，ü 念得轻短，舌位很快降到 ê，ê 念得清晰响亮。

中响复韵母：

iao　发音时，先发 i，紧接着发 ao，使三个元音结合成一个整体。

iou　发音时，先发 i，紧接着发 ou，紧密结合成一个复韵母。

uai　发音时，先发 u，紧接着发 ai，使三个元音结合成一个整体。

uei　发音时，先发 u，紧接着发 ei，紧密结合成一个整体。

注意：中响复韵母自成音节时，韵头 i、u 改写成 y、w，如：iao—yao（腰）、iou—you（优）、uai—wai（歪）、uei—wei（微）。

复韵母 iou、uei 与辅音声母相拼时，要省写成 iu、ui，如：l—iou→liu（溜）、g—uei→gui（归）。

3. 鼻韵母的发音

鼻韵母的发音要点是，第一，从元音过渡到鼻音，也是舌位、唇形逐渐变化、滑动的过程。第二，n 是舌尖中浊鼻音，发完前面的元音舌尖应该抵住上齿龈，气流从鼻腔通过，声带振动发音；ng 是舌根浊鼻音，发完前面的元音，舌根抵住软腭，气流从鼻腔通过，声带振动发音。

前鼻韵母：

an　发音时，先发 a，然后舌尖向上齿龈移动，最后抵住上齿龈，发前鼻音 n。

en　发音时，先发 e，然后舌尖向上齿龈移动，最后抵住上齿龈，发前鼻音 n。

in　发音时，先发 i，然后舌尖向上齿龈移动，最后抵住上齿龈，发前鼻音 n。

ün　发音时，先发 ü，然后舌尖向上齿龈移动，抵住上齿龈，气流从鼻腔通过。

ian　发音时，先发 i，i 轻短，接着发 an，i 与 an 结合得很紧密。

uan　发音时，先发 u，紧接着发 an，u 与 an 结合成一个整体。

üan　发音时，先发 ü，紧接着发 an，ü 与 an 结合成一个整体。

uen　发音时，先发 u，紧接着发 en，u 与 en 结合成一个整体。

注意：in、ün 自成音节时，写成 yin（音）、yun（晕）。

uen 自成音节时，写成 wen（温）；uen 跟声母相拼时，省写成 un，如：l—uen→lun（伦）、ch—uen→chun（春）。

后鼻韵母：

ang　发音时，先发 a，舌头逐渐后缩，舌根抵住软腭，气流从鼻腔通过。

eng　发音时，先发 e，舌根向软腭移动，抵住软腭，气流从鼻腔通过。

ing　发音时，先发 i，舌头后缩，舌根抵住软腭，发后鼻音 ng。

ong　发音时，舌根抬高，抵住软腭，发后鼻音 ng。

iang　发音时，先发 i，接着发 ang，两者结合成一个整体。

iong　发音时，先发 i，接着发 ong，两者结合成一个整体。

uang　发音时，先发 u，接着发 ang，由 u 和 ang 紧密结合而成。

ueng　发音时，先发 u，接着发 eng，由 u 和 eng 紧密结合而成。

注意：ing 自成音节时，写成 ying（英）。

ueng 只能自成音节，不拼声母。

iang、iong、uang、ueng 自成音节时，韵头 i、u 改写成 y、w，如：yang（央）、yong（拥）、wang（汪）、weng（翁）。

（三）韵母发音与练习

1. 熟读 39 个韵母

2. 单音节字练习

a	马	罚	塔	辣	杂	闸	查	傻	拿	仨	洒	砸
o	波	婆	魔	佛	泼	博	颇	叵	播	拨	破	莫
e	德	特	乐	格	客	合	择	策	色	哲	扯	射
ê	欸											
u	哺	扑	亩	复	祖	促	诉	祝	触	属	鲁	奴
ü	局	取	徐	语	剧	娶	许	鱼	雨	菊	渠	婿

—i（前）	资	紫	词	肆	赐	司	字	此	寺	死	辞	渍
—i（后）	纸	迟	室	值	尺	使	日	志	是	赤	史	质
er	二	而	尔	儿	耳	饵	贰					
ai	哀	才	柴	宰	豺	崽	彩	腮	溉	埋	概	海
ei	杯	陪	美	肥	黑	内	贼	卑	废	溃	胚	雷
ao	包	跑	茂	导	涛	捞	骚	稿	闹	巢	召	贸
ou	欧	狗	逗	头	楼	搜	走	凑	狩	首	吼	揍
ia	佳	掐	瞎	押	假	恰	霞	架	洽	侠	嘉	压
ie	跌	铁	接	鞋	街	窃	歇	迭	界	屑	劣	灭
ua	刮	垮	画	袜	抓	刷	话	耍	夸	挂	瓦	娃
uo	多	拖	裸	国	获	戳	活	捉	挫	索	浊	缩
üe	绝	缺	雪	决	确	穴	月	跃	略	虐	瘸	粤
iao	药	晓	窖	晓	聊	票	秒	蚤	召	条	疗	敲
iou	又	灸	囚	羞	谬	优	休	友	流	扭	球	纠
uai	拐	拽	踹	甩	快	怀	槐	揣	帅	歪	怪	块
uei	归	魁	睡	推	鬼	最	坠	悔	诲	吹	微	维
an	淡	探	懒	班	畔	满	伞	站	铲	赣	槛	安
en	笨	盆	扪	焚	怎	岑	森	跟	恳	痕	振	尘
in	宾	频	敏	锦	钦	欣	禁	品	泯	殷	鬓	濒
ian	研	遍	篇	眠	垫	咸	剑	链	蔫	严	弦	掀
uan	弯	短	湍	暖	峦	盥	蒜	闩	软	赚	腕	缓
üan	冤	绢	券	癣	倦	蜷	渲	原	鹃	犬	选	远
uen	蹲	臀	遵	损	准	纯	瞬	润	浑	屯	滚	抡
ün	均	群	殉	军	裙	训	骏	逡	循	韵	允	钧
ang	帮	庞	盲	档	堂	港	扛	彰	倡	晌	昂	岗
eng	灯	腾	能	憎	层	僧	整	成	圣	绳	仍	睁
ing	英	景	行	鸣	冰	瓶	倾	挺	警	顷	硬	醒
iang	央	蒋	项	辆	娘	痒	墙	粮	讲	扬	享	腔
uang	望	撞	窗	爽	框	忘	逛	眶	状	疮	霜	往
ueng	翁	瓮	嗡									
ong	轰	笼	农	恭	虹	冻	佟	痛	颂	衷	崇	耸
iong	拥	熊	窘	琼	泳	雄	炯	用	邛	永	迥	穹

3. 双音节词语练习

a	爸爸	妈妈	大妈	大厦	发达	蛤蟆	喇叭	马达	哪怕
	沙发	麻辣	打卡	发蜡	打靶	耷拉	大雅	哈达	沙沙
o	薄膜	伯伯	磨破	默默	脉脉	泼墨	婆婆	剥落	菠萝
	薄弱	摸摸	摩托	摩挲	没落	婆娑	破获	破落	剥夺
e	车辙	割舍	隔阂	歌德	核热	合格	合辙	苛刻	可口
	哥哥	客车	塞责	舍得	特色	折合	可乐	特色	色泽

i	笔记	低级	集体	厘米	离奇	利息	谜底	吉利	启迪
	西医	习题	细腻	遗迹	意义	力气	利益	密集	礼仪
u	补助	粗鲁	督促	部署	俘虏	父母	富足	读书	幅度
	鼓舞	古朴	户主	酷暑	露珠	朴素	武术	哺乳	互助
ü	女婿	区域	旅居	屈居	曲剧	吕剧	须臾	序曲	徐徐
	絮语	聚居	居于	渔具	栩栩	寓居	语序	雨具	豫剧
er	儿歌	儿化	儿童	儿孙	儿戏	而今	而且	而立	而已
	耳背	耳福	耳光	耳环	耳闻	饵料	二胡	二话	二心
—i（前）	私自	刺死	四次	恣肆	赐死	自私	刺字	吱吱	姿态
	滋味	祠堂	辞书	慈爱	死神	寺庙	饲料	伺机	肆意
—i（后）	吃食	实质	日志	时日	矢志	失实	失事	实施	食指
	志士	失职	史诗	适时	知识	支持	直至	指示	制止
ai	爱戴	白菜	彩带	采摘	开采	买卖	代卖	彩排	拍卖
	择菜	债台	灾害	再来	摆开	拆台	还来	开来	开赛
ei	贝类	北美	蓓蕾	肥美	黑霉	配备	非得	煤黑	背煤
	飞贼	黑妹	北非	狒狒	妹妹	微微	归队	亏得	水位
ao	懊恼	包抄	报告	暴躁	操劳	糟糕	草包	草稿	吵闹
	高傲	高潮	告饶	牢骚	牢靠	号召	高烧	冒号	逃跑
ou	抽斗	丑陋	凑手	兜售	筹谋	抖擞	豆蔻	狗肉	猴头
	口头	漏斗	露头	收购	守候	走狗	走漏	欧洲	叩首
ia	加压	压价	假牙	恰恰	下压	加价	下嫁	下牙	下家
	加班	加紧	佳音	佳节	掐算	卡壳	洽谈	狭义	下面
ie	结业	姐姐	趔趄	贴切	铁屑	谢谢	爷爷	揭帖	节烈
	铁鞋	爹爹	猎猎	接界	切切	斜街	别价	节节	届届
ua	挂花	花袜	画画	花褂	耍滑	娃娃	挂瓦	花芽	划价
	抓茬	刷拉	花甲	划拉	华发	话茬	刮痧	挂甲	夸大
uo	磋跎	错落	哆嗦	堕落	过错	国货	活捉	阔绰	罗锅
	骆驼	硕果	陀螺	着落	我国	错过	坐落	懦弱	过火
üe	雀跃	雪月	绝学	月缺	跃跃	略略	决绝	决裂	诀别
	绝学	缺略	确切	月夜	越野	血脉	掠取	觉得	确凿
iao	吊桥	脚镣	教条	娇小	叫嚣	苗条	秒表	渺小	飘摇
	巧妙	调教	逍遥	萧条	小脚	小巧	笑料	调料	吊销
iou	酒友	就有	久留	九流	旧友	琉球	流油	悠悠	犹有
	牛油	求救	绣球	优秀	悠悠	有救	修旧	舅舅	妞妞
uai	怀揣	拽坏	摔坏	外快	乖乖	外拐	拐卖	衰败	外带
	外债	外财	外界	甩卖	淮海	怪罪	会计	快板	揣度
uei	吹灰	垂危	摧毁	归队	回味	回归	悔罪	荟萃	魁伟
	水位	醉鬼	罪魁	追回	卫队	畏罪	会徽	退回	汇兑
an	安然	暗淡	斑斓	惨案	灿烂	翻案	泛滥	肝胆	感染

	汗衫	寒蝉	勘探	烂漫	蛮干	漫谈	散漫	湛蓝	淡然
ian	变迁	电线	惦念	减免	检点	简便	连绵	棉田	片面
	牵连	年限	显眼	盐碱	前面	浅见	浅显	天边	鲜艳
uan	传唤	贯穿	换算	宦官	酸软	婉转	专款	专断	转换
	转弯	弯管	专管	乱窜	万贯	团团	万万	转弯	串串
üan	全权	圆圈	源泉	渊源	轩辕	全院	全员	涓涓	捐款
	卷烟	眷恋	眷念	圈点	全面	全然	全线	悬念	原棉
en	本身	沉闷	分身	分神	愤恨	根本	门诊	人参	认真
	深沉	审慎	愤懑	粉尘	深圳	门神	根深	振奋	真人
in	濒临	金银	紧邻	尽心	近亲	民心	拼音	贫民	亲信
	辛勤	薪金	音频	殷勤	音信	林荫	民进	引进	信心
uen	馄饨	昏沉	伦敦	困顿	温润	春笋	论文	温存	回春
	滚滚	轮训	昏沉	昏君	浑身	顺心	顺民	遵循	昆仑
ün	均匀	军训	逡巡	功勋	英俊	押韵	晕车	酝酿	
	陨落	群众	允许	骏马	训练	徇私	熏陶	寻求	
ang	帮忙	沧桑	苍茫	厂商	上访	党章	螳螂	烫伤	
	常常	商场	账房	廊坊	上当	港商	方丈	钢厂	
iang	强将	粮饷	两厢	亮相	强项	想象	湘江	襄阳	酱香
	像样	疆场	奖赏	奖章	奖状	枪膛	强壮	相当	香肠
uang	窗框	狂妄	矿床	双簧	网状	装璜	状况	框框	往往
	狂想	旷荡	慌张	皇皇	晃荡	双双	汪汪	汪洋	妄想
eng	乘胜	鹏程	逞能	登程	丰盛	风筝	奉承	更正	横生
	冷风	萌生	升腾	声称	乘风	增生	省城	整风	征程
ing	冰凌	病情	叮咛	倾听	蜻蜓	定型	精明	明镜	明星
	英明	命令	性命	宁静	平静	清明	轻盈	情景	清静
ueng	嗡嗡	老翁	瓮中	捉鳖	水瓮	酒瓮	瓮声	瓮气	渔翁
	翁婿	姓翁							
ong	工种	公众	松动	总统	红松	纵容	笼统	从容	充分
	空洞	恐龙	通融	共同	公共	动工	轰动	隆重	总共
iong	臃肿	怂恿	用功	汹涌	重用	中庸	忠勇	动用	冬泳
	公用	胸中	用工	雍容	炯炯	窘境	穹窿	凶猛	琼浆

二、韵母辨正与练习

（一）分清前鼻 in、en 与后鼻 ing、eng

普通话中，前鼻韵母 in、en 与后鼻韵母 ing、eng 分得很清楚，而且能区别词义，如“信服”（xìnfú）与“幸福”（xìngfú），“陈旧”（chénjiù）与“成就”（chéngjiù）。四川话中几乎所有地区都没有后鼻韵母 ing 与 eng，所以，“信服”与“幸福”，“陈旧”与“成就”读起来就没有什么区别了。也有少数 ing 韵母字，四川话读成 en 或 un 做韵母，如把“硬”（yìng）读成“ngèn”，把“倾”（qīng）读成“qūn”等。在普通话中，b、p、m、f

与 eng 有拼合关系，与 ong 没有拼合关系，而四川话却把一部分 eng 韵母的字读成 ong 韵母，如把“崩（beng）、“朋”（peng）、“梦”（meng）、“风”（feng）读成 bong、pong、mong、fong。也有少数属于例外，如把“横”读成“hun”，把“绳”读成“sun”。

从发音来看，四川人发 in、en 韵母的字没有什么问题，而发 ing、eng 韵母的字则应注意：发完 i，舌根抵住软腭的是 ing；发完 e，舌根抵住软腭的是 eng。

从辨字来看，《新华字典》涉及 in 和 ing，en 和 eng 的字有 1500 多个，其中前鼻 in、en 韵母的字稍少一点，有 700 多个，根据记少不记多的原则，我们仍只需记住前鼻韵母 in、en 韵母的字。笔者提取类推代表字和常用字约 90 个字编成歌诀帮助记忆，供大家参考：

前鼻韵母 in、en 字记忆歌诀

壬申辰，阴风凛，淫雨频。秦侵晋，焚森林，刎人民，夺金银。

尹宾斌，吝分文，引秦臣，进薪门，斟酒饮，甚殷勤，——仅粪尘。

辛贞珍，品温仁，针锦衬，印枕巾，手嫩敏，敌奔寻。

鄰陈真，闻音信，心愤懑，今怎肯，深隐身？临阵奋刃紧劲拼，筋疲力尽因被擒——您可亲！

（津、什、寅、肾、衅、欣、馨）

说明：

①字下面有横线的做人名。

②歌诀中加点的字不是前鼻 in、en 字。

③歌诀后面括号里的字是暂没有编进歌诀的字。

④“壬申”和“辰”：都表时间。凛：凛冽。淫雨：连绵细雨。频：频频不断。吝：吝惜。薪门：柴门。针：名词做动词，用针缝。鄰：邻居。愤懑：愤怒。刃：借代刀。因：于是。

⑤类推例外：宾（兵、槟），凛（禀）

“鄰”即“邻居”的“邻”的繁体，“邻”“拎”发前鼻音，此外，带“令”旁的字均发后鼻音，如“领、令、玲、岭、蛉、铃、聆“等。

“拼”只推“姘”，此外，带“并”旁的均发后鼻音，如“并、饼、瓶、进”等。

“亲”有前后鼻之分，只有“亲家”（qìngjia）发后鼻音。

“劲”只有“干劲”义时发前鼻音，其余按声旁类推出来的字都发后鼻音，如“轻、经、径、颈、茎”等。

“亘、皿、聘”三个字不能类推，否则推出的都是后鼻音，如“恒”、“盛”、“骋、娉”。

“枕”的类推声旁也可以是“冗”，如“沉”，“珍”的类推声旁也可以是“参”，如“渗”。

思考与练习

1. 辨别下列单音节字的声母（如果判断为发前鼻音的字，要求说出它在歌诀中的出处，如“振”发前鼻音，“壬、申、辰”；“恳”发前鼻音，“夺、金、银”等），然后读准它们。

跟	胜	晨	慎	等	寝	震	请	定	影
濒	鸣	静	神	圣	挺	锦	恨	镇	营
平	更	趁	吻	成	任	嫩	坑	整	冷
梦	封	怎	顶	剩	灵	精	停	登	沈

殷 郑 邓 灯 津 玲 审 您 增 棱
行 镜 评 信 僧 耕 能 声 憎 饼
冰 屏 敏 升 森 琳 侦 腾 惩 乘

2. 词语对比练习。

金鱼——鲸鱼 寝室——请示 禁止——静止 辛勤——心情
信服——幸福 公民——功名 不信——不幸 红心——红星
亲近——清静 陈旧——成就 出身——出生 人民——人名
人参——人生 阵势——正式 枕套——整套 真诚——征程
民心——明星 审视——省事 诊治——整治 金银——经营

3. 双音节词语综合练习。

奔腾 本能 分成 本身 丰盛 奉承 认真 粉尘
妊娠 愤恨 愤懑 根本 人称 仁政 认证 审慎
身份 门诊 烹饪 生辰 省份 分针 珍本 振奋
承蒙 登程 称身 沉闷 更生 紧邻 近邻 风声
横生 吭声 生成 临近 拼音 新近 诚恳 承认
濒临 彬彬 金银 尽心 升腾 声称 增生 征程
争衡 争胜 辛勤 引进 音信 禀性 定型 经营
神圣 深坑 喷灯 纷争 粪坑 本生 深耕 真诚
真正 成分 成人 城镇 登门 缝纫 横亘 冷门
胜任 临近 拼音 新近 薪金 信心 殷勤 晶莹
精明 惊醒 清新 清贫 灵敏 病因 定亲 青筋
零丁 酩酊 宁静 清新 清贫 灵敏 轻盈 蜻蜓
听凭 阴性 窨井 银杏 行径 英明 荧屏 进行
金星 尽情 挺进 倾心 省亲 禁令 民兵 聘请
领巾 平民 听信 迎亲 影印 应聘 引擎 秦岭
心灵 心境 新颖 品评 病因 定亲 青筋 平定

4. 朗读作品 13 号《海洋与生命》和作品 40 号《提醒幸福》。

5. 绕口令练习。

(1) 东洞庭，西洞庭，洞庭山上一根藤，藤条顶上挂金铃。风吹藤动金铃鸣，风停藤定金铃静。

(2) 天上看，满天星。地下看，有个坑。坑里看，有盘冰。坑外长着一老松，松上落着一只鹰，鹰下坐着一老僧，僧前点着一盏灯，灯前搁着一部经。墙上钉着一根钉，钉上挂着一张弓。说刮风，就刮风，刮得男女老少难把眼睛睁。刮散了天上的星，刮平了地下的坑，刮化了坑里的冰，刮断了坑外的松，刮飞了松上的鹰，刮走了鹰下的僧，刮灭了僧前的灯，刮乱了灯前的经，刮掉了墙上的钉，刮翻了钉上的弓。这就是：星散、坑平、冰化、松倒、鹰飞、僧走、灯灭、经乱、钉掉、弓翻的绕口令。

附录四 前鼻 in、en 字类推表

in 韵母

【宾】bīn 宾、傧、滨、缤、槟（槟子）、镔，bìn 摈、殡、膑、鬓，pín 嫔，

［“槟”又念 bīng（槟榔），“兵”念 bīng］

【今】jīn 今、衿、矜（矜持），jìn 妗，qīn 衾，qín 琴、矜（指柄）、芩，yín 吟

【斤】jīn 斤，jìn 近、靳，qín 芹，xīn 忻、昕、欣、新、薪

【禁】jīn 禁（禁受）、襟，jìn 禁（禁止）、噤

【尽】jǐn 尽（尽管），jìn 尽（尽力）、烬、赆

【堇】jǐn 堇、谨、馑、瑾、槿，qín 勤，yín 鄞

【侵】jìn 浸，qǐn 寝，qīn 侵

【林】bīn 彬，lín 林、淋、琳、霖

【嶙】lín 邻（鄰）、粼、嶙、遴、辚、磷、瞵、鳞、麟，lìn 膦

【凛】lǐn 凛、廪、懔、檩，（“禀”念 bǐng）

【民】mín 民、岷、苠、珉，mǐn 抿、泯

【频】pín 频、颦，bīn 濒

【禽】qín 禽、擒、噙、檎

【心】xīn 心、芯（灯芯），xìn 芯（芯子），qìn 沁

【辛】xīn 辛、锌、莘（莘庄），qīn 亲，［“莘”又念 shēn（莘莘），“亲”又念 qìng（亲家）］

【阴】yīn 阴、荫（树荫），yìn 荫（荫凉）

en 韵母

【贲】bēn 贲，pēn 喷（喷泉），pèn 喷（喷香），fèn 愤

【本】běn 本、苯，bèn 笨

【参】cēn 参（参差），chěn 碜，shēn 参（人参），shèn 渗

【岑】cén 岑、涔

【分】fēn 分（分析）、芬、吩、纷、氛、酚，fén 汾、棼，fěn 粉，fèn 分（本分）、份、忿，pén 盆

【艮】gēn 根、跟，gěn 艮（发艮），gèn 艮（姓）、茛，kěn 垦、恳，hén 痕，hěn 很、狠，hèn 恨，（“银、垠、龈”念 yín）

【门】mēn 闷（闷热），mén 门、扪、钔，mèn 闷（闷气）、焖，men 们（我们）

【壬】rén 壬、任（姓），rěn 荏，rèn 任（任务）、饪、妊、衽

【刃】rěn 忍，rèn 刃、仞、纫、韧、轫

【申】shēn 申、伸、呻、绅、砷，shén 神，shěn 审、婶，shèn 胂

【温】wēn 温、瘟，（“愠、韫、蕴”念 yùn）

【文】wén 文、纹、蚊、雯，wěn 紊，wèn 汶

【贞】zhēn 贞、侦、帧、浈、祯、桢

【珍】zhēn 珍，zhěn 诊、疹，chèn 趁

【真】zhēn 真，zhěn 缜，zhèn 镇，chēn 嗔，shèn 慎，（“填”念 tián）

【甚】zhēn 斟、椹，shèn 甚、椹（同“葚”shèn）、葚（桑葚），chén 谌，rèn 葚（桑葚儿），（“堪”念 kān，“湛”念 zhàn）

【枕】zhěn 枕，chén 忱，shěn 沈

【辰】zhèn 振、赈、震，chén 辰、宸、晨，shēn 娠，shèn 蜃

（二）分清 e、o、ê、uo

四川话中没有 e 韵母，通常是把 e 读成 o 或 ê，如：把“哥哥”（gēge）读成“gōgō”，把“客车”（kèchē）读成“kêcê”，把“改革”（gǎigé）读成“gǎigê”。同时，四川话中没有 uo 韵母，通常是把 uo 读成 o，少数读成 uê，如：把“多”（duō）读成 do，把“拖”（tuō）读成 tō，把“国”（guó）读成 guê，把“扩”（kuò）读成 kuê。这类字不是很多，可以通过下面的练习来掌握。

思考与练习

1. e 与 uo 单音节对比练习。

德——夺　特——唾　讷——诺　乐——落
哥——锅　课——扩　喝——或　遮——桌
车——戳　社——硕　热——若　则——昨
侧——错　色——所　饿——握　鹤——获

2. e 与 uo 双音节对比练习。

褐色——货色　开课——开阔　恭贺——供货　河水——活水
客气——阔气　黄河——惶惑　合力——活力　客人——阔人
格式——国事　涩果——硕果

3. e 韵母词语练习。

车辙　割舍　隔阂　歌德　核热　合格　合辙　赫哲　苛刻　可口
哥哥　客车　塞责　瑟瑟　舍得　特色　折合　可乐　隔热　可贺

4. uo 韵母词语练习。

磋跎　错落　哆嗦　堕落　过错　国货　活捉　阔绰　啰唆　罗锅
落果　骆驼　硕果　陀螺　着落　我国　错过　坐落　懦弱　过火

5. 综合练习。

kèzuò	kèzhuō	èmó	rěhuò	gēbo
客座	课桌	恶魔	惹祸	胳膊
èguǒ	zuōhe	zuò’è	huòzhě	guógē
恶果	撮合	作恶	或者	国歌
móhé	pògé	zhémó	lèsuǒ	bòhe
磨合	破格	折磨	勒索	薄荷
gémó	kèbó	bōzhé	shěde	gègè
隔膜	刻薄	波折	舍得	各个
tèsè	zhème	zhéhé	sèzé	zhéshè
特色	这么	折合	色泽	折射
sèzé	bómó	pōmò	mómò	mópò
塞责	薄膜	泼墨	磨墨	磨破
zuómo	zhuómó	duòluò	bōluó	tuōluò
琢磨	琢磨	堕落	菠萝	脱落

zhēteng	kǎnkě	gānhé	héhuǒ	chēhuò
折腾	坎坷	干涸	合伙	车祸
hézuò	bólè	bōzhé	mòhé	bódé
合作	伯乐	波折	墨盒	博得
bóruò	mōsuǒ	cuòzhé	huǒchē	huòdé
薄弱	摸索	挫折	火车	获得
suǒdé	huópo	luóbo	tuòmo	gèdéqísuǒ
所得	活泼	萝卜	唾沫	各得其所

gègèjīpò	guòhéchāiqiáo	huòguóyāngmín
各个击破	过河拆桥	祸国殃民
hépántuōchū	zuò'èduōduān	duōduōbīrén
和盘托出	作恶多端	咄咄逼人
shuòguǒpōduō	luòluòdàfāng	rèhuǒcháotiān
硕果颇多	落落大方	热火朝天

6. 朗读《太阳国》。

从前，有兄弟两个，各自过活。哥哥很阔，但是很吝啬。弟弟只有破屋一座，天天在山上耕作。一天，他口渴了，到河边去找水喝。回来一看，地里的禾苗一棵也没有了。他就大哭起来。忽然，飞来一只天鹅，说："小伙子，不要哭，我带你到太阳国去摘金果。"于是，他就坐在天鹅的背上，飞过小河，翻过山坡，到了太阳国。他看见一棵金灿灿的金果树，他摸摸金色的果子，只摘了一个。回去后，他整理了田舍，又盖了新房一所。哥哥知道后，前来道贺，回去也模仿着做，天鹅也把他带到太阳国。他毫不客气地抓住那棵金果树，摘了一个又一个。天鹅说，可以啦，不然就会有祸。他还舍不得，认为良机不可错过。结果，太阳出来了，光芒四射，把这个刻薄的恶人，晒死在太阳国。

7. 分角色朗读歌词《我爱你，中国》。

（齐）百灵鸟从蓝天飞过，
　　　我爱你，中国！
（齐）我爱你中国，
（女）我爱你春天蓬勃的秧苗，
（男）我爱你秋日金黄的硕果，
（女）我爱你青松气质，
（男）我爱你红梅品格，
（女）我爱你家乡的甜蔗，
（男）好像乳汁滋润着我的心窝。
（齐）我爱你中国，
　　　我要把最美的歌儿献给你，
　　　我的母亲，我的祖国。
（齐）我爱你中国，
（女）我爱你碧波滚滚的南海，
（男）我爱你白雪飘飘的北国，

（女）我爱你森林无边，

（男）我爱你群山巍峨，

（女）我爱你淙淙的小河，

（男）荡着清波从我的梦中流过。

（齐）我爱你中国，

我要把美好的青春献给你，

我的母亲，我的祖国。

8. 绕口令练习。

（1）打南坡走来个老婆婆，两手托着两笸箩（pǒluo）。左手托着的笸箩装的是菠萝，右手托着的笸箩装的是萝卜。你说说，是老婆婆左手托着的笸箩装的菠萝多，还是老婆婆右手托的笸箩装的萝卜多。说得对送你一笸箩菠萝，说不对不给菠萝也不给萝卜，罚你替老婆婆把装菠萝的笸箩和装萝卜的笸箩送到大北坡。

（2）太阳从西往东落，听我唱个颠倒歌。天上打雷没有响，地下石头滚上坡，江里骆驼会下蛋，山里鲤鱼搭成窝；腊月苦热直流汗，六月暴冷打哆嗦；姐在房中头梳手，门外口袋把驴驮。

（三）其他容易读错的韵母

1. 普通话声母 d、t、n、l、z、c、s 与韵母 uen（un）拼合的字，四川话大都读成 en 做韵母。例如：

普通话	四川话	例字
dun	den	盾　蹲　盾　吨　顿　炖　墩　钝　敦　敦　遁
tun	ten	吞　屯　囤　豚
lun	len	轮　抡　论　伦　仑　囵
zun	zen	遵　尊　樽
cun	cen	存　寸　村　忖　皴
sun	sen	孙　损　笋　榫　狲

2. 普通话声母 n、l、g、h 与韵母 ei 拼合的字，四川话大都读成 ui 或 ê 做韵母。例如：

普通话	四川话	例字
nei	lui	内　馁
lei	lui	雷　累　类　泪　磊　蕾　擂　酹
gei	gê	给
hei	hê	黑　嘿

3. 普通话声母 j、q、x 与韵母 iao 和 üe 拼合的字，以及个别 iao 韵母自成音节的字，四川话有的地方将其中一部分读成 io 做韵母。例如：

普通话	四川话	例字
jiao	jio	脚
que	qio	却　确　雀　鹊　榷
xue	xio	学

jue	jio	觉（感觉）
yue	yo	乐 约 岳
yao	yo	药 钥

4. 普通话有个别 ao 韵母字，四川话读成 o 韵母字音；普通话有一部分 ou 和 u 韵母字，四川话读成 o、ong 或 u 做韵母的字音；普通话有个别 u 韵母的字，四川话读成 o 韵母的字音。例如：

普通话	四川话	例字
lao	lo	烙 酪
mou	mu	牟
mou	mong	某 谋
mu	mong	亩 牡
mu	mo	幕 墓 慕 暮 募 模（模具、模板、模子）
mao	mong	茂 贸

5. 四川话中几个有入声的地区没有 ie 韵母，把 ie 韵母字音读成 i 韵母字音，例如：

普通话	四川话	例字
die	di	跌 爹 迭 叠 蝶 碟
tie	ti	铁 贴 帖
jie	ji	姐 节 接 借 结 阶
qie	qi	且 窃 切 茄
xie	xi	写 谢 些 协 泻 歇 卸

6. 此外，例如：

普通话	四川话	例字
lü	lui	屡
lü	lu	绿 氯 律 驴
bai	bê	白 百 柏
pai	pie	拍
bei	bê	北
mai	mie	麦 脉
bo	bê	伯
po	pie	迫 魄
mo	mie	墨 默 脉 没
xue	xie	穴
yue	yao	跃
ying	yun	营 莹 萤 萦 蓥
xian	xuan	弦 舷 掀 鲜
iong	ün	琼 永 泳
ei	u	沸
uan	uai	喘
uan	üan	丸

ou	o	剖
i	ei	批　披　坯
ai	an	掰
uei	ü	遂　隧
a	ua	厦（大厦）
ueng	ong	翁　嗡　瓮　蓊
eng	uen	横
ao	o	角（角度、角落）
ao	o	着（着急）
ün	iong	允

思考与练习

读下列词语。

máodùn	dūnxià	lúndūn	dùntāng	yìdūn
矛　盾	蹲　下	伦　敦	炖　汤	一　吨
yídùn	tūnyàn	hǎitún	lúnchuán	biànlùn
一　顿	吞　咽	海　豚	轮　船	辩　论
kūnlún	zūnshǒu	zūnjìng	bǎocún	nóngcūn
昆　仑	遵　守	尊　敬	保　存	农　村
chǐcùn	sīcǔn	shǒucūnle	érsūn	sǔnshī
尺　寸	思　忖	手　皴了	儿　孙	损　失
zhúsǔn	nèibù	qìněi	léiyǔ	láolèi
竹　笋	内　部	气　馁	雷　雨	劳　累
fēnlèi	yǎnlèi	bǎolěi	huālěi	gěiwǒ
分　类	眼　泪	堡　垒	花　蕾	给　我
hēibǎn	jiǎoyìn	quèshí	máquè	xǐquè
黑　板	脚　印	确　实	麻　雀	喜　鹊
shāngquè	xuésheng	gǎnjué	yīnyuè	yuēhuì
商　榷	学　生	感　觉	音　乐	约　会
yuèfù	xīyào	yàoshi	làoyìn	nǎilào
岳　父	西　药	钥　匙	烙　印	奶　酪
mǒurén	yīnmóu	tiánmǔ	mǔdān	yínmù
某　人	阴　谋	田　亩	牡　丹	银　幕
fénmù	xiànmù	mùjuān	múyàng	mújù
坟　墓	羡　慕	募　捐	模　样	模　具
múbǎn	múzi	mófàn	móxíng	màoshèng
模　板	模　子	模　范	模　型	茂　盛

màoyì	jiějie	xièxie	tiělù	bēitiè
贸 易	姐 姐	谢 谢	铁 路	碑 帖
xiánjiē	qīngxié	lǚcì	lǜhuà	lǜqì
衔 接	倾 斜	屡 次	绿 化	氯 气
jìlǜ	máolǘ	báicài	bǎiwàn	bǎishù
纪 律	毛 驴	白 菜	百 万	柏 树
jiépāi	běijīng	màizi	màiluò	bóbo
节 拍	北 京	麦 子	脉 络	伯 伯
húnpò	yāpò	mòshuǐ	mòdú	chénmò
魂 魄	压 迫	墨 水	默 读	沉 没
cháoxué	fēiyuè	qīngxiè	qǐngkè	yíngzhǎng
巢 穴	飞 跃	倾 泻	顷 刻	营 长
yíngrào	huáyíng	jīngyíng	qínxián	chuánxián
萦 绕	华 蓥	晶 莹	琴 弦	船 舷
xiānnèn	xiānqǐ	qióngjiāng	yǒnghéng	yóuyǒng
鲜 嫩	掀 起	琼 浆	永 恒	游 泳
fèiténg	yàowán	chuǎnqì	jiěpōu	pīpàn
沸 腾	药 丸	喘 气	解 剖	批 判
tǔpī	pīlù	bāiwàn	Suìníng	suìdào
土 坯	披 露	掰 腕	遂 宁	隧 道
dàshà	lǎowēng	shuǐwèng	wěngyù	héngxíng
大 厦	老 翁	水 瓮	蓊 郁	横 行
hèngcái	hènghuò	mánhèng	jiǎodù	jiǎoluò
横 财	横 祸	蛮 横	角 度	角 落
juésè	fāshēngkǒujué		kǒujiǎokuìyáng	
角 色	发 生 口 角		口 角 溃 疡	
zháojí	zhuólù	zhuóluò	yǔnxǔ	zháohuǒ
着 急	着 陆	着 落	允 许	着 火

第四节　普通话声调

一、声调的性质和作用

声调是指音节高低升降的音高变化。从生理性质的角度分析，音高变化是由发音时声带的松紧造成的。声带松，气流冲击时音波颤动次数少，频率小，声音就低；反之则高。因此，控制声带松紧就可以形成不同的音高，也就构成不同的声调。

声调的音高是相对的，是通过互相比较区别出来的高低升降类型。这种音高与发音人起音的高低无关，与情绪的高涨或低落无关，也不会因为男女老幼语音的高低而影响对语意的理解，因而是相对音高。

声调音高的变化是渐变的、滑动的，而不是跳跃的，它类似在胡琴或提琴上拉出来的滑音。

声调是汉语音结构中不可缺少的重要因素，它有区别词义的作用。相同的声韵，不同的声调，表达的意义会不一样，如“防止”（fángzhǐ）、“纺织”（fǎngzhī）、“放置”（fàngzhì）、“防治”（fángzhì）、“仿制”（fǎngzhì）等，都要靠声调的不同来辨别。

二、调值、调类和调号

调值就是声调的实际读法，即字音高低升降长短曲直变化的形式。把调值相同的字归纳成类，就是调类。有几种调值，就有几种调类。因此，调值决定调类。调值是声调的“实”，调类是声调的“名”。普通话的声调共有四种基本调值，因而也就有四个不同的调类，即阴平、阳平、上声、去声。普通话的轻声读音要随前一个音节的声调变化而变化，由于没有固定的调值，也就没有相应的声调符号。因此，《汉语拼音方案》规定，轻声音节不标声调符号，但这并不等于说轻声没有声调。

普通话声调的调值一般采用五度标记法来表示，即在一根竖线上分成四格五度，表示高、半高、中、半低、低，然后在竖线左侧用横线、斜线、曲线来表示声调升降曲直的实际类型，具体如下面的示意图：

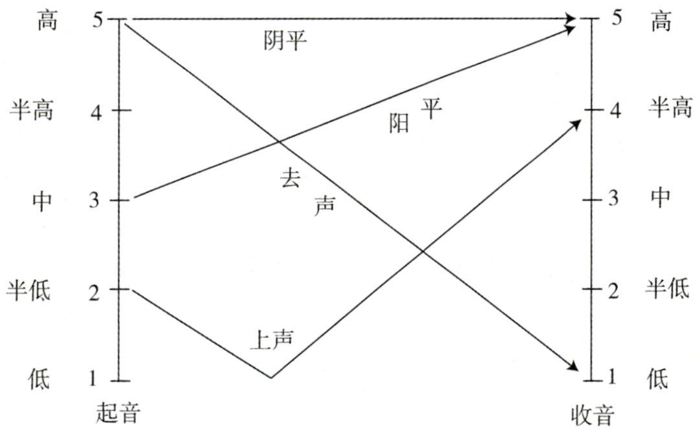

五度标记法图

普通话声调表

调　类	阴平	阳平	上声	去声
调　值	55	35	214	51
调　号	—	/	V	\
调　型	高平	高升	降升	全降
例　字	非	常	好	记

三、声调发音要点

1. 阴平：阴平调值是55，发音时声带始终拉紧，声音又高又平。阴平有为其他三个声调定高低的作用，如果阴平调值掌握不好，会影响其他声调的发音。有些人阴平读得过低或过高，造成去声降不下来，阳平高不上去的毛病。练习阴平，可先用单韵母读出高、中、低三种不同的平调，体会发高音时声带拉紧、发低音时声带放松的不同感觉。这种练习不但可以比较出阴平的高平调值，而且可以训练控制声带松紧的技能，为掌握好复杂的升、降、曲三种声调打下基础。例如：

趴 坡 猫 芳 低 通 妞 姑 居 青
湘 织 称 申 猜 虽 拼 抛 飞 溜
参加 西安 播音 工兵 拥军 东风 交通
中心 公司 终身 风光 新编 批发 司机

2. 阳平：阳平调值是 35，发音时声带由不松不紧，逐渐拉紧，声音由不高不低升到最高。多数人读不好这个调值是高音升不上去，主要原因是起点太高，声带已相当紧了，无法再紧，音高也就不能再升。纠正的方法是设法把声带放松，然后拉紧。可以先读一个去声，把声带放松，紧接着读一个升调，这样可以读出接近阳平的调值。多读去声和阳平相连的词语，有助于练好阳平。例如：

耐烦 内容 预防 挫折 视察 地图
霎时 掠夺 贩毒 预防 进行 命名
麻 乏 达 拿 闸 茶 匣 牙 华 罗
革 合 别 洁 学 直 迷 皮 齐 拿
国旗 直达 答题 滑翔 模型 流传
随时 名词 言辞 排名 流行 频繁
随同 停留 文学 人民 儿童 团结

3. 上声：上声调值是 214，发音时声带由较松慢慢到最松，再很快地拉紧，声音由较低慢慢到最低，再快速升高。在朗读和谈话中，上声的基本调值出现的机会很少，经常出现的是变化之后的调值。但是基本调值是变化的基础，只有掌握了基本调值，才能掌握它的变化，所以首先应读准上声的本调。读上声时主要的问题是起点高，降不下来，给人的感觉是拐弯儿不够大，有的人虽有拐弯儿，但前面下降的部分太短，后面上升的部分太长。练习上声时，首先应设法把声带放松，使声调的起点降低，并尽量把低音部分拖长。可以先读一个去声，以帮助放松声带和增加前半段的长度，气流不中断，紧接着念个短促的升调，就能读出较正确的上声了。例如：

聘请 电网 地点 历史 后果 叫苦
向导 翅膀 宁可 跺脚 赦免 电影
把 马 法 傻 洒 假 垮 耍 瓦 跛 妥
裸 锁 我 渴 牡 舍 惹 楚 窘 海 宰
领导 美好 勇敢 粉笔 口渴 舞蹈
感慨 展览 海港 小雪 导演 党委
苦恼 口语 理解 领土 旅馆 马尾

4. 去声：去声调值是 51，发音时声带先拉紧，后放松，声音从最高降到最低。多数人读去声时不感到困难，少数人降不下去。可用阴平带去声的方法来练习，即先发一个阴平，使声带拉紧，再在阴平的高度上尽量把声带放松，就能读出全降调的去声了。多读阴平和去声相连的词语，有助于读好去声。例如：

欺诈　工作　书架　音乐　希望　黑暗
天赋　家具　亲爱　鸡蛋　批判　衣架
判　饭　烂　汗　颤　扇　岸　辨　练　欠　笨
嫩　恨　镇　衬　慎　聘　吝　沁　钝　岁　月
射箭　愤怒　庆贺　宴会　创办　浪费
地道　奋斗　贺信　注意　部队　上课
闭幕　挂号　创造　记录　判断　正确

四、声调发音与练习

1. 单韵母四声练习

ā á ǎ à　ō ó ǒ ò　ē é ě è　ī í ǐ ì
ū ú ǔ ù　ǖ ǘ ǚ ǜ　à ǎ á ā　ò ǒ ó ō
è ě é ē　ì ǐ í ī　ù ǔ ú ū　ǜ ǚ ǘ ǖ
á ǎ ó ǒ　é ě í ǐ　ú ǔ ǘ ǚ　ēr ér ěr èr

2. 同音节四声练习

妈 麻 马 骂　一 移 已 易　屋 无 五 误　迂 鱼 语 遇
温 文 稳 问　汪 王 往 忘　灰 回 悔 会　非 肥 匪 费
夫 扶 府 副　七 骑 起 器　踢 提 体 剔　师 石 使 市
歌 阁 舸 个　滩 谈 坦 叹　生 绳 省 剩　英 赢 影 硬

3. 多音节词语四声顺序练习

光明磊落　千锤百炼　中国解放　英雄涌现
山河美丽　风调雨顺　积极肯干　心明眼亮
精神爽快　生活朴素　高粱小麦　千人比赛
英雄好汉　中流砥柱　阴扬上去　高扬转降
非常好记　多读几遍　都能掌握　包得奖状

4. 多音节词语四声逆序练习

破釜沉舟　调虎离山　弄巧成拙　信以为真
妙手回春　异口同声　四海为家　万古长青
大好河山　视死如归　袖手旁观　墨守成规
逆水行舟　大显神通　热火朝天　痛改前非

5. 单音节二三声对比练习

豪 好 绳 省　狼 朗 于 雨　潜 浅 佟 捅　云 陨 闲 显
龙 陇 炎 眼　棱 冷 实 史　棉 免 停 挺　谈 坦 纯 蠢
鼻 笔 学 雪　白 百 仆 普　蓝 懒 琴 寝　值 指 词 此
曹 草 麻 马　常 厂 黄 谎　拿 哪 活 火　池 尺 室 矢

6. 双音节词语综合练习

（注意：后一个音节是上声的词语不要读成半上 21）

阴阴：攀登　公司　倾听　中心　春风

	秋收	冬天	新生	精心	攀登
阴阳：	金牛	声明	温和	宣传	消毒
	清洁	周围	施行	商船	蜿蜒
阴上：	伤感	亲友	钢笔	经理	封锁
	衰老	凶狠	专场	申请	筛选
阴去：	欺诈	工作	书架	音乐	希望
	黑暗	天赋	家具	亲爱	鸡蛋
阳阴：	成功	成都	时间	原因	明星
	回归	无知	南京	农村	桃花
阳阳：	年龄	民族	轮流	灵活	频繁
	同学	蝴蝶	蓬勃	人民	儿童
阳上：	民主	填写	词典	及早	牛奶
	情景	游泳	寒暑	鸵鸟	灵敏
阳去：	名胜	培训	文化	服务	填空
	颜料	行动	民众	停顿	轮换
上阴：	组织	指挥	嗓音	脑筋	垦荒
	指针	崭新	隐约	总之	简单
上阳：	阻拦	旅游	品德	指南	敏捷
	漂泊	散文	选民	组成	改革
上上：	展览	领取	勇敢	打扫	美好
	粉笔	口渴	永远	海港	宝塔
上去：	伪造	总算	掌握	体验	马上
	伟大	假象	品味	领袖	武艺
去阴：	信心	切身	假象	丧失	士兵
	战争	象征	幻灯	刺刀	故乡
去阳：	耐烦	内容	预防	视察	救亡
	地图	霎时	掠夺	贩毒	计谋
去上：	电网	地点	历史	后果	叫苦
	向导	翅膀	宁可	电影	赦免
去去：	利润	论证	下降	现代	胜利
	论证	浪漫	戏剧	命令	地震

7. 多音节词语综合练习

积极肯干	大好河山	千锤百炼	胸怀广阔
破釜沉舟	平易近人	交头接耳	南辕北辙
革故鼎新	得心应手	同舟共济	儿童文学
日新月异	丰收归仓	一往情深	借花献佛
春天开花	深谋远虑	江山多娇	心甘情愿
全国人民	进步最快	光明磊落	提前完成
远景美好	永远友好	产品展览	爱护备至

胜利万岁	英明领袖	身强体壮	进步最快
百炼成钢	波澜壮阔	排山倒海	喷薄欲出
满园春色	名不虚传	发愤图强	翻江倒海
大快人心	当机立断	谈笑风生	滔滔不绝
鸟语花香	逆水行舟	老当益壮	雷厉风行
盖世无双	高瞻远瞩	慷慨激昂	开卷有益
豪言壮语	和风细雨	艰苦奋斗	锦绣河山
千军万马	晴天霹雳	喜笑颜开	响彻云霄
朝气蓬勃	专心致志	称心如意	超群绝伦
暴风骤雨	鹏程万里	满腔热情	丰功伟绩
颠扑不破	天衣无缝	能者多劳	力挽狂澜
攻无不克	克敌制胜	横扫千军	继往开来
气壮山河	心潮澎湃	咫尺天涯	赤子之心
壁垒森严	普天同庆	目不转睛	赴汤蹈火
斗志昂扬	推陈出新	宁死不屈	龙飞凤舞
光彩夺目	快马加鞭	呼风唤雨	举世无双
群威群胆	栩栩如生	辗转反侧	出奇制胜
山水相连	日新月异	赞不绝口	层出不穷
四海为家	深情厚谊	人才辈出	再接再厉
沧海一粟	三思而行	生龙活虎	饶有风趣
责无旁贷	灿烂光明	肃然起敬	舍生忘死
如火如荼	自知之明	从容就义	所向披靡

8. 词语对比练习

（注意：后一个音节是上声的，不要读成半上 21）

武艺	无意	无疑	五一	无益
巫医	武夷	无异	通知	同志
统治	同治	实施	事实	史诗
石狮	防止	纺织	放置	防治
仿制	方志	仿纸	方知	义务
衣物	异物	遗物	攻击	共计
供给	功绩	其实	骑士	气势
启示	知识	指示	致使	直视
纸质	直至	制止	吱吱	简介
简洁	间接	见解	语言	预言
预演	鱼眼	狮子	识字	柿子
师资	资质	自制	自治	自知
此时	此事	磁石	辞世	施行
实行	试行	时兴	直尺	支持
咫尺	知耻	实际	世纪	时机

事迹	史记	十级	诗集	石基
边界	便捷	辩解	变节	试制
实质	试纸	食指	意识	医师
遗失	仪式	指数	直属	植树
支书	及时	即使	技师	儿时
急事	即时	计时	集市	胜任
圣人	生人	升任	教师	教室
礁石	脚饰	省事	盛世	声势
省时	生事	生食	盛事	升势
始终	时钟	失重	适中	时期
士气	湿气	石器	大雨	大鱼

五、声调辨正与练习

声调是汉语语音三要素之一，它有区别词义的作用，必须认真学习。声调辨正应注意以下三方面：

1. 读准普通话二三声的调值

普通话声调一平、二升、三曲、四降，抑扬有致，富有音乐美。

四川人学习普通话声调，就读标准调值这一点来说，主要问题在阳平和上声。念阳平时，声音往往高不上去，或者在发音过程中有了曲折，拐了弯儿。念上声时，往往下降不到位便扬上去了。因此，四川人读普通话的阳平和上声，语音差异不大。要发准这两个声调，一要注意两者发音的时值不一样，阳平要读得短一点，上声要读得长一点；二要注意读上声时，2 降到 1 要读长点，1 升到 4 要收得快，然后，通过对比练习来加以掌握，例如：

（1）á——ǎ　　í——ǐ　　ú——ǔ　　ó——ǒ

é——ě　　ǘ——ǚ　　ǎ——á　　ǐ——í

ǔ——ú　　ǒ——ó　　ě——é　　ǚ——ǘ

（2）梅花美丽　　小吴跳舞　　小胡打虎

（3）读下列单音节字，注意阳平与上声的区别。（注意：不要把上声读成半上 21）

北	宝	值	扭	停	女	从	熊	喘	绳
偶	野	远	愁	伟	严	影	损	抖	吼
男	驳	玩	忍	房	爽	捧	滑	雅	责
请	贫	魔	火	仅	云	国	饱	秒	表
蜷	穹	裘	瞟	佟	岩	萦	笃	涸	骋
哲	咱	拿	泉	婶	拐	潜	仍	史	此
炎	紊	敛	肪	挠	企	导	惩	灸	伪
陨	贼	白	雹	宅	穴	即	眨	渴	雪

2. 掌握调类对应规律

普通话有阴平、阳平、上声、去声四个调类，四川话以成都为代表的广大地区也只有阴平、阳平、上声、去声四个调类，与普通话完全一致。而且，一般说来，属于普通话某一调类的字音，四川话也念同一调类（入声字除外）。因此，四川人可以很好地利用这一对应关系，依靠自己方言的调类去类推普通话的调类。

首先，找四个按阴、阳、上、去四声的次序排列的字或词语，如“非常好记”“多读几遍”“依、移、椅、义”等，用自己的方音熟练地读出它们，读熟它们的目的是掌握自己方音中1—4声的调值。要熟练到看见任何一个字都能用自己的方音读出它的阴、阳、上、去四个声调。比如，见到“马”这个字，马上就能用方音读出“妈、麻、马、骂”四个声调；见到“飞”这个字，马上就能用方音读出“飞、肥、匪、废”四个不同的声调。在此基础上，便可以进行声调类推了。

当碰到一个字音时，要推断它的声调是哪一类，便按方音1—4声的调值读一遍，看看读到第几位和自己方音中的读音相同。如果读到第二位就相同了，说明这个字在自己方言中是阳平，那么普通话也是阳平；如果读到第四位就相同，说明这个字在自己方言中是去声，那么普通话也是四声。例如“写”的声调，四川话在第三位读音，则判断“写”在四川话里是上声，类推在普通话里也是上声。这个方法简单易学，即使不会说普通话，也能标出某字普通话的调类，具有实际意义。

标调练习（轻声字不标调号）：

普　通　话　是　教　师　的　职　业　语　言。

国　家　推　广　全　国　通　用　的　普　通　话。

3. 掌握古入声字在普通话中的归类

上面的标调练习中，“职业”的“业”在四川话中是阳平调，而在普通话中是去声调，出现类推错误，这涉及古入声字的问题。

古代汉语有平、上、去、入四类声调，随着历史的发展，演变成现代汉语的阴、阳、上、去四声，即古平声分为阴平、阳平两类，古入声字分别转入阴平（如“屋、出”）、阳平（如“国、直”）、上声（如“铁、北”）、去声（如“客、绿”）。

四川部分地区，如温江、乐山、西充等地，还保留着古入声，因而有阴、阳、上、去、入五类声调。四川其余没有入声的地区，凡属于古入声的字音，则基本上归入方言区四声中的某一调类。比如，成都等大部分地区归入阳平，自贡等地归入去声，雅安等地归入阴平。因此，古入声的字音，若用四川话的调类去推求它们在普通话中的调类，往往会出现类推错误。但不是所有的入声字都会类推错误，比如上面标调练习中的“职”和“国”，尽管也是入声字，却不会推错，因为南充方言区把入声字都归阳平，而“职”和“国”在普通话中就是阳平调。所以，归入普通话阳平的入声字我们可以不用去记，需要记住的是归入普通话阴平、上声和去声的入声字，因为这些字南充方言区都容易把它们读成阳平。

声调辨正中，古入声是重点，也是难点。四川方言区的人说普通话时，如果平翘舌、鼻边音、前后鼻韵读得只是有一点儿不准确，语音差别不会很明显；但如果声调读错了，如把 wū（屋）读成 wú，把 wà（袜）读成 wá，语音差异突出，方音则暴露明显。普通话声调学习的难点是辨别常用字中的古入声字，正确判断古入声字的普通话声调。

四川没有入声的地区古入声字一般归阳平（归阴平、上声、去声的极少），所以，这些地区的人要辨别入声字，必须把古入声字从阳平字中分辨出来。

我们可利用方音来辨别古入声字。以南充方音为例（除西充外），古入声字全部集中在-i、a、o、ê、i、ia、io、ie、ua、ue、ü、üe、üu、ü等14个无尾韵母中，元音尾韵母、鼻音尾韵母和卷舌韵母中没有古入声字。根据古入声归阳平而绝大多数古入声字并不与阳平字相混的实际情况，我们认为，掌握方音规律，排除个别例外，运用同音类推的方法来辨别古入声是一种有效的办法：

第一，凡方音韵母属于 ê、ie、ue、üe、io、üu，声调读阳平的字，几乎都是古入声字，只有“蛇、爷、邪、斜、茄”等几个字例外。

第二，凡方音声母是 b、d、g、k、j、z、s、r [z]，读阳平的字，几乎都是古入声字，只有“爸、咱、帜、时、匙、如、儒”等几个字例外。

第三，凡方音音节是 fa（法）、ta（塔）、qia（恰）、co（撮）、mu（木）、xi（夕），读阳平的字，都是古入声字。

记住以上三个规律，反复运用，一不靠翻书，二不靠硬记，就可以辨别 500 多个常用的古入声字。剩下的入声字已不多，可采取别的办法来记。

普通话语音学习辨别古入声字的目的是要能够正确判断古入声字在普通话中的声调归类。古入声字在普通话中归类的大致情况是：归去声的约占 52%，归阳平的约占 34%，归阴平的约占 10%，归上声的最少，约占 4%。我们可以采取先记少，后记多；先记常用字，后记次常用字以及利用对应规律等办法来掌握。即先记上声和阴平中常用的古入声字，再记阳平中常用的古入声字（入声归阳平的地区可以不记这一部分，因为可以类推），最后记去声中常用的古入声字。

读去声的古入声字最多，下面这条规律可以帮助我们掌握大部分读去声的古入声字。即鼻音声母、边音声母、r 声母和零声母的古入声字，绝大部人在普通话中读去声，例如：

m 声母字：末、沫、沫、茉、漠、墨、没（沉没）、寞，密、蜜、秘，目、木、幕、牧、睦、苜，麦、脉，灭、蔑。

n 声母字：呐、纳、捺、钠，逆、溺，聂、镍、孽，诺，虐、疟。

l 声母字：腊、辣、瘌，乐、勒，肋，烙、酪，力、厉、雳、立、粒、砾、栗、溧，六，陆、录、鹿、戮，洛、骆、络，律、率、绿、氯，掠、略。

零声母字：亦、译、抑、邑、佚、役、易、益、逸、翼，轧（轧棉花），叶、业、页、液、谒、靥，药、钥（钥匙），勿、物，袜，沃、握，玉、育、郁、狱、域、毓、鬻，月、乐（音乐）岳、悦、阅、跃、越、粤。

r 声母字：弱、若，肉，褥、缛，热。

例外字只有下面几个：

阴平：摸，捏，拉，压、押、鸭，噎、一、揖、壹，屋，约、曰。

阳平：膜，没（没有），额。

上声：抹，辱，恶（恶心），乙。

另外：声母为 p、t、k、q、ch、c、s 的字，大部分也归入去声，例如：迫（pò）、特（tè）、惕（tì）、克（kè）、酷（kù）、洽（qià）、彻（chè）、赤（chì）、策（cè）、促（cù）、色（sè）、萨（sà）等。

如果要记归阳平的古入声字，下面这条规律可以帮助我们记忆：

声母为 b、d、g、j、zh、z 的字，大部分归入阳平，例如：白（bái）、帛（bó）、达（dá）、读（dú）、革（gé）、国（guó）、及（jí）、洁（jié）、决（jué）、轧（zhá）、折（zhé）、竹（zhú）、杂（zá）、则（zé）、足（zú）等。

总之，古入声字分派到普通话四声中的情况是相当复杂的，上面的这些规律也只是大致的情况，要真正掌握古入声字在普通话中的调类，非得下一番苦功夫不可。

思考与练习

1. 常见古入声字组词练习。(教师也可不按顺序组词用方言读出，让学生读出对应的普通话)

阴平：吃、失、发、答、插、杀、鸭、瞎、刮、刷、勒、割、喝、剥、泼、脱、郭、捉、撮、缩、滴、踢、激、基、积、击、吸、夕、息、惜、析、屋、扑、督、突、出、叔、曲、屈、拍、摘、拆、黑、缺、削、跌、贴、接、结、约、缺、薛。

阳平：直、值、执、职、石、食、实、识、拔、达、扎、察、杂、辖、侠、狭、滑、额、德、得、格、革、隔、壳、咳、合、核、折、哲、辙、舌、则、泽、择、责、博、驳、勃、夺、国、浊、酌、卓、活、益、鼻、笛、敌、及、级、极、吉、急、集、即、辑、习、席、袭、仆、伏、福、服、佛、独、读、毒、竹、逐、烛、赎、熟、足、族、卒、俗、局、桔、菊、白、宅、薄、勺、凿、轴、别、蝶、谍、迭、洁、捷、竭、劫、杰、节、协、决、倔、绝、觉、学、穴。

上声：尺、法、塔、眨、甲、葛、索、乙、笔、匹、劈、朴、笃、嘱、属、辱、百、伯、窄、北、给、角、脚、撇、贴、铁、血、雪。

去声：质、秩、赤、式、室、适、饰、释、日、踏、纳、捺、辣、蜡、腊、栅、诧、煞、轧、恰、洽、吓、袜、扼、特、乐、各、克、刻、客、赫、撤、彻、设、涉、热、侧、厕、册、策、测、塞、色、涩、瑟、迫、魄、末、莫、默、没、寞、握、沃、洛、落、络、括、阔、扩、绰、硕、弱、错、或、惑、获、亦、邑、役、疫、逸、译、抑、必、壁、毕、碧、僻、辟、密、蜜、秘、惕、溺、逆、力、立、历、厉、砾、迹、寂、绩、泣、戚、隙、勿、物、不、木、目、立、牧、睦、夏、腹、缚、陆、鹿、录、祝、筑、触、矗、术、述、束、入、促、簇、肃、速、宿、粟、育、域、浴、欲、狱、律、绿、率、蓄、猎、劣、切、怯、泄、悦、越、跃、月、乐、岳、虐、略、掠、却、确。

2. 容易读错的非古入声字练习。

chuánbō	bīngbáo	bìnyíguǎn	piāoqiè	jiěpōu
传 播	冰 雹	殡仪馆	剽 窃	解 剖
pāngtuó	pīlòu	ménxīn	fānchuán	zhīfáng
滂 沱	纰 漏	扪 心	帆 船	脂 肪
dībà	dūnwèi	wǔdǎo	gāodàng	dàngcì
堤 坝	吨 位	舞 蹈	高 档	档 次
dàng’àn	diàodàng	dòulè	bōtāo	tànsuǒ
档 案	调 档	逗 乐	波 涛	探 索
dǎlāo	shōuliǎn	chēliàng	gǎngwèi	gūjì
打 捞	收 敛	车 辆	岗 位	估 计
kāngkǎi	ménkuàng	yǎnkuàng	yíkuàir	kuíwu
慷 慨	门 框	眼 眶	一块儿	魁 梧

báihuà	jì lǜ	jiǎoxìng	jìngkuàng	jìngjiè
白桦	纪律	侥幸	境况	境界
zhēnjiǔ	jiǎojiàn	shǒujuàn	liàowàng	qǐyè
针灸	矫健	手绢	瞭望	企业
qiāngshuǐ	xiédài	xùnsī	xuànyùn	xuànrǎn
镪水	携带	徇私	眩晕	渲染
zhěnduàn	zhènzuò	dòuchǐ	rènshēn	shùnjiān
诊断	振作	豆豉	妊娠	瞬间
wéirào	dāorèn	jiānrèn	rèndài	rúdòng
围绕	刀刃	坚韧	韧带	蠕动
cūcāo	yánrè	mǎyǐ	zuānyán	yìnliáng
粗糙	炎热	蚂蚁	钻研	荫凉
niúyíng	yíngtóuxiǎolì	shǒuwàn	wànlì	wānyán
牛蝇	蝇头小利	手腕	腕力	蜿蜒
wēixiǎn	wēiruò	wēixiào	wěizhuāng	wěijūnzǐ
危险	微弱	微笑	伪装	伪君子
yōngjǐ	yōnghù	yōngsú	yóuyǒng	yǔnshí
拥挤	拥护	庸俗	游泳	陨石

3. 容易读错声调的词语综合练习（含部分常用多音多义词）。

āijìn	áidǎ	bēibǐ	biānfú	bōxián
挨近	挨打	卑鄙	蝙蝠	拨弦
bōnòng	biānzuǎn	biānzhuàn	bìnmáo	bēngdài
拨弄	编纂	编撰	鬓毛	绷带
běngliǎn	diānbǒ	bòji	bènzhuō	kùchǎ
绷脸	颠簸	簸箕	笨拙	裤衩
chángyuàn	zhànchǎng	chēnghu	chēngzàn	duìchèn
场院	战场	称呼	称赞	对称
chéngfá	chéngfǎ	biānchī	biāntà	chǔlǐ
惩罚	乘法	鞭笞	鞭挞	处理
chǔnǚ	chùzhǎng	chùsuǒ	chuāishǒu	chuǎiduó
处女	处长	处所	揣手	揣度
cuōhe	yìzuǒmáo	cuòzhé	cuóchuāng	dāla
撮合	一撮毛	挫折	痤疮	耷拉

tángbìdāngchē	ruìbùkědāng	dāngnián	dàngnián
螳臂当车	锐不可当	当年（过去）	当年（同年）

fānchuán	fànyǔ	fùzá	jiàohuì	jíjiāng
帆船	梵语	复杂	教诲	即将
jídù	jìdu	jǐliang	hénjì	hànliújiābèi
嫉妒	忌妒	脊梁	痕迹	汗流浃背

chuánjiǎng 船桨	chōngfèn 充分	fēnbié 分别	bǐjiào 比较	shāyījǐngbǎi 杀一儆百
jiùyóuzìqǔ 咎由自取	jìwǎngbùjiù 既往不咎	nèijiù 内疚	jūgōng 鞠躬	
Jūpíng 鞠萍	nīr 妮儿	qīnnì 亲昵	piǎobái 漂白	
piāoliú 漂流	piàoliang 漂亮	piǎoyìyǎn 瞟一眼	piējiàn 瞥见	qīchá 沏茶
qiánfú 潜伏	qīngxié 倾斜	qǐngkè 顷刻	réngrán 仍然	réngjiù 仍旧
jiàoshì 教室	gǔsuǐ 骨髓	yàzhōu 亚洲	yǒuyì 友谊	hàozhào 号召
zhàokāi 召开	zhàohuàn 召唤	zhīfáng 脂肪	zhìliàng 质量	zhuóyuè 卓越
bēibāo 背包	tóubèn 投奔	bēnténg 奔腾	biēsān 瘪三	gānbiě 干瘪
chābié 差别	chàshēng 差生	chǎnmèi 谄媚	chuàngjǔ 创举	zhòngchuāng 重创
chuāngshāng 创伤	chuāngkětiē 创可贴	chōngfēng 冲锋	chòngchuáng 冲床	cūcāo 粗糙
cóngcóng 淙淙	dāying 答应	dáxiè 答谢	dànké 弹壳	qūqiào 躯壳
dǎizhù 逮住	dàibǔ 逮捕	yīngdāng 应当	dàngchéng 当成	dǎobì 倒闭
dàotuì 倒退	dīshuǐ 滴水	dígu 嘀咕	fāmíng 发明	fàláng 发廊
tóufa 头发	fénjiǔ 汾酒	fénhé 汾河	fēnwéi 氛围	qìfēn 气氛
gèzao 虼蚤	gěiyǐ 给以	jǐyǔ 给予	gōngyìng 供应	gōngjǐ 供给
bīgòng 逼供	gǒuqǐ 枸杞	gūjì 估计	huāgūduo 花骨朵	gǔtou 骨头
gōujié 勾结	dòudang 勾当	jǐngguān 景观	dàoguàn 道观	guānxīnbìng 冠心病
guànjūn 冠军	guīlì 瑰丽	méigui 玫瑰	Hāěrbīn 哈尔滨	hǎdá 哈达
hūháo 呼号	hàolìng 号令	hēshuǐ 喝水	hècǎi 喝彩	héshang 和尚
hèshī 和诗	hélán 荷兰	fùhè 负荷	héngxíng 横行	hèngcái 横财

hènghuò	mánhèng	hǒngpiàn	qǐhòng	hōngqiǎng
横祸	蛮横	哄骗	起哄	哄抢
jīnghuá	huàshān	huàtuó	huáchuán	guīhuà
精华	华山	华佗	划船	规划
huǎngyǎn	huàngdòng	yìhuǎngjiùbújiànle	yíhuǎngjiùsānniánle	
晃眼	晃动	一晃就不见了	一晃就三年了	
húndàn	hùnxiáo	huómiàn	huóní	huòxīní
混蛋	混淆	和面	和泥	和稀泥
huōchuqu	huòránkāilǎng	jīhū	jǐhé	jǐnán
豁出去	豁然开朗	几乎	几何	济南
réncáijǐjǐ	wújìyúshì	jiùjì	jiējì	tōngjī
人才济济	无济于事	救济	接济	通缉
jǐliang	jǐbèi	jǐzhuī	jiāzá	jiá'ǎo
脊梁	脊背	脊椎	夹杂	夹袄
gāzhiwō	zhēnjiǎ	jiàqī	jiàtiáo	fàngjià
胳肢窝	真假	假期	假条	放假
qǐngjià	jiàrì	shǔjià	fángjiān	jiànduàn
请假	假日	暑假	房间	间断
qīnmìwújiàn	jiānkòng	tàijiàn	guózǐjiàn	jiāoshū
亲密无间	监控	太监	国子监	教书
jiàohuì	huìrénbújuàn	jiēguyǎnr	jiérì	jiēguǒzi
教诲	诲人不倦	节骨眼儿	节日	结果子
jiēshi	jiēba	jiéguǒ	jiéshù	jiéhūn
结实	结巴	结果	结束	结婚
jiéjú	bùjīn	jīnbuzhù	jìnzhǐ	zǐjìnchéng
结局	不禁	禁不住	禁止	紫禁城
jìnlì	jìnqíng	jǐnguǎn	jǐnliàng	jǐnkuài
尽力	尽情	尽管	尽量	尽快
jǐnzǒo	gēnjù	jiéjū	jiějué	yājiè
尽早	根据	拮据	解决	押解
húnshēnxièshù	yǐjǐngxiàoyóu	jīnglún	jìngzhuang	liàngnǚ
浑身解数	以儆效尤	腈纶	靓妆	靓女
jǔxíng	guīju	yānjuǎn	juéjiàng	juèpíqi
矩形	规矩	烟卷	倔强	倔脾气
xìjūn	jùnzi	jīzhūn		kǎnkě
细菌	菌子	鸡肫（方言：鸡菌肝）		坎坷
kāngkǎi	kānhù	kānshǒu	kànwàng	kànjiàn
慷慨	看护	看守	看望	看见
kèhán	kěnéng	fāshēngkǒujué	juésè	zhǔjué
可汗	可能	发生口角	角色	主角

jiǎoluò	jiǎodù	kǒujiǎokuìyáng	lāchě	lálegèkǒuzi
角落	角度	口角溃疡	拉扯	拉了个口子
lājī	láodao	làojiācháng	lèsuǒ	lēijǐn
垃圾	唠叨	唠家常	勒索	勒紧
léizhui	guǒshíléiléi	zuìxínglěilěi	jīlěi	liánlei
累赘	果实累累	罪行累累	积累	连累
zìchuīzìléi	lèitái	huánglí	gāolí	měilì
自吹自擂	擂台	黄鹂	高丽	美丽
liànméisù	liànjiē	yìliǔtóufa	zhàngliáng	héngliáng
链霉素	链接	一绺头发	丈量	衡量
liàngtǐcáiyī	liàngshēndìngzuò	sīliang	dǎliang	shāngliang
量体裁衣	量身定做	思量	打量	商量
lìnbìng	xiělínlín	niǎolóng	lǒngzhào	lóngzi
淋病	血淋淋	鸟笼	笼罩	聋子
lùnshù	lúnyǔ	yěmāo	máoyāo	mēnrè
论述	论语	野猫	猫腰	闷热
fánmèn	mēngpiàn	méngbì	měnggǔzú	mǐngdǐngdàzuì
烦闷	蒙骗	蒙蔽	蒙古族	酩酊大醉
mócā	módēng	mótiāndàlóu	nándù	zāinàn
摩擦	摩登	摩天大楼	难度	灾难
kùnnan	nítǔ	jūnì	nínìng	níngjìng
困难	泥土	拘泥	泥泞	宁静
ānníng	nìngkě	nìngyuàn	nìngkěn	nìngsǐbùqū
安宁	宁可	宁愿	宁肯	宁死不屈
níngmáojīn	nǐngluósī	nìngpíqi	pàojī	páozhì
拧毛巾	拧螺丝	拧脾气	炮击	炮制
dēngpào	pāotóng	pēnquán	pènxiāng	léipī
灯泡	泡桐	喷泉	喷香	雷劈
pǐchà	yǐngpiàn	zhàopiàn	yǐngpiānr	zhàopiānr
劈叉	影片	照片	影片儿	照片儿
piēkāi	piězuǐ	qiánpūhòujì	púrén	pūzhāng
撇开	撇嘴	前仆后继	仆人	铺张
pūgai	wòpù	shàngpù	xiūqīxiāngguān	qīnqi
铺盖	卧铺	上铺	休戚相关	亲戚
qìngjia	qiángzhì	qiángdiào	qiǎngbī	qiǎngpò
亲家	强制	强调	强逼	强迫
qiǎngqiú	qiǎngcíduólǐ	qiǎngrénsuǒnán	miǎnqiǎng	qiānqiǎng
强求	强词夺理	强人所难	勉强	牵强
hēshuǐqiāngzhele	yóuyānqiàngrén	qiǎorán	qiǎowúshēngxī	
喝水呛着了	油烟呛人	悄然	悄无声息	

qiáoshǒu 翘首	qiáowàng 翘望	qiàowěiba 翘尾巴	qiànfū 纤夫	qiànshéng 纤绳
qīnfàn 侵犯	qīnquán 侵权	qīnlüè 侵略	qīntūn 侵吞	qīnzhàn 侵占
qūzhé 曲折	qūxiàn 曲线	gēqǔ 歌曲	shāowēi 稍微	shàoxī 稍息
quánsuō 蜷缩	sǎodàng 扫荡	sàozhou 扫帚	wàisheng 外甥	shòuliè 狩猎
shuōfú 说服	shuōkè 说客	yóushuì 游说	bànshēnbùsuí 半身不遂	wèisuì 未遂
zhuósè 着色	diàoshǎi 掉色	shǎizi 色子	dǔsè 堵塞	zǔsè 阻塞
huósāi 活塞	píngsāi 瓶塞	sàiběi 塞北	sàiwài 塞外	biānsài 边塞
tiāoxuǎn 挑选	tiǎozhàn 挑战	tiǎoxìn 挑衅	tiǎobō 挑拨	tīchú 剔除
tiāoti 挑剔	zhāngtiē 张贴	qǐngtiě 请帖	zìtiè 字帖	zìtiěr 字帖儿
tǔtán 吐痰	tùxiě 吐血	ǒutù 呕吐	wānròubǔchuāng 剜肉补疮	zuòwéi 作为
wèile 为了	shuǐwèngr 水瓮儿	xiǎowèngr 小瓮儿	xīpíxiàoliǎn 嬉皮笑脸	xīnxiān 新鲜
lǚjiànbùxiān 屡见不鲜	xiǎnwéirénzhī 鲜为人知	xiāolǎoshī 肖老师	xiàoxiàng 肖像	shēngxiào 生肖
gāoxìng 高兴	xīngfèn 兴奋	xùjiǔ 酗酒	chūxiě 出血	liúxiě 流血
xiānxuè 鲜血	xuèyè 血液	xuèyā 血压	xuèguǎn 血管	xuèběn 血本
xuèxíng 血型	xuèyuán 血缘	xuèzhài 血债	xuèxīng 血腥	xuánwō 旋涡
xuànfēng 旋风	cháoxué 巢穴	hǔxué 虎穴	yìjǐnhuánxiāng 衣锦还乡	yālì 压力
yāpò 压迫	yāyì 压抑	yāqiáng 压强	gāoxuèyā 高血压	yàgēnr 压根儿
yàsǐrén 轧死人	qīngyà 倾轧	zhágāng 轧钢	yānshān 燕山	yànwō 燕窝
yānhóu 咽喉	tūnyàn 吞咽	wūyè 呜咽	yīngjiè 应届	yīnggāi 应该
yìngyòng 应用	nǚyōng 女佣	yòngjīn 佣金	cānyù 参与	yùhuì 与会

tóuyūn	yùnchē	jìzǎi	dēngzǎi	kānzǎi
头　晕	晕　车	记　载	登　载	刊　载
xiàzǎi	zàirén	zàizhòng	zàigēzàiwǔ	zàitǐ
下　载	载　人	载　重	载歌载舞	载　体
zhǎyǎn	zhǎba	xiázhǎi	kuānzhǎi	zhànjù
眨　眼	眨　巴	狭　窄	宽　窄	占　据
zhānbǔ	gāozhǎng	zhànghóngleliǎn	zhǎoqì	zhǎozé
占　卜	高　涨	涨红了脸	沼　气	沼　泽
zháojí	zháoliáng	zháohuǒ	zháomí	zhuóluò
着　急	着　凉	着　火	着　迷	着　落
zhuólù	zhuóshǒu	zhuózhòng	zhēteng	zhěnmì
着　陆	着　手	着　重	折　腾	缜　密
zhēngjié	zhèngzhuàng	zhēngzhá	zhèngtuō	fēngzheng
症　结	症　状	挣　扎	挣　脱	风　筝
zhōngjiān	zhōngjiànr	zhòngkěn	zhǒngzi	zhòngzhí
中　间	中间儿	中　肯	种　子	种　植
chēzhóu	yāzhòuxì	xuánzhuǎn	zhuàndòng	dìsānzhuàng
车　轴	压轴戏	旋　转	转　动	第三幢
rényǐngchuángchuáng	àizēngfēnmíng		zēnghèn	zēngwù
人影幢幢	爱憎分明		憎恨	憎恶
píngzè	zuómo	zhuómó	zuōfang	
平　仄	琢磨（思考）	琢磨（雕刻、打磨）	作坊	

附录五　古入声字普通话归类表

1. 归阴平的

B　八、捌、剥、逼、憋、鳖、瘪（瘪三）、拨、钵

C　擦、插、拆、吃、出、戳、撮

D　答（答应）、搭、滴、跌、督、咄

F　发

G　疙、胳、鸽、搁、割、骨、刮、鸹、郭、聒、蝈

H　喝、黑、嘿、忽、惚、淴、唿、豁

J　击、迹、唧、积、屐、绩、缉、激、夹、浃、疖、结、接、揭、掬、鞠、撅

K　磕、瞌、哭、窟

L　邋、勒、捋

M　抹、摸

N　捏

P　拍、劈、霹、撇、瞥、朴、泼、泊、扑、仆

Q　七、戚、喊、槭、漆、掐、切、曲、蛐、屈、缺、阙

S　撒（撒手）、塞（瓶塞儿）、杀、刹（刹车）、失、虱、湿、叔、淑、刷、说、缩、朔

T　塌、剔、踢、帖（服帖）、贴、凸、秃、突、托、脱

W　挖、屋

X　夕、汐、矽、吸、昔、惜、析、淅、晰、息、熄、悉、蟋、锡、膝、蜥、瞎、歇、蝎、楔、削

Y　压、押、鸭、噎、一、壹、揖、约、曰

Z　匝、咂、扎、摘、汁、只（一只）、织、粥、拙、卓、桌、涿、捉、作（作坊）

2. 归阳平的

B　拔、跋、白、薄、雹、鼻、荸、别、蹩、勃、渤、博、搏、膊、帛、泊、驳、伯、箔、舶

C　察

D　达、得、德、狄、荻、迪、的（的确）、涤、敌、嫡、笛、籴、迭、谍、堞、牒、碟、蝶、叠、毒、独、读、渎、犊、黩、夺、度（忖度）、踱、铎

E　额

F　乏、伐、筏、罚、阀、佛、弗、怫、拂、伏、茯、服、幅、福、辐、蝠

G　阁、格、蛤、革、隔、嗝、膈、葛、国、掴、帼

H　合、盒、颌、核、涸、阂、阖、阖、貉、囫、斛、滑、搳、活

J　及、汲、级、极、吉、即、亟、急、疾、嫉、棘、集、瘠、藉、籍、荚、颊、嚼、孑、节、杰、劫、洁、诘、捷、竭、截、睫、局、菊、决、诀、抉、觉、珏、绝、倔、掘、崛、厥、獗、镢、蹶、爵、嚼、攫、孓

K　壳、咳

M　没、膜

P　枇、濮、璞

S　勺、芍、杓、舌、十、什、石、识、实、食、拾、蚀、孰、塾、熟、赎、俗

X　习、席、袭、媳、檄、匣、侠、峡、狭、硖、辖、胁、协、挟、穴、学、噱（噱头）

Z　杂、砸、凿、责、则、泽、择、贼、扎（挣扎）、轧（轧钢）、闸、铡、宅、翟、着、折、哲、蜇、蛰、辄、辙、执、直、值、殖、侄、职、妯、轴、竹、竺、烛、逐、灼、酌、茁、镯、啄、琢、卒、族、足、昨

3. 归上声的

B　百、佰、柏、伯（大伯）、北、笔、瘪（干瘪）、卜

C　尺

D　笃

E　恶（恶心）

F　法、砝
G　葛（姓）、给（交给）、谷、骨（骨肉）、鸽
H　郝
J　给（供给）、脊、戟、甲、胛、角、脚
K　渴
M　抹（抹杀）
P　匹、癖、撇（撇捺）、蹼、朴（朴素）
Q　乞、曲（歌曲）
R　辱
S　撒（撒种）、色（套色）、属、蜀、索
T　塔、獭、帖（请帖）、铁
X　血（流血）、雪
Y　乙
Z　眨、窄、褶、只（只有）、嘱

4. 归去声的

B　必、弼、毕、哔、碧、壁、璧、辟、别（别扭）、不
C　策、侧、测、厕、恻、册、彻、澈、撤、叱、斥、赤、饬、绌、黜、畜（牲畜）、触、矗、啜、辍、绰、龊、促、猝、簇、蹙、蹴、错
D　的（目的）
E　厄、扼、呃、谔、鄂、愕、萼、腭、锷、鳄、遏、恶（善恶）、噩
F　发（理发）、珐、复、腹、蝮、鳆、覆、馥
G　个、各、梏
H　吓（恐吓）、褐、赫、鹤、壑、划、或、惑、获、霍、豁（豁免）
J　寂、鲫、稷、剧
K　克、刻、客、嗑、酷、扩、括、阔、廓
L　腊、蜡、辣、瘌、烙、酪、乐、勒、肋、力、历、沥、雳、立、粒、笠、砾、栗溧、傈、列、冽、烈、裂、劣、猎、六、陆、录、禄、碌、鹿、漉、麓、戮、律、率（效率）、绿、氯、掠、略、洛、落、骆、络
M　麦、脉、觅、宓、密、蜜、灭、蔑、篾、末、沫、抹（拐弯抹角）、茉、没（埋没）、陌、莫、漠、寞、墨、默、秣、殁、木、沐、目、睦、牧、穆、幕
N　呐（呐喊）、纳、捺、衲、逆、匿、溺、昵、聂、嗫、蹑、镍、孽、虐、疟、诺
P　僻、辟（开辟）、迫、珀、粕、魄、朴（厚朴）、瀑
Q　讫、迄、泣、洽、恰、壳（地壳）、切、窃、怯、妾、锲、挈、惬、箧、却、雀、确、鹊、阕
R　热、日、肉、褥、入、弱、若
S　卅、萨、飒、色（颜色）、涩、瑟、啬、穑、塞（闭塞）、煞、霎、设、涉、慑、摄、式、试、弑、饰、室、适、释、术、述、束、刷（刷白）、率（率领）、蟀、烁、铄、朔、硕、速、肃、宿（住宿）、夙、粟

T 沓、踏、挞、榻、蹋、忑、忒、特、逖、惕、帖（字帖）、拓（开拓）、折

W 袜、沃、握、龌、勿、物、幄

X 隙、吓、泄、屑、亵、燮、旭、恤、畜（畜牧）、蓄、续、蓿、血（血液）

Y 轧（轧棉花）、药、钥、叶、业、页、液、掖、腋、谒、靥、亦、弈、译、驿、抑、邑、悒、佚、轶、役、疫、易、益、溢、逸、翼、亿、臆、绎、屹、蝎、玉、育、郁、狱、浴、欲、域、魆、毓、月、乐（音乐）、岳、悦、阅、跃、越、粤

Z 仄、栅（栅栏）、这、浙、帜、质、炙、秩、窒、掷、祝、筑、作（作用）、凿（穿凿）

第五节 普通话音节

一、普通话音节的结构

普通话的音节是由声、韵、调组合成的。其中，韵母又可分为韵头（介音）、韵腹（主要元音）和韵尾。在普通话的音节中，声母、韵头、韵尾都可以缺少，但韵腹和声调是每个音节必不可少的。

普通话音节结构表

结构方式 例字	声母	韵母			声调	
		韵头	韵腹	韵尾	调类	调值
鹅 é	○		e		阳平	35
铁 tiě	t	i	ê		上声	214
缺 quē	q	ü	ê		阴平	55
归 guī	g	u	e	i	阴平	55
救 jiù	j	i	o	u	去声	51
吞 tūn	t	u	e	n	阴平	55
事 shì	sh		-i（后）		去声	51
死 sǐ	s		-i（前）		上声	214
桥 qiáo	q	i	a	o	阳平	35
五 wǔ	○		u		上声	214
还 huán	h	u	a	n	阳平	35
原 yuán	○	ü	a	n	阳平	35

（注：零声母用“○”表示）

二、普通话音节结构分析时应该注意的要点

1. y、w 开头的音节是零声母音节，不要把 y、w 分析为声母（小学教材为了避免给学生讲过多的拼写知识而把 y、w 当作声母，所以小学教材有 23 个声母。《汉语拼音方案》中只有 21 个声母，有人说声母有 22 个，是把零声母也算作一个声母）。

2. ie、üe 韵母中的 e 是音素 ê。由于普通话中 i 和 ü 不会与 e 发生拼合关系，所以摘掉 ê 上的帽子“ˆ”也不会发生语音混淆。

3. iou、uei、uen 三个韵母自成音节时写成 you、wei、wen，它们和声母相拼时，省写为 iu、ui、un，但音节结构分析时一定要还原成 iou、uei、uen 来分析。此外，其他根据拼写规则而改变了拼写形式的音节，如上表中的“五”（wu）和“原”（yuan）等，都必须还原为基本形式才能准确地进行音节结构分析。

4. 不要把舌尖前韵母和舌尖后韵母分析为 i，如上表中的“事”（shi）和“死”（si）等。

三、普通话声、韵、调的配合关系

普通话 21 个声母和 39 个韵母能拼出 100 多个音节，加上四声和轻声的配合，共有 1 332 个音节。这说明声母和韵母的配合，声母、韵母、声调的配合都是有一定规律的，而不是随意的。了解这种配合规律，有利于整体把握普通话音节的概况，减少拼音拼写错误，也有利于纠正方言，学好普通话。

（一）声母、韵母的配合关系

普通话声母、韵母的配合关系，可以从声母的发音部位和韵母的四呼相配合来掌握。配合情况如下表：

介音（韵母） 声　母	开口呼	齐齿呼	合口呼	撮口呼
双唇音 b、p、m	班	编	布	
唇齿音 f	番		富	
舌尖中音 d、t	单	颠	端	
舌尖中音 n、l	难	年	暖	虐
舌根音 g、k、h	干		官	
舌面音 j、q、x		坚		捐
舌尖后音 zh、ch、sh、r	占		专	
舌尖前音 z、c、s	赞		钻	
零声母 O	安	烟	弯	冤

要了解普通话声、韵配合的全貌，可参见附录六《普通话声韵配合表》。

普通话声、韵、调三者之间的配合关系比较复杂，规律性不很强，比较明显的有以下两条：

1. m、n、l、r 四个浊音声母的字，阴平调的很少，且限于口语常用字。如“妈”

(mā)、“摸”(mō)、“捏”(niē)、“拉”(lā)、“扔”(rēng)等。

2. b、d、g、j、z、zh 这六个不送气声母与鼻韵母拼合的音节，基本上没有阳平调[例外字有“甭”(béng)、“咱”(zán)、“哏”(gén)、“种”(Chóng)(做姓用)]。

四、利用《普通话声韵配合表》纠正方音

如上所述，普通话声母和韵母的配合是有一定规律的，并不是任何一个声母和任何一个韵母都能相拼。哪些声、韵能拼，哪些声、韵不能拼，具体表现在《普通话声韵配合表》上。我们利用这个表，可以熟悉普通话400多个基本音节，也可以纠正我们的方音。

在这个表中，我们可以看到，有些普通话声、韵是不能配合的，在我们方音里却可以配合，如普通话声母 h 绝不与韵母 o 相拼合，而四川方音里却有 ho 这个音节。另一方面，有些普通话声、韵是能配合的，而方音里却没有，是用另外的声、韵代替了。如普通话 l 和 un 可以拼合成 lun，而方音中却没有这个音节，一般把发 lun 的音都读成 len 音了。再如，普通话声母 h 可以与韵母 u 拼合成 hu，而方言却把 hu 音节字音读成 fu 音节字音。如果我们把这些与普通话声、韵配合不一致的加以重点掌握，那么，学习普通话就会收到事半功倍的效果。下面是从《普通话声韵配合表》中找出的一些要点，掌握这些要点可以帮助我们纠正方音。

1. ong 韵母拼 s 不拼 sh。因此，“松、颂、宋、送、诵”等字肯定是平舌音。

2. ua、uai、uang 三个韵母绝不与平舌音 z、c、s 相拼。因此，“抓、揭、装、揣、窗、甩、双”等字肯定是翘舌音。

3. b、p、m、f 拼 eng，不拼 ong，如“崩、蓬、蒙、风”等字。

4. d、t、n、l 拼 eng，不拼 en(除“嫩、顿”外)。因此，“灯、腾、能、冷”等肯定是后鼻韵母字。

5. d、t 拼 ing，不拼 in，如“丁、听”等字。

6. 舌尖中音(d、t、n、l)和平、翘音(z、c、s、zh、ch、sh、r)拼 uo，不拼 o，如“多、拖、娜、罗、坐、搓、梭、桌、戳、说、若”等字。

7. 舌根音(g、k、h)拼 uo，不拼 o 或 ue，如“锅、扩、国、火”等字。

8. 平翘舌(z、c、s、zh、ch、sh、r)拼 e，不拼 ê，如“则、册、色、遮、车、奢、热”等字。

9. 不要把平舌音(z、c、s)和 d、r、l 后面的 un 念成 en，如“尊、存、孙、吨、吞、论”等字。

10. 舌根音(g、k、h)拼 e，不拼 o 或 ê，如“哥、革、科、喝”等字。

11. n、l、g、h 拼 ei，不拼 ui 或 ê，如“内、类、给、黑”等字。

12. 舌面音(j、q、x)拼 üe，不拼 io，如“觉、雀、学”等字。

注意：以上例字有的是可以推出一串字的，如“风”读 fēng，而不读 fōng，那么，“封、蜂、烽、逢、丰、缝、奉、冯、枫、疯、凤”等同音节字都读 feng，而不读 fong。

附录六　普通话声韵配合表

声母＼韵母		开口呼													
		-i	a	o	e	ai	ei	ao	ou	an	en	er	ang	eng	ong
双唇音	b		bā 巴	bō 拨		bǎi 百	bēi 杯	bāo 包		bān 班	bēn 奔		bāng 帮	bēng 崩	
	p		pā 趴	pō 坡		pāi 拍	pēi 胚	pāo 抛	pōu 剖	pàn 判	pēn 喷		pàng 胖	pěng 捧	
	m		mā 妈	mō 摸	mē 么	mǎi 买	měi 美	māo 猫	mǒu 某	mán 蛮	mèn 闷		máng 忙	mèng 梦	
唇齿音	f		fā 发	fó 佛			fēi 飞		fǒu 否	fān 帆	fēn 分		fāng 方	fēng 风	
舌尖中音	d		dā 搭		dé 德	dāi 呆	děi 得	dāo 刀	dōu 兜	dān 丹	dēn ▲		dāng 当	dēng 灯	dōng 东
	t		tā 他		tè 特	tái 台	tēi 忒	tāo 掏	tōu 偷	tān 滩			tāng 汤	téng 疼	tōng 通
	n		ná 拿		nè 讷	nǎi 乃	něi 馁	náo 挠	nòu 耨	nán 男	nèn 嫩		nāng 囊	néng 能	nóng 农
	l		lā 拉		lè 乐	lái 来	lèi 类	lǎo 老	lóu 楼	lán 兰			láng 郎	léng 棱	lóng 龙
舌根音	g		gà 尬		gé 格	gāi 该	gěi 给	gāo 高	gōu 勾	gān 甘	gēn 根		gāng 刚	gēng 耕	gōng 工
	k		kǎ 卡		ké 壳	kāi 开	kēi ▲	kǎo 考	kòu 扣	kān 刊	kěn 肯		kāng 康	kēng 坑	kōng 空
	h		hā 哈		hé 和	hài 害	hēi 黑	hǎo 好	hóu 侯	hān 酣	hén 痕		háng 行	héng 横	hóng 红
舌面音	j														
	q														
	x														
舌尖后音	zh	zhī 之	zhā 扎		zhé 折	zhāi 摘	zhèi 这	zhāo 招	zhōu 周	zhān 粘	zhēn 真		zhāng 张	zhēng 正	zhōng 中
	ch	chī 吃	chà 诧		chè 彻	chāi 拆		chāo 抄	chōu 抽	chǎn 产	chēn 称		chāng 昌	chéng 成	chōng 冲
	sh	shī 诗	shā 沙		shè 社	shāi 筛	shéi 谁	shāo 梢	shōu 收	shān 山	shēn 身		shāng 商	shēng 声	
	r	rì 日			rè 热			rào 绕	róu 柔	rán 然	rén 人		ràng 让	rēng 扔	róng 容
舌尖前音	z	zì 字	zá 杂		zé 则	zāi 灾	zéi 贼	zǎo 早	zǒu 走	zán 咱	zěn 怎		zāng 脏	zēng 增	zōng 综
	c	cì 次	cā 擦		cè 册	cāi 猜		cāo 操		cán 残	cēn 参		cāng 仓	céng 层	cōng 匆
	s	sī 丝	sǎ 洒		sè 涩	sāi 塞		sǎo 扫	sōu 搜	sān 叁	sēn 森		sāng 桑	sēng 僧	sōng 松
○零声母			ā 啊	ó 哦	è 饿	āi 哀	ēi 欸	āo 凹	ōu 欧	ān 安	ēn 恩	ér 儿	áng 昂	ēng 鞥	

续 表

韵母 声母		齐齿呼									
		i	ia	ie	iao	iou	ian	in	iang	ing	iong
双唇音	b	bǐ 比		biē 憋	biāo 标		biān 边	bīn 宾		bīng 兵	
	p	pī 批		piě 瞥	piāo 飘		piàn 片	pīn 拼		píng 平	
	m	mí 迷		miè 灭	miáo 苗	miù 谬	miàn 面	mín 民		míng 名	
唇齿音	f										
舌尖中音	d	dì 地		diē 跌	diāo 碉	diū 丢	diǎn 点			dǐng 顶	
	t	tī 踢		tiē 贴	tiāo 挑		tiān 天			tīng 听	
	n	nǐ 你		niē 捏	niǎo 鸟	niú 牛	niàn 念	nín 您	niáng 娘	níng 宁	
	l	lì 力	liǎ 俩	liè 列	liáo 疗	liú 流	liàn 练	lín 林	liáng 良	líng 灵	
舌根音	g										
	k										
	h										
舌面音	j	jī 机	jiā 家	jiē 接	jiāo 交	jiù 旧	jiàn 见	jīn 今	jiāng 将	jīng 惊	jiǒng 窘
	q	qī 七	qià 恰	qiě 且	qiāo 敲	qiū 秋	qiàn 欠	qīn 亲	qiáng 强	qīng 青	qióng 穷
	x	xī 西	xià 下	xiě 写	xiǎo 小	xiū 修	xiān 先	xīn 新	xiáng 祥	xīng 星	xióng 雄
舌尖后音	zh										
	ch										
	sh										
	r										
舌尖前音	z										
	c										
	s										
○零声母		yī 衣	yā 呀	yē 椰	yāo 腰	yōu 优	yān 烟	yīn 因	yāng 央	yīng 应	yōng 拥

续　表

韵母 声母		合口呼									撮口呼			
		u	ua	uo	uai	uei	uan	uen	uang	ueng	ü	üe	üan	ün
双唇音	b	bǔ 补												
	p	pū 扑												
	m	mǔ 母												
唇齿音	f	fū 夫												
舌尖中音	d	dú 读		duō 多		duī 堆	duān 端	dūn 敦						
	t	tū 突		tuō 托		tuī 推	tuān 湍	tūn 吞						
	n	nǔ 努		nuò 诺			nuǎn 暖				nǚ 女	nüè 虐		
	l	lù 路		luò 落			luán 峦	lún 轮			lǚ 旅	lüè 略		
舌根音	g	gū 姑	guā 刮	guǒ 果	guài 怪	guī 归	guān 关	gǔn 滚	guāng 光					
	k	kū 枯	kuā 夸	kuò 阔	kuài 快	kuī 亏	kuān 宽	kūn 昆	kuāng 匡					
	h	hū 呼	huā 花	huǒ 火	huài 坏	huī 挥	huān 欢	hūn 昏	huāng 荒					
舌面音	j										jū 居	jué 决	juān 捐	jūn 军
	q										qǔ 取	quē 缺	quān 圈	qún 群
	x										xǔ 许	xuē 削	xuān 宣	xūn 熏
舌尖后音	zh	zhǔ 主	zhuā 抓	zhuō 捉	zhuài 拽	zhuī 追	zhuān 专	zhūn 谆	zhuāng 装					
	ch	chū 出	chuā ▲	chuō 戳	chuài 踹	chuī 吹	chuān 穿	chūn 春	chuāng 窗					
	sh	shū 书	shuā 刷	shuō 说	shuài 率	shuǐ 水	shuān 栓	shùn 顺	shuāng 双					
	r	rú 如		ruò 若		ruì 瑞	ruǎn 软	rùn 润						
舌尖前音	z	zǔ 组		zuò 做		zuǐ 嘴	zuān 钻	zūn 尊						
	c	cū 粗		cuò 错		cuī 催	cuàn 窜	cūn 村						
	s	sū 苏		suō 梭		suī 虽	suān 酸	sūn 孙						
○零声母		wū 屋	wā 挖	wǒ 我	wāi 歪	wēi 微	wān 弯	wēn 温	wāng 汪	wēng 翁	yū 迂	yuē 约	yuǎn 远	yūn 晕

第六节　普通话音变

音变可以分为历时性音变和共时性音变。历时性音变，是指经历一定时间之后语音的演变。比如，古代有入声，现在普通话中没有入声了，古人把“叶公好龙”的“叶”读“shè”，现在读“yè”。共时性音变是指说话、朗读的语流中，音节与音节、音素与音素、声调与声调相互影响而产生的语音变化。学习普通话，除了读准声、韵、调外，还应掌握音变规律，这样才能说得准确、纯正。普通话的音变主要有变调、轻声、儿化和语气词“啊”的音变。本教程主要结合四川方音实际讲解要点，并提供必要的针对性练习。

一、变　调

（一）“一”“不”的变调

1.“一”“不”在去声前变阳平。例如：

一定	一队	一夜	一样	一向	一块	一遍
一并	一道	一件	一面	一次	一套	一下
一束	一辆	一扇	一代	一块	一个	一次
不怕	不去	不是	不适	不懈	不信	不幸
不易	不用	不必	不便	不测	不错	不但
不对	不料	不论	不妙	不要	不断	不快

2.“一”“不”在非去声（阴平、阳平、上声）前变去声。例如：

一天	一般	一边	一张	一生	一发	一瞥
一心	一些	一端	一年	一连	一群	一齐
一时	一同	一头	一起	一匹	一统	一早
不安	不才	不曾	不辞	不成	不断	不解
不齿	不等	不单	不服	不仅	不良	不屈
不久	不堪	不免	不满	不巧	不忍	不妥

3.“一”“不”在“A 一 A”“A 不 A”或“A 不 B”这种后补结构中念轻声。例如：

看一看	试一试	瞧一瞧	走一走
笑一笑	谈一谈	听一听	学一学
对不对	好不好	行不行	走不走
懂不懂	在不在	会不会	贵不贵
吃不消	买不起	走不了	看不见
搬不动	听不懂	拿不出	看不清

4.“一”“不”在单念或词句末尾，以及“一”在序数中不变调，“一”念阴平，“不”念去声。例如：

一、二、三　　十一　　第一　　统一　　划一

唯一	万一	初一	第一号	他住在一楼
表里如一	不管三七二十一	不	偏不	你去不

思考与练习

1. 读下列双音节词语。

一生	一手	一举	一团	一统	一起
一早	一再	一行	一条	一再	一举
一贯	一总	一度	一切	一边	一致
一起	一天	一连	一道	一片	一次
一朵	一同	一岁	一时	一路	一副
一半	一般	一拍	一方	一车	一年
一刀	一吨	一共	一副	一根	一锅
一家	一筐	一道	一度	一丈	一寸
一粒	一辆	一个	一次	一去	一趟
一万	一亿	一架	一扇	一律	一定
不久	不论	不及	不凡	不外	不许
不见	不拘	不愧	不平	不屈	不畏
不惜	不适	不堪	不仅	不便	不符
不单	不定	不日	不消	不轨	不信
不慌	不妙	不成	不去	不乏	不妨
不法	不安	不才	不吝	不等	不断
不犯	不恭	不管	不爽	不比	不测
不错	不选	不对	不苟	不光	不必
不曾	不便	不但	不扬	不只	不端
不怕	不顾	不过	不和	不然	不堪
不良	不免	不行	不胜	不孝	不同
不暇	不幸	不朽	不用	不中	不会
不禁	不可	不利	不忍	不料	不时
不图	不详	不休	不厌	不如	不已
不足	不济	不快	不够		

2. 读下列多音节词语。

一心一意	一五一十	一言一行	一上一下
一手一足	一模一样	一字不差	一帆风顺
一般见识	一本万利	一笔勾销	一臂之力
一差二错	一成不变	一触即发	一刀两断
一发千钧	一反常态	一鼓作气	一技之长
一箭双雕	一蹶不振	一来二去	一了百了
一落千丈	一马平川	一败涂地	一板一眼

一本正经	一笔抹杀	一步登天	一唱一和
一尘不染	一筹莫展	一触即发	一蹴而就
一定之规	一帆风顺	一分为二	一哄而起
一呼百应	一见如故	一举两得	一孔之见
一劳永逸	一鳞半爪	一马当先	一脉相传
一毛不拔	一面之词	一鸣惊人	一目了然
一年到头	一诺千金	一贫如洗	一去不返
一气呵成	一穷二白	一日千里	一日之雅
一身是胆	一视同仁	一丝不苟	一天到晚
一网打尽	一望无边	一厢情愿	一衣带水
一语道破	一针见血	一朝一夕	一命呜呼
一目难支	一目十行	一念之差	一盘散沙
一曝十寒	一窍不通	一丘之貉	一日三秋
一如既往	一事无成	一手遮天	一塌糊涂
一团和气	一往无前	一笑置之	一意孤行
一枕黄粱	一知半解	一泻千里	不名一文
不左不右	不多不少	不慌不忙	不三不四
不明不白	不闻不问	不痛不痒	不折不扣
不伦不类	不卑不亢	不屈不挠	不屑一顾
不拘一格	不干不净	长短不一	不知不觉
不进则退	不共戴天	不打自招	不胖不瘦
不管不顾	不哼不哈	不计其数	不见经传
不可开交	不可一世	不劳而获	不谋而合
不言而喻	不遗余力	不约而同	不知所措
不置可否	不上不下	不前不后	不大不小
不清不白	不动声色	不仁不义	不寒而栗
不即不离	不假思索	不可救药	不可思议
不毛之地	不学无术	不义之财	不足为训
不知所终	不着边际		

3. 朗读作品 14 号《和时间赛跑》。

4. 绕口令练习。

赵一瘦和孙不胖不是一家人，不在一个单位。他们年龄不大不小，身材不胖不瘦，个子不高不矮，脾气不急不躁。两人爱好一模一样，都不喜欢不三不四的人，说一样的话，唱一样的歌，走一样的路。

这一天，赵一瘦和孙不胖一前一后不约而同来到“一唱一和”茶吧喝茶、吃瓜。赵一瘦对孙不胖一板一眼地说：“咱们比一比，赛一赛，看谁能一口气不换气喝一杯茶，一点一滴不许漏。你比不比，赛不赛?”孙不胖不屑一顾地说：“我不比，我不赛，我不愿意比一口气不换气喝一杯茶。要比就比一口气不换气吃一个瓜，一丝一毫不许剩。你敢不敢比?”赵一瘦不慌不忙，想了一想说：“什么敢不敢，比就比。不至于我一口气不换气喝一杯茶比得过你，一口气不换气吃一个瓜就比不过你。”孙不胖不急也不躁，他朝赵一瘦笑了一笑：“我不想比喝茶不等于我喝茶就一定比不过你，你答应比吃瓜，不等于你吃瓜就一定比得过我。”

一会儿吃瓜比赛开始了。赵一瘦先吃，他捧着一个瓜一口气不换气花了一分钟一丝一毫也不剩地吃光了它；孙不胖后吃，他同样捧着一个瓜一口气不换气花了一分钟一丝一毫也不剩地吃光了它。

吃瓜比赛一下子就结束了。不是一家人，不在一个单位，年龄不大不小，身材不胖不瘦，个子不高不矮，脾气不急不躁，爱好一模一样的赵一瘦和孙不胖并列第一，不输不赢。

（二）上声的变调

1. 上声在非上声（阴平、阳平、去声）的前面，调值由214变为21。

上声＋阴平→21＋55：首都　北京　统一　女兵　火车　雪山

海军　打击　体操　广播　崭新　奖金

上声＋阳平→21＋35：祖国　海洋　语言　改良　保留　检查

狡猾　水平　隐瞒　整齐　女儿　准绳

上声＋去声→21＋51：解放　土地　巩固　鼓励　保密　党性

岗位　巩固　改正　古怪　审判　马上

2. 上声与上声相连接，前一个上声的调值由214变为35。

上声＋去声→35＋214：粉笔　口渴　宝塔　水果　了解　领导

演讲　保险　勇敢　美好　党委　舞蹈

采取　产品　打扰　反感　改组　好转

简短　考古　老板　展览　海港　指导

3. 上声在轻声前有两种变调。

上声＋轻声→21＋44：耳朵　尾巴　马虎　嫂子

首饰　脊梁　姐姐　奶奶

上声＋轻声→35＋31：小姐　晌午　打手　哪里

讲讲　想起　走走　等等

4. 三个上声相连，前两个上声根据词语内部结构层次进行变调，末尾上声不变调。

（1）双单格：（上声＋上声）＋上声→（35＋35）＋214

展览馆　女子组　蒙古马　采访者

讲演稿　手表厂　总统府　洗澡水

（2）单双格：上声＋（上声＋上声）→21＋（35＋214）

很勇敢　小老虎　李厂长　小两口

跑百米　老古董　耍笔杆　纸老虎

（3）三单格：上声＋上声＋上声→35＋35＋214

缓减免　软懒散

5. 三个以上的上声相连，则根据词语的内部组合情况，划分成若干个二字组或三字组，按两个上声、三个上声相连的变调规律变调。

永远/友好
你想走/我也/想走。
我想/买五把/铁锁。
找/柳组长/请你/往北走。
我厂/产品/比/你厂/产品/好。

思考与练习

1. 上声＋非上声变调练习。
(1) 上声＋阴平
广播　指标　统一　许多　广西　展开　北京　每天　纺织　转播
抢修　领空　整装　产生　首都　火车　省心　把关　保温　北方
(2) 上声＋阳平
指南　统筹　普及　解决　敏捷　谴责　抢夺　反常　表决　久别
紧急　解围　小学　朗读　笔直　法庭　甲醇　美元　海峡　草原
(3) 上声＋去声
假设　左右　诡辩　挑战　舞剧　曲剧　本位　选派　想象　主要
广阔　紧迫　垮掉　访问　美丽　呕吐　尽量　请假　屡次　理论
2. 上声＋上声变调练习。
矮小　把柄　把手　靶场　版本　宝塔　保守　保养　堡垒　本领
本体　本土　匕首　比武　彼此　笔法　补给　哺乳　采取　惨死
草本　草场　产品　场景　场所　吵嘴　处理　处女　处死　打垮
打铁　党委　导体　捣鬼　捣毁　岛屿　导语　抵挡　诋毁　点火
典礼　典雅　抖擞　短跑　短语　躲闪　耳语　反感　粉笔　抚养
腐朽　改悔　改口　改组　赶场　赶紧　感慨　橄榄　感想　港口
稿纸　给以　拱手　苟且　鼓掌　骨髓　管理　鬼脸　果脯　海岛
海港　好歹　好感　好转　缓解　悔改　甲板　假使　尽管　考古
苦恼　可口　口语　老板　理解　了解　领导　领土　旅馆　马尾
勉强　美感　美好　扭转　品种　起点　起火　起码　抢险　取暖
软骨　审美　手表　手法　守法　首领　首长　水果　水手　所属
所以　所有　倘使　土匪　往往　网点　委婉　武打　舞蹈　侮辱
洗澡　想法　享有　小组　小雪　小雨　许可　选举　选手　眼睑
演讲　也许　以免　以往　引导　引起　影响　勇敢　永远　友好
语法　雨水　展览　主导　主管　子女　总理　总体　阻止　左手
3. 三个音节以上上声相连变调练习。
岂有此理。
我想买五把铁锁。
你买点儿水果转给小李。
我有五把小雨伞。

请你整理好演讲稿。

手表厂有好几种产品。

（三）形容词重叠式的变调

1. AA 式

AA 式形容词一般是在口语化的语言环境中发生变调，即第二个音节变调读为阴平，同时必须儿化。在书面语环境中，读原字调，不儿化。例如：

书面语读音　　　　口语读音

高高（gāogāo）→高高儿（gāogāor）

好好（hǎohǎo）→好好儿（hǎohāor）

慢慢（mànmàn）→慢慢儿（mànmānr）

快快（kuàikuài）→快快儿（kuàikuāir）

满满（mǎnmǎn）→满满儿（mǎnmānr）

早早（zǎozǎo）→早早儿（zǎozāor）

2. ABB 式

ABB 式形容词在口语里变调与否，参照《现代汉语词典》第五版（2005 年）的注音，分变调、两读、不变三种情况。

（1）变调的词语（BB 读阴平）：

huángdēngdēng	wénzhōuzhōu	hóngtōngtōng	xiěhūhū
黄澄澄	文绉绉	红彤彤	血糊糊
gūlūlū	xiūdādā	liàngzhēngzhēng	nàorāngrāng
骨碌碌	羞答答	亮铮铮	闹嚷嚷

（2）两读的词语：

	词典注音	口语（可以）读音
热腾腾	rèténgténg	rètēngtēng
沉甸甸	chéndiàndiàn	chéndiāndiān
绿油油	lǜyóuyóu	lǜyōuyōu
亮堂堂	liàngtángtáng	liàngtāngtāng
慢腾腾	mànténgténg	màntēngtēng
血淋淋	xiělínlín	xiělīnlīn
直瞪瞪	zhídèngdèng	zhídēngdēng
黑黝黝	hēiyǒuyǒu	hēiyōuyōu
乱蓬蓬	luànpéngpéng	luànpēngpēng
乱腾腾	luànténgténg	luàntēngtēng
湿淋淋	shīlínlín	shīlīnlīn
湿漉漉	shīlùlù	shīlūlū
水淋淋	shuǐlínlín	shuǐlīnlīn
乌油油	wūyóuyóu	wūyōuyōu
黑洞洞	hēidòngdòng	hēidōngdōng

（3）不变调的词语：

báihuǎnghuǎng	báiméngméng	lùróngróng	máoróngróng
白晃晃	白蒙蒙	绿茸茸	毛茸茸
ruǎnmiánmián	mínghuǎnghuǎng	rèlàlà	jīnhuánghuáng
软绵绵	明晃晃	热辣辣	金煌煌
lányíngyíng	hóngyànyàn	lèiliánlián	lùyíngyíng
蓝盈盈	红艳艳	泪涟涟	绿莹莹
qīnglínglíng	wùméngméng	wùmángmáng	xiàoyínyín
清凌凌	雾蒙蒙	雾茫茫	笑吟吟
huǒlàlà	xǐyángyáng	huángcàncàn	kōngluòluò
火辣辣	喜洋洋	黄灿灿	空落落
chìluǒluǒ	zhítǐngtǐng	yīnchénchén	èhěnhěn
赤裸裸	直挺挺	阴沉沉	恶狠狠

总之，ABB 式形容词读音，除了（1）这种少数词语 BB 要变阴平，其余都可以不变调，按本调来读，这是《现代汉语词典》规范化的体现。至于少数词语，如（1）这种情况，我们认为还有进一步规范的必要。具体可参见文宪的《从 ABB 式形容词的注音变化看〈现代汉语词典〉规范化进程》（《四川教育学院学报》2009 年 12 期）。

3. AABB 式

AABB 式形容词有一部分在口语中要变调，变调的规律是：第二个 A 读轻声，BB 是阴平的仍读阴平，非阴平的，一般变为阴平。如果是在书面语环境中也可以不变。

口语中要变调的大多是 AB 本身就是轻声词语，如：漂亮→漂漂亮亮，老实→老老实实，马虎→马马虎虎。但如果 AB 是非轻声词语的重叠，一般不变，如：匆忙→匆匆忙忙，安静→安安静静，高兴→高高兴兴。

（1）变调的词语：

tòngtongkuāikuāi	rèrenāonāo	mànmantēngtēng
痛痛快快	热热闹闹	慢慢腾腾
kēngkengwāwā	dàdafāngfāng	guīguijūjū
坑坑洼洼	大大方方	规规矩矩
lǎolaoshīshī	mǎmahūhū	piàopiaoliāngliāng
老老实实	马马虎虎	漂漂亮亮
yìngyinglānglāng	zhāzhashīshī	míngmingbāibāi
硬硬朗朗	扎扎实实	明明白白
báibaijīngjīng	guāngguangliūliū	shùnshundāngdāng
白白净净	光光溜溜	顺顺当当
jiējieshīshī	kèkeqīqī	liàngliangtāngtāng
结结实实	客客气气	亮亮堂堂
mímihūhū	mómohūhū	hánhanhūhū
迷迷糊糊	模模糊糊	含含糊糊

yányanshīshī	shūshufūfū	qīngqingchūchū
严严实实	舒舒服服	清清楚楚
lìlisuōsuō	shùnshunliūliū	dàdaliēliē
利利索索	顺顺溜溜	大大咧咧
gānganjīngjīng	tātashīshī	shénshendāodāo
干干净净	踏踏实实	神神叨叨
gǔgunāngnāng	duōduosuōsuō	màmaliēliē
鼓鼓囊囊	哆哆嗦嗦	骂骂咧咧

（2）不变调的词语：

zhěngzhěngqíqí	gāogāoxìngxìng	píngpíngwěnwěn
整整齐齐	高高兴兴	平平稳稳
gāogāodàdà	jīngjīngyèyè	gāngāncuìcuì
高高大大	兢兢业业	干干脆脆
ānānquánquán	méngménglónglóng	péngpéngbóbó
安安全全	朦朦胧胧	蓬蓬勃勃
cōngcōngmángmáng	qínqínkěnkěn	liáoliáocǎocǎo
匆匆忙忙	勤勤恳恳	寥寥草草
wánwánzhěngzhěng	měngměngdǒngdǒng	guǐguǐsuìsuì
完完整整	懵懵懂懂	鬼鬼祟祟
suísuíbiànbiàn	fāngfāngzhèngzhèng	ān’ānjìngjìng
随随便便	方方正正	安安静静
píngpíngdàndàn	cóngcóngróngróng	fēngfēnghuǒhuǒ
平平淡淡	从从容容	风风火火
tūntūntǔtǔ	wéiwéinuònuò	niǎoniǎotíngtíng
吞吞吐吐	唯唯诺诺	袅袅婷婷
wāiwāiniǔniǔ	yǐngyǐngchuòchuò	xíngxíngsèsè
歪歪扭扭	影影绰绰	形形色色

二、轻　声

（一）什么是轻声

轻声是一种轻短模糊的调子。轻声音节本有一定的声调，只是在特定的场合中，由于音节弱化，致使失去原调，甚至声母或韵母也随之发生变化。轻声的音高不固定，它要随前一个音节声调的变化而变化，没有固定的调值，也没有相应的声调符号，所以，《汉语拼音方案》规定，轻声音节不标声调符号。但这并不等于说轻声没有声调。任何音节都有声调，轻声也不例外，只不过它不算一种独立的调类罢了。

轻声词语是有轻声音节的词语。从音节数量的角度看，轻声词语可分为单音节轻声词语和多音节轻声词语。单音节轻声词语整体读轻声，如结构助词“的”；多音节轻声词语部分音节读轻声，如“明白”。

（二）轻声的作用

1. 轻声有区别词义的作用。例如：

男人　nánrén　（名词，男性成年人）
男人　nánren　（名词，丈夫、老公）
女人　nǚrén　（名词，女性成年人）
女人　nǚren　（名词，妻子、老婆）
地方　dìfāng　（名词，与中央相对的各级行政区划的统称）
地方　dìfang　（名词，指某一区域、部分）

2. 轻声有区别词性的作用。例如：

地道　dìdào　（名词，地下通道）
地道　dìdao　（形容词，真正的，纯正的）
大意　dàyì　（名词，大概意思）
大意　dàyi　（形容词，疏忽）

3. 轻声还可以区分词和短语。例如：

东西　dōngxī　（名词短语，东边和西边）
东西　dōngxi　（名词，物品）
兄弟　xiōngdì　（名词短语，哥哥和弟弟）
兄弟　xiōngdi　（名词，弟弟）

（三）轻声的读法

轻声在阴平、阳平、上声、去声后面的调值，见下表：

调类		例词				轻声调值
		A	B	C	D	
非上声	阴平	东边	丫头	窗子	松快	31
	阳平	南边	石头	竹子	凉快	31
	去声	右边	罐头	柱子	痛快	31
上声		左边	想头	主子	爽快	44

四川话中没有轻声，而且普通话中的轻声在四川话中读得还很重很长。如普通话读“爸爸”（bàba），四川话读“bábā”，这要是夹在普通话中说，听起来就很不舒服，没有普通话的味儿了，直接影响到普通话的准确与规范，因此，必须注意纠正。

第一，要注意轻声的读法。学生应在教师的指导下熟记一组轻声在阴、阳、上、去四声后的实际读法，然后在熟练程度上进行同调类推。例如：

妈妈　　爷爷　　奶奶　　爸爸
多么　　什么　　怎么　　那么
先生　　学生　　眼睛　　近视
他的　　伯伯　　喜欢　　相声

第二，上声后面的轻声，如果原字调也是上声，有两种读法：

（1）上声＋轻声（原字调是上声）→21＋44　例如：

奶奶　　姐姐　　椅子　　马虎

(2) 上声＋轻声(原字调是上声) →35＋31　例如：

晌午　打手　洗洗

思考与练习

类推下列轻声词语的读法。

阴平＋轻声：

东西	消息	关系	胳膊	衣服	包袱	窗户	风筝
精神	先生	明白	机灵	结实	扎实	清楚	知道
休息	商量	张罗	答应	耽搁	糟蹋	稀罕	巴结
功夫	闺女	高粱	灯笼	师傅	疙瘩	家伙	街坊

阳平＋轻声：

学生	云彩	石榴	蘑菇	玫瑰	合同	行李	头发
明白	糊涂	含糊	便宜	娘家	成分	馒头	和尚
咳嗽	胡琴	孩子	福气	婆家	苗条	凉快	累赘
粮食	篱笆	勤快	能耐	模糊	舌头	咱们	学问

上声＋轻声：

牡丹	喜鹊	眼睛	耳朵	脑袋	手巾	买卖	打算
打听	爽快	老实	体面	马虎	女婿	奶奶	姐姐
嫂子	傻子	首饰	脊梁	嘴巴	影子	早上	指头
主意	枕头	养活	老爷	骨头	打扮	比方	扁担
小姐	晌午	哪里	找补	打手	洗洗	走走	把手

去声＋轻声：

事情	动静	算盘	护士	客气	豆腐	力量	扫帚
丈夫	应付	亲家	告诉	伺候	动弹	凑合	栅栏
笑话	吓唬	算计	岁数	漂亮	疟疾	那么	冒失
刺猬	别扭	大夫	部分	簸箕	废物	对付	热闹

(四) 轻声的规律

1. 三种助词（结构助词、动态助词、语气助词）一律读轻声。例如：

我的家	愉快地说	来得早
打着伞	开了花	结过果
多好哇	快走吧	可以吗
怎么办呢	好的好的	好了好了

2. 名词中的虚语素“子、头、边、面、巴”一律读轻声。例如：

桌子	椅子	凳子	杯子	盘子	叉子	鞭子	辫子	燕子	板子
前头	后头	里头	外头	石头	馒头	木头	甜头	苦头	来头
前边	后边	里边	外边	上边	下边	东边	南边	西边	北边
前面	后面	里面	外面	上面	下面	东面	南面	西面	北面
嘴巴	下巴	尾巴	哑巴	眨巴					

3. 词语中的“们、么”一律读轻声。例如：

我们　你们　他们　同学们　朋友们　女士们　先生们

这么　那么　什么　怎么　多么

4. 双音节叠音名词和动词的第二个音节一律读轻声。例如：

爷爷　奶奶　爸爸　妈妈　哥哥　姐姐　弟弟　妹妹　叔叔　姑姑

星星　娃娃　看看　说说　试试　劝劝　听听　坐坐　谢谢

5. 名词、代词中的方位语素，名词后面的方位词一般读轻声。例如：

乡下　地下　底下　这里　那里　哪里　家里　山上　山下

树上　树下　楼上　楼下　墙上　脸上　手上　衣服上

6. 动词后面的趋向词一般读轻声。例如：

上来　下来　进来　出来　回来　起来

上去　下去　进去　出去　回去　过去

跑上来　跳下去　引出来　带回来　拉出去

热起来　笑起来　哭起来　躲起来　跳起来

7. 夹在“A 一 A”“A 不 A”中间的“一”和“不”一般读轻声。例如：

说一说　挪一挪　走一走　看一看

酸不酸　甜不甜　苦不苦　辣不辣

8. 一部分双音节合成词后一个词素相同，这些相同的词素有些读轻声，有些不读轻声。一般来说，读轻声的词素有虚化的趋势，不读轻声的意义比较实在。例如：

老实、结实、厚实、壮实、踏实、严实、扎实、硬实等读轻声；

诚实、证实、落实、果实、真实、充实、忠实、翔实等不读轻声。

闺女、侄女、孙女、外甥女等读轻声；

子女、妇女、处女、舞女、宫女、歌女、修女等不读轻声。

东家、行家、亲家、娘家、婆家、管家、公家、人家（代词）等读轻声；

专家、作家、音乐家、思想家等不读轻声。

折腾、翻腾、扑腾、乱腾、倒腾、踢腾、快腾等读轻声；

飞腾、奔腾、欢腾、沸腾、蒸腾等不读轻声。

客气、傻气、土气、义气、运气、福气、和气、娇气、脾气、志气等读轻声；

空气、煤气、氧气、蒸气、毒气等不读轻声。

好处、坏处、错处、苦处、难处、用处、害处、远处、近处等读轻声；

卫生处、财务处、办公处等不读轻声。

师父、姨父、姑父、神甫等读轻声；

继父、生父、祖父、叔父、舅父等不读轻声。

9. 一些双音节单纯词，包括动词、名词、形容词，第二音节要读轻声。其中有些是从象声词转过来的。这些轻声没有区别意义的作用，属于语言习惯，不读轻声听起来别扭，对语言表达有一定的影响。例如：

动词：耷拉、叨咕、哆嗦、叨唠、骨碌、滴答、溜达、嘟咕等。

形容词：麻利、马虎、啰唆、糊涂、窝囊等。

名词：疙瘩、窟窿、喇叭、葫芦、骆驼、琵琶、枇杷、鸳鸯、萝卜、和尚、趔趄、玻璃、葡萄、茉莉、牡丹、妯娌、篱笆等。

10. 一些双音节合成词的第二个音节习惯上读轻声。这类轻声最不好掌握，应该下功夫去记，并尽量运用于日常生活中，这样才容易巩固。例如：

首饰	亲家	云彩	脊梁	白净	挑剔	合同
棉花	先生	簸箕	提防	咳嗽	学生	勤快
学问	风筝	活泼	在乎	月亮	困难	铺盖
连累	烧饼	扫帚	商量	牌楼	娘家	师傅

（五）轻声词语识记与读音练习

1. 熟读并识记《普通话水平测试用必读轻声词语表》中的词语。

附录七　普通话水平测试用必读轻声词语表

1.	爱人	àiren	2.	案子	ànzi
3.	巴掌	bāzhang	4.	把子	bǎzi
5.	把子	bàzi	6.	爸爸	bàba
7.	白净	báijing	8.	班子	bānzi
9.	板子	bǎnzi	10.	帮手	bāngshou
11.	梆子	bāngzi	12.	膀子	bǎngzi
13.	棒槌	bàngchui	14.	棒子	bàngzi
15.	包袱	bāofu	16.	包涵	bāohan
17.	包子	bāozi	18.	豹子	bàozi
19.	杯子	bēizi	20.	被子	bèizi
21.	本事	běnshi	22.	本子	běnzi
23.	鼻子	bízi	24.	比方	bǐfang
25.	鞭子	biānzi	26.	扁担	biǎndan
27.	辫子	biànzi	28.	别扭	bièniu
29.	饼子	bǐngzi	30.	拨弄	bōnong
31.	脖子	bózi	32.	簸箕	bòji
33.	补丁	bǔding	34.	不由得	bùyóude
35.	不在乎	bùzàihu	36.	步子	bùzi
37.	部分	bùfen	38.	裁缝	cáifeng
39.	财主	cáizhu	40.	苍蝇	cāngying
41.	差事	chāishi	42.	柴火	cháihuo
43.	肠子	chángzi	44.	厂子	chǎngzi
45.	场子	chǎngzi	46.	车子	chēzi
47.	称呼	chēnghu	48.	池子	chízi
49.	尺子	chǐzi	50.	虫子	chóngzi
51.	绸子	chóuzi	52.	除了	chúle
53.	锄头	chútou	54.	畜生	chùsheng
55.	窗户	chuānghu	56.	窗子	chuāngzi

57. 锤子	chuízi	58. 刺猬	cìwei
59. 凑合	còuhe	60. 村子	cūnzi
61. 耷拉	dāla	62. 答应	dāying
63. 打扮	dǎban	64. 打点	dǎdian
65. 打发	dǎfa	66. 打量	dǎliang
67. 打算	dǎsuan	68. 打听	dǎting
69. 大方	dàfang	70. 大爷	dàye
71. 大夫	dàifu	72. 带子	dàizi
73. 袋子	dàizi	74. 耽搁	dānge
75. 耽误	dānwu	76. 单子	dānzi
77. 胆子	dǎnzi	78. 担子	dànzi
79. 刀子	dāozi	80. 道士	dàoshi
81. 稻子	dàozi	82. 灯笼	dēnglong
83. 提防	dīfang	84. 笛子	dízi
85. 底子	dǐzi	86. 地道	dìdao
87. 地方	dìfang	88. 弟弟	dìdi
89. 弟兄	dìxiong	90. 点心	diǎnxin
91. 调子	diàozi	92. 钉子	dīngzi
93. 东家	dōngjia	94. 东西	dōngxi
95. 动静	dòngjing	96. 动弹	dòngtan
97. 豆腐	dòufu	98. 豆子	dòuzi
99. 嘟囔	dūnang	100. 肚子	dǔzi
101. 肚子	dùzi	102. 缎子	duànzi
103. 对付	duìfu	104. 对头	duìtou
105. 队伍	duìwu	106. 多么	duōme
107. 蛾子	ézi	108. 儿子	érzi
109. 耳朵	ěrduo	110. 贩子	fànzi
111. 房子	fángzi	112. 份子	fènzi
113. 风筝	fēngzheng	114. 疯子	fēngzi
115. 福气	fúqi	116. 斧子	fǔzi
117. 盖子	gàizi	118. 甘蔗	gānzhe
119. 杆子	gānzi	120. 杆子	gǎnzi
121. 干事	gànshi	122. 杠子	gàngzi
123. 高粱	gāoliang	124. 膏药	gāoyao
125. 稿子	gǎozi	126. 告诉	gàosu
127. 疙瘩	gēda	128. 哥哥	gēge
129. 胳膊	gēbo	130. 鸽子	gēzi
131. 格子	gézi	132. 个子	gèzi
133. 根子	gēnzi	134. 跟头	gēntou

135. 工夫 gōngfu　　136. 弓子 gōngzi
137. 公公 gōnggong　　138. 功夫 gōngfu
139. 钩子 gōuzi　　140. 姑姑 gūgu
141. 姑娘 gūniang　　142. 谷子 gǔzi
143. 骨头 gǔtou　　144. 故事 gùshi
145. 寡妇 guǎfu　　146. 褂子 guàzi
147. 怪物 guàiwu　　148. 关系 guānxi
149. 官司 guānsi　　150. 罐头 guàntou
151. 罐子 guànzi　　152. 规矩 guīju
153. 闺女 guīnü　　154. 鬼子 guǐzi
155. 柜子 guìzi　　156. 棍子 gùnzi
157. 锅子 guōzi　　158. 果子 guǒzi
159. 蛤蟆 háma　　160. 孩子 háizi
161. 含糊 hánhu　　162. 汉子 hànzi
163. 行当 hángdang　　164. 合同 hétong
165. 和尚 héshang　　166. 核桃 hétao
167. 盒子 hézi　　168. 红火 hónghuo
169. 猴子 hóuzi　　170. 后头 hòutou
171. 厚道 hòudao　　172. 狐狸 húli
173. 胡琴 húqin　　174. 糊涂 hútu
175. 皇上 huángshang　　176. 幌子 huǎngzi
177. 胡萝卜 húluóbo　　178. 活泼 huópo
179. 火候 huǒhou　　180. 伙计 huǒji
181. 护士 hùshi　　182. 机灵 jīling
183. 脊梁 jǐliang　　184. 记号 jìhao
185. 记性 jìxing　　186. 夹子 jiāzi
187. 家伙 jiāhuo　　188. 架势 jiàshi
189. 架子 jiàzi　　190. 嫁妆 jiàzhuang
191. 尖子 jiānzi　　192. 茧子 jiǎnzi
193. 剪子 jiǎnzi　　194. 见识 jiànshi
195. 毽子 jiànzi　　196. 将就 jiāngjiu
197. 交情 jiāoqing　　198. 饺子 jiǎozi
199. 叫唤 jiàohuan　　200. 轿子 jiàozi
201. 结实 jiēshi　　202. 街坊 jiēfang
203. 姐夫 jiěfu　　204. 姐姐 jiějie
205. 戒指 jièzhi　　206. 金子 jīnzi
207. 精神 jīngshen　　208. 镜子 jìngzi
209. 舅舅 jiùjiu　　210. 橘子 júzi
211. 句子 jùzi　　212. 卷子 juànzi

213. 咳嗽 késou
214. 客气 kèqi
215. 空子 kòngzi
216. 口袋 kǒudai
217. 口子 kǒuzi
218. 扣子 kòuzi
219. 窟窿 kūlong
220. 裤子 kùzi
221. 快活 kuàihuo
222. 筷子 kuàizi
223. 框子 kuàngzi
224. 困难 kùnnan
225. 阔气 kuòqi
226. 喇叭 lǎba
227. 喇嘛 lǎma
228. 篮子 lánzi
229. 懒得 lǎnde
230. 浪头 làngtou
231. 老婆 lǎopo
232. 老实 lǎoshi
233. 老太太 lǎotàitai
234. 老头子 lǎotóuzi
235. 老爷 lǎoye
236. 老子 lǎozi
237. 姥姥 lǎolao
238. 累赘 léizhui
239. 篱笆 líba
240. 里头 lǐtou
241. 力气 lìqi
242. 厉害 lìhai
243. 利落 lìluo
244. 利索 lìsuo
245. 例子 lìzi
246. 栗子 lìzi
247. 痢疾 lìji
248. 连累 liánlei
249. 帘子 liánzi
250. 凉快 liángkuai
251. 粮食 liángshi
252. 两口子 liǎngkǒuzi
253. 料子 liàozi
254. 林子 línzi
255. 翎子 língzi
256. 领子 lǐngzi
257. 溜达 liūda
258. 聋子 lóngzi
259. 笼子 lóngzi
260. 炉子 lúzi
261. 路子 lùzi
262. 轮子 lúnzi
263. 萝卜 luóbo
264. 骡子 luózi
265. 骆驼 luòtuo
266. 妈妈 māma
267. 麻烦 máfan
268. 麻利 máli
269. 麻子 mázi
270. 马虎 mǎhu
271. 码头 mǎtou
272. 买卖 mǎimai
273. 麦子 màizi
274. 馒头 mántou
275. 忙活 mánghuo
276. 冒失 màoshi
277. 帽子 màozi
278. 眉毛 méimao
279. 媒人 méiren
280. 妹妹 mèimei
281. 门道 méndao
282. 眯缝 mīfeng
283. 迷糊 míhu
284. 面子 miànzi
285. 苗条 miáotiao
286. 苗头 miáotou
287. 名堂 míngtang
288. 名字 míngzi
289. 明白 míngbai
290. 蘑菇 mógu

291. 模糊 móhu
292. 木匠 mùjiang
293. 木头 mùtou
294. 那么 nàme
295. 奶奶 nǎinai
296. 难为 nánwei
297. 脑袋 nǎodai
298. 脑子 nǎozi
299. 能耐 néngnai
300. 你们 nǐmen
301. 念叨 niàndao
302. 念头 niàntou
303. 娘家 niángjia
304. 镊子 nièzi
305. 奴才 núcai
306. 女婿 nǚxu
307. 暖和 nuǎnhuo
308. 疟疾 nüèji
309. 拍子 pāizi
310. 牌楼 páilou
311. 牌子 páizi
312. 盘算 pánsuan
313. 盘子 pánzi
314. 胖子 pàngzi
315. 狍子 páozi
316. 盆子 pénzi
317. 朋友 péngyou
318. 棚子 péngzi
319. 脾气 píqi
320. 皮子 pízi
321. 痞子 pǐzi
322. 屁股 pìgu
323. 片子 piānzi
324. 便宜 piányi
325. 骗子 piànzi
326. 票子 piàozi
327. 漂亮 piàoliang
328. 瓶子 píngzi
329. 婆家 pójia
330. 婆婆 pópo
331. 铺盖 pūgai
332. 欺负 qīfu
333. 旗子 qízi
334. 前头 qiántou
335. 钳子 qiánzi
336. 茄子 qiézi
337. 亲戚 qīnqi
338. 勤快 qínkuai
339. 清楚 qīngchu
340. 亲家 qìngjia
341. 曲子 qǔzi
342. 圈子 quānzi
343. 拳头 quántou
344. 裙子 qúnzi
345. 热闹 rènao
346. 人家 rénjia
347. 人们 rénmen
348. 认识 rènshi
349. 日子 rìzi
350. 褥子 rùzi
351. 塞子 sāizi
352. 嗓子 sǎngzi
353. 嫂子 sǎozi
354. 扫帚 sàozhou
355. 沙子 shāzi
356. 傻子 shǎzi
357. 扇子 shànzi
358. 商量 shāngliang
359. 上司 shàngsi
360. 上头 shàngtou
361. 烧饼 shāobing
362. 勺子 sháozi
363. 少爷 shàoye
364. 哨子 shàozi
365. 舌头 shétou
366. 身子 shēnzi
367. 什么 shénme
368. 婶子 shěnzi

369.	生意	shēngyi	370.	牲口	shēngkou
371.	绳子	shéngzi	372.	师父	shīfu
373.	师傅	shīfu	374.	虱子	shīzi
375.	狮子	shīzi	376.	石匠	shíjiang
377.	石榴	shíliu	378.	石头	shítou
379.	时候	shíhou	380.	实在	shízai
381.	拾掇	shíduo	382.	使唤	shǐhuan
383.	世故	shìgu	384.	似的	shìde
385.	事情	shìqing	386.	柿子	shìzi
387.	收成	shōucheng	388.	收拾	shōushi
389.	首饰	shǒushi	390.	叔叔	shūshu
391.	梳子	shūzi	392.	舒服	shūfu
393.	舒坦	shūtan	394.	疏忽	shūhu
395.	爽快	shuǎngkuai	396.	思量	sīliang
397.	算计	suànji	398.	岁数	suìshu
399.	孙子	sūnzi	400.	他们	tāmen
401.	它们	tāmen	402.	她们	tāmen
403.	台子	táizi	404.	太太	tàitai
405.	摊子	tānzi	406.	坛子	tánzi
407.	毯子	tǎnzi	408.	桃子	táozi
409.	特务	tèwu	410.	梯子	tīzi
411.	蹄子	tízi	412.	挑剔	tiāoti
413.	挑子	tiāozi	414.	条子	tiáozi
415.	跳蚤	tiàozao	416.	铁匠	tiějiang
417.	亭子	tíngzi	418.	头发	tóufa
419.	头子	tóuzi	420.	兔子	tùzi
421.	妥当	tuǒdang	422.	唾沫	tuòmo
423.	挖苦	wāku	424.	娃娃	wáwa
425.	袜子	wàzi	426.	晚上	wǎnshang
427.	尾巴	wěiba	428.	委屈	wěiqu
429.	为了	wèile	430.	位置	wèizhi
431.	位子	wèizi	432.	蚊子	wénzi
433.	稳当	wěndang	434.	我们	wǒmen
435.	屋子	wūzi	436.	稀罕	xīhan
437.	席子	xízi	438.	媳妇	xífu
439.	喜欢	xǐhuan	440.	瞎子	xiāzi
441.	匣子	xiázi	442.	下巴	xiàba
443.	吓唬	xiàhu	444.	先生	xiānsheng
445.	乡下	xiāngxia	446.	箱子	xiāngzi

447. 相声 xiàngsheng
448. 消息 xiāoxi
449. 小伙子 xiǎohuǒzi
450. 小气 xiǎoqi
451. 小子 xiǎozi
452. 笑话 xiàohua
453. 谢谢 xièxie
454. 心思 xīnsi
455. 星星 xīngxing
456. 猩猩 xīngxing
457. 行李 xíngli
458. 性子 xìngzi
459. 兄弟 xiōngdi
460. 休息 xiūxi
461. 秀才 xiùcai
462. 秀气 xiùqi
463. 袖子 xiùzi
464. 靴子 xuēzi
465. 学生 xuésheng
466. 学问 xuéwen
467. 丫头 yātou
468. 鸭子 yāzi
469. 衙门 yámen
470. 哑巴 yǎba
471. 胭脂 yānzhi
472. 烟筒 yāntong
473. 眼睛 yǎnjing
474. 燕子 yànzi
475. 秧歌 yāngge
476. 养活 yǎnghuo
477. 样子 yàngzi
478. 吆喝 yāohe
479. 妖精 yāojing
480. 钥匙 yàoshi
481. 椰子 yēzi
482. 爷爷 yéye
483. 叶子 yèzi
484. 一辈子 yībèizi
485. 衣服 yīfu
486. 衣裳 yīshang
487. 椅子 yǐzi
488. 意思 yìsi
489. 银子 yínzi
490. 影子 yǐngzi
491. 应酬 yìngchou
492. 柚子 yòuzi
493. 冤枉 yuānwang
494. 院子 yuànzi
495. 月饼 yuèbing
496. 月亮 yuèliang
497. 云彩 yúncai
498. 运气 yùnqi
499. 在乎 zàihu
500. 咱们 zánmen
501. 早上 zǎoshang
502. 怎么 zěnme
503. 扎实 zhāshi
504. 眨巴 zhǎba
505. 栅栏 zhàlan
506. 宅子 zháizi
507. 寨子 zhàizi
508. 张罗 zhāngluo
509. 丈夫 zhàngfu
510. 帐篷 zhàngpeng
511. 丈人 zhàngren
512. 帐子 zhàngzi
513. 招呼 zhāohu
514. 招牌 zhāopai
515. 折腾 zhēteng
516. 这个 zhège
517. 这么 zhème
518. 枕头 zhěntou
519. 镇子 zhènzi
520. 芝麻 zhīma
521. 知识 zhīshi
522. 侄子 zhízi
523. 指甲 zhǐjia（zhījia）
524. 指头 zhǐtou（zhítou）

525. 种子　zhǒngzi
526. 珠子　zhūzi
527. 竹子　zhúzi
528. 主意　zhǔyi（zhúyi）
529. 主子　zhǔzi
530. 柱子　zhùzi
531. 爪子　zhuǎzi
532. 转悠　zhuànyou
533. 庄稼　zhuāngjia
534. 庄子　zhuāngzi
535. 壮实　zhuàngshi
536. 状元　zhuàngyuan
537. 锥子　zhuīzi
538. 桌子　zhuōzi
539. 字号　zìhao
540. 自在　zìzai
541. 粽子　zòngzi
542. 祖宗　zǔzong
543. 嘴巴　zuǐba
544. 作坊　zuōfang
545. 琢磨　zuómo

2. 绕口令练习。

小顺子是我的孙子，塌鼻子，矮个子，短膀子，挺着肚子，像个胖子。

他会踢毽子，跳绳子，还会骑车子。

这一天他出了屋子，骑着车子，拐出院子，来到动物园看狮子和豹子。

看完狮子和豹子，又看猴子和兔子。看了狮子、豹子、猴子、兔子，小顺子的膀子出了些疹子。

他不敢再看狮子、豹子、猴子、兔子，骑着车子，拐进院子，放下车子，走进屋子。

进了屋子，小顺子脱下褂子，松开裤子，脱下袜子，蹬了鞋子。

蹬了鞋子，小顺子的膀子上就没了疹子。

膀子上没了疹子，这可乐了小顺子。

他打开屋子里的窗子擦窗子，擦了窗子去擦桌子、椅子和凳子。

擦了桌子、椅子、凳子，又去洗锅子、铲子、勺子、筷子、杯子和盘子。

洗了锅子、铲子、勺子、筷子、杯子、盘子，又去洗被子、帐子、褂子、裤子、袜子和鞋子。

小顺子，累了吗？不。

他洗了被子、帐子、褂子、裤子、袜子、鞋子又去开箱子。

箱子里有梳子、扇子、鞭子、裙子和盒子，盒子里有金子、银子、珠子、叉子、刀子和盘子。

小顺子拿出盒子里的叉子、刀子、盘子，又去开缸子、坛子、罐子和筐子。

从缸子、坛子、罐子、筐子里拿出椰子、柿子、橘子和梨子。

把椰子、柿子、橘子、梨子放进一个个盘子。

小顺子端过一个个盘子，吃光盘子里的椰子、柿子、橘子和梨子。

能玩、能做、能吃，玩了、做了、吃了还不累。

这就是我的孙子——塌鼻子、矮个子、短膀子、挺着肚子、像个胖子的小顺子。

三、儿　化

（一）什么是儿化

儿化是指卷舌元音 er 附在一个音节的韵母之后，而使韵母发生音变的现象。因儿化音变而成的卷舌韵母就是儿化韵。包含儿化韵母的音节是儿化音节。

（二）儿化的作用

1. 儿化有区别词义的作用。例如：

白面（面粉）　白面儿（海洛因）
头（脑袋）　头儿（首领、领导）
眼（眼睛）　眼儿（小孔）
本（一本书）　本儿（资产）
面（面条）　面儿（粉末）

2. 儿化有区别词性的作用。例如：

盖（动词）　盖儿（名词）
画（动词）　画儿（名词）
黄（形容词）　黄儿（名词，蛋黄）
活（动词，形容词）　活儿（名词，泛指工作）
个（量词）　个儿（名词，身材）
花（动词，花钱）　花儿（名词）
破烂（形容词）　破烂儿（名词，卖破烂儿）
三（数词）　三儿（名词，叫他小三儿）
尖（形容词）　尖儿（名词）
堆（动词）　堆儿（名词）
信（信件）　信儿（消息）
一块（表数量）　一块儿（一同）

3. 儿化有助于表达某种感情色彩。例如：

小猫儿　小狗儿　小刀儿　（可表示细小、可爱的意思）
大婶儿　见面儿　伙伴儿　（可表示和蔼、亲切的感情）

（三）儿化的音变规律

儿化韵的发音，一般地说，如果韵尾的发音便于卷舌，原韵母不变，直接回卷舌动作；如果韵尾的发音不便于卷舌，就要变更音色，增、删某个音素。儿化音变规律见下表：

原韵母类型	儿　化	实际读音
韵母或尾音是 ɑ、o、e、u、ê	不变，加 r	号码儿（hàomǎr）　花儿（huār） 粉末儿（fěnmòr）　书桌儿（shūzhuōr） 草帽儿（càomàor）　麦苗儿（màimiáor） 唱歌儿（chànggēr）　眼珠儿（yǎnzhūr） 小猴儿（xiǎohóur）　打球儿（dǎqiúr） 台阶儿（táijiēr）　旦角儿（dànjuér）
尾音是 i、n	丢 i 或 n，加 r	盖儿（gàr）　一块儿（yīkuàr） 刀背儿（dāobèr）　味儿（wèr） 心眼儿（xīnyǎr）　弯儿（wār） 花园儿（huāyuǎr）　窍门儿（qiàomér）

续 表

原韵母类型	儿 化	实际读音
尾音是 ng	丢 ng，加 r，元音鼻化	电影儿（diànyǐr） 帮忙儿（bāngmár）
韵母是 i、ü	不变，加 er	玩意儿（wányìer） 毛驴儿（máolǘer）
韵母是 -i	丢 -i，加 er	词儿（cér） 事儿（shèr）
韵母是 ui、in、un、ün	丢 i 或 n，加 er	麦穗儿（màisuèr） 干劲儿（gànjièr） 飞轮儿（fēiluér） 白云儿（báiyuér）

需要注意的是，儿化词语的实际读音与儿化词语的注音不是一回事，不管儿化词语的实际读音怎样变化，儿化词语的注音都只是在原音节后面加上一个卷舌的符号“r”，这是汉语拼音方案规定的。比如，“盖儿”实际读音为“gàr”，但注音则应注成“gàir”。

四川话中也有儿化，但范围与普通话不一致。四川话里有的儿化词，普通话不儿化，如“电灯儿”“麻雀儿”。四川话还将很多重叠名词的后一个音节儿化，如“杯杯儿”“棍棍儿”“抽抽儿”“边边儿”“篮篮儿”等。在普通话里，这些词有的是单音节儿化词，如“边儿”；有的是带“子”尾的双音节词，如“杯子”“棍子”；有的是部分语素不同的词，如“抽屉”“竹篮子”。此外，四川话中还有一些带“儿”音节的双音节名词，如“鸭儿”“猪儿”“帽儿”“娃儿”“桃儿”等，这些词在普通话里有的不儿化，如“猪”；有的是带“子”尾的双音节词，如“鸭子”“帽子”；有的是语素完全不同的词，如“孩子”；有的则是单音节儿化，如“桃儿”等。此外，普通话的儿化词，四川话有的儿化，如“书本儿”“差点儿”“干劲儿”等；有的却不儿化，如“包干儿”“摸黑儿”等。

总之，普通话的儿化与四川话的儿化范围不同，没有明显的对应规律。

四川人学习普通话儿化应注意以下几点：

第一，要注意准确发音。在发 e 的基础上，舌面中部稍稍隆起，紧接着舌尖卷起，与硬腭相对。舌尖抵住硬腭以及舌头不卷动都影响到儿化音的发音准确。

第二，四川人在发普通话 ou 韵母的儿化词时不圆唇，因而在读“老头儿”“衣兜儿”“小偷儿”“要猴儿”等词时，发音不准确，应该注意纠正。

（四）儿化词语识记与读音练习

1. 容易读错的儿化词语练习。

dāobàr	bǎncār	míngpáir	jiāsāir	zhàlanr	chàdiǎnr
刀把儿	板擦儿	名牌儿	加塞儿	栅栏儿	差点儿
lòuxiànr	xiàohuar	shǒujuànr	dāorènr	bógěngr	dànjuér
露馅儿	笑话儿	手绢儿	刀刃儿	脖颈儿	旦角儿
zhǔjuér	bīnggùnr	dǎdǔnr	xiǎoqǔr	líhúr	hútòngr
主角儿	冰棍儿	打盹儿	小曲儿	梨核儿	胡同儿
xiǎoxióngr	dēngpàor	lǎotóur	niántóur	niǔkòur	gūduor
小熊儿	灯泡儿	老头儿	年头儿	纽扣儿	骨朵儿
dǐngniúr	yóuchuōr	bàodǔr	zhuājiūr	kùchǎr	xiǎowèngr
顶牛儿	邮戳儿	爆肚儿	抓阄儿	裤衩儿	小瓮儿

2. 朗读作品 5 号《第一场雪》。
3. 熟读《普通话水平测试用儿化词语表》中的儿化词语。

附录八　普通话水平测试用儿化词语表

a>ar

刀把儿	dāobàr	号码儿	hàomǎr
戏法儿	xìfǎr	在哪儿	zàinǎr
找碴儿	zhǎochár	打杂儿	dǎzár
板擦儿	bǎncār		

ai>ar

名牌儿	míngpáir	鞋带儿	xiédàir
壶盖儿	húgàir	小孩儿	xiǎoháir
加塞儿	jiāsāir		

an>ar

快板儿	kuàibǎnr	老伴儿	lǎobànr
蒜瓣儿	suànbànr	脸盘儿	liǎnpánr
脸蛋儿	liǎndànr	收摊儿	shōutānr
栅栏儿	zhàlánr	包干儿	bāogānr
笔杆儿	bǐgǎnr	门槛儿	ménkǎnr

ang>ar（鼻化）

药方儿	yàofāngr	赶趟儿	gǎntàngr
香肠儿	xiāngchángr	瓜瓤儿	guārángr

ia>iar

掉价儿	diàojiàr	一下儿	yíxiàr
豆芽儿	dòuyár		

ian>iar

小辫儿	xiǎobiànr	照片儿	zhàopiānr
扇面儿	shànmiànr	差点儿	chàdiǎnr
一点儿	yìdiǎnr	雨点儿	yǔdiǎnr
聊天儿	liáotiānr	拉链儿	lāliànr
冒尖儿	màojiānr	坎肩儿	kǎnjiānr
牙签儿	yáqiānr	露馅儿	lòuxiànr
心眼儿	xīnyǎnr		

iang>iar（鼻化）

鼻梁儿	bíliángr	透亮儿	tòuliàngr
花样儿	huāyàngr		

ua>uar

脑瓜儿	nǎoguār	大褂儿	dàguàr
麻花儿	máhuār	笑话儿	xiàohuar

牙刷儿	yáshuār		

uai>uar

一块儿	yíkuàir		

uan>uar

茶馆儿	cháguǎnr	饭馆儿	fànguǎnr
火罐儿	huǒguànr	落款儿	luòkuǎnr
打转儿	dǎzhuǎnr	拐弯儿	guǎiwānr
好玩儿	hǎowánr	大腕儿	dàwànr

uang>uar（鼻化）

蛋黄儿	dànhuángr	打晃儿	dǎhuàngr
天窗儿	tiānchuāngr		

üan>üar

烟卷儿	yānjuǎnr	手绢儿	shǒujuànr
出圈儿	chūquānr	包圆儿	bāoyuánr
人缘儿	rényuánr	绕远儿	ràoyuǎnr
杂院儿	záyuànr		

ei>er

刀背儿	dāobèir	摸黑儿	mōhēir

en>er

老本儿	lǎoběnr	花盆儿	huāpénr
嗓门儿	sǎngménr	把门儿	bǎménr
哥们儿	gēmenr	纳闷儿	nàmènr
后跟儿	hòugēnr	高跟儿鞋	gāogēnrxié
别针儿	biézhēnr	一阵儿	yízhènr
走神儿	zǒushénr	大婶儿	dàshěnr
小人儿书	xiǎorénrshū	杏仁儿	xìngrénr
刀刃儿	dāorènr		

eng>er（鼻化）

钢镚儿	gāngbèngr	夹缝儿	jiāfèngr
脖颈儿	bógěngr	提成儿	tíchéngr

ie>ier

半截儿	bànjiér	小鞋儿	xiǎoxiér

üe>üer

旦角儿	dànjuér	主角儿	zhǔjuér

uei>uer

跑腿儿	pǎotuǐr	一会儿	yíhuìr
耳垂儿	ěrchuír	墨水儿	mòshuǐr
围嘴儿	wéizuǐr	走味儿	zǒuwèir

uen>uer

打盹儿	dǎdǔnr	胖墩儿	pàngdūnr
砂轮儿	shālúnr	冰棍儿	bīnggùnr
没准儿	méizhǔnr	开春儿	kāichūnr

ueng>uer（鼻化）

小瓮儿	xiǎowèngr

-i（前）>er

瓜子儿	guāzǐr	石子儿	shízǐr
没词儿	méicír	挑刺儿	tiāocìr

-i（后）>er

墨汁儿	mòzhīr	锯齿儿	jùchǐr
记事儿	jìshìr		

i>i：er

针鼻儿	zhēnbír	垫底儿	diàndǐr
肚脐儿	dùqír	玩意儿	wányìr

in>i：er

有劲儿	yǒujìnr	送信儿	sòngxìnr
脚印儿	jiǎoyìnr		

ing>i：er（鼻化）

花瓶儿	huāpíngr	打鸣儿	dǎmíngr
图钉儿	túdīngr	门铃儿	ménlíngr
眼镜儿	yǎnjìngr	蛋清儿	dànqīngr
火星儿	huǒxīngr	人影儿	rényǐngr

ü>ü：er

毛驴儿	máolǘr	小曲儿	xiǎoqǔr
痰盂儿	tányúr		

üe>ü：er

合群儿	héqúnr

e>er

模特儿	mótèr	逗乐儿	dòulèr
唱歌儿	chànggēr	挨个儿	āigèr
打嗝儿	dǎgér	饭盒儿	fànhér
在这儿	zàizhèr		

u>ur

碎步儿	suìbùr	没谱儿	méipǔr
儿媳妇儿	érxífur	梨核儿	líhúr
泪珠儿	lèizhūr	有数儿	yǒushùr

ong>or（鼻化）

果冻儿	guǒdòngr	门洞儿	méndòngr

胡同儿	hútòngr	抽空儿	chōukòngr
酒盅儿	jiǔzhōngr	小葱儿	xiǎocōngr

iong>ior（鼻化）

小熊儿	xiǎoxióngr		

ao>aor

红包儿	hóngbāor	灯泡儿	dēngpàor
半道儿	bàndàor	手套儿	shǒutàor
跳高儿	tiàogāor	叫好儿	jiàohǎor
口罩儿	kǒuzhàor	绝招儿	juézhāor
口哨儿	kǒushàor	蜜枣儿	mìzǎor

iao>iaor

鱼鳔儿	yúbiàor	火苗儿	huǒmiáor
跑调儿	pǎodiàor	面条儿	miàntiáor
豆角儿	dòujiǎor	开窍儿	kāiqiàor

ou>our

衣兜儿	yīdōur	老头儿	lǎotóur
年头儿	niántóur	小偷儿	xiǎotōur
门口儿	ménkǒur	纽扣儿	niǔkòur
线轴儿	xiànzhóur	小丑儿	xiǎochǒur
加油儿	jiāyóur		

iou>iour

顶牛儿	dǐngniúr	抓阄儿	zhuājiūr
棉球儿	miánqiúr		

uo>uor

火锅儿	huǒguōr	做活儿	zuòhuór
大伙儿	dàhuǒr	邮戳儿	yóuchuōr
小说儿	xiǎoshuōr	被窝儿	bèiwōr

（o）>or

耳膜儿	ěrmór	粉末儿	fěnmòr

4. 绕口令练习。

（1）进了门儿，倒杯水儿，喝了两口儿运运气儿，顺手拿起小唱本儿，唱一曲儿，又一曲儿，练完嗓子练嘴皮儿，绕口令儿，练字音儿，还有单弦儿牌子曲儿，小快板儿，大鼓词儿，越说越唱越带劲儿。

（2）一个老头儿砍木头，砍了这头儿砍那头儿，对面儿来个小丫头儿，给他一盘儿小馒头儿，不料撞上了大木头，栽了一个小跟头儿。

（3）有个小孩儿叫小兰儿，挑着水桶上庙台儿，摔了个跟头拣了个钱儿，又打醋，又买盐儿，还买了一个小饭碗儿。小饭碗儿，真好玩儿，没有边儿没有沿儿，中间儿有个小红点儿。

四、语气词“啊”的音变

（一）语气词“啊”的音变规律

句末的语气词“啊”，在语流中受前一个音节末尾音素的影响，往往发生音变现象，其规律如下表：

语气词“啊”音变简表

前一音节末尾音素	“啊”的音变	写　法	举　例
a	ya	呀	他呀　妈呀
o	ya	呀	拖呀　多呀
e	ya	呀	喝呀　热呀
ê	ya	呀	卖鞋呀　上街呀
i	ya	呀	生气呀　真急呀
ü	ya	呀	多余呀　小徐呀
u（ao、iao）	wa	哇	好苦哇　快数哇
n	na	哪	你看哪　好险哪
ng	nga	啊	听啊　讲啊
-i（前）	za	啊	写字啊　一次啊
-i（后）	ra	啊	有事啊　吃啊

（二）语气词“啊”的读音练习

1. 根据“啊”的音变规律，在下面各句后面加上一个恰当的语气词，并注明其读音，再准确朗读。

例句：这样办成不成（啊）！（nga）

应该注意节约（　　）！（　　）

你在哪儿住（　　）？（　　）

她真是个好闺女（　　）！（　　）

你走路可要小心（　　）。（　　）

你怎么这么自私（　　）！（　　）

原来是她（　　）！（　　）

她的手多巧（　　）！（　　）

要认真学习（　　）！（　　）

怎么没有（　　）？（　　）

怎么回事（　　）？（　　）

这儿人真多（　　）！（　　）

好好深思（　　）！（　　）

多好的老师（　　）！（　　）

漓江的水真静（　　）！（　　）

漓江的水真绿（　　）！（　　）

桂林的山真秀（　　）！（　　）

2. 朗读作品中语气词“啊”的音变例子。

（1）嗬！好大的雪啊！

（2）家乡的桥啊，我梦中的桥！

（3）在它看来，狗该是多么庞大的动物啊！

（4）是啊，我们有自己的祖国，小鸟也有它的归宿，人和动物都是一样啊，哪儿也不如故乡好！

（5）清晨，当第一束阳光射进船舱时，它便敞开美丽的歌喉，唱啊唱，嘤嘤有韵，宛如春水淙淙。

（6）幸福不喜欢喧嚣浮华，它常常在暗淡中降临。贫困中相濡以沫的一块糕饼，患难中心心相印的一个眼神，父亲一次粗糙的抚摸，女友一张温馨的字条……这都是千金难买的幸福啊！

（7）真是百折不回啊！

（8）这又丑又怪的石头，原来是天上的啊！

（9）是的。我想，不光是叔叔，我们每个人都是风筝，在妈妈手中牵着，从小放到大，再从家乡放到祖国最需要的地方啊！

（10）然而，火光啊……毕竟……毕竟就在前头！

（11）我想张开两臂抱住她，但这是怎样一个妄想啊！

（12）陶……陶校长你打我两下吧！我砸的不是坏人，而是自己的同学啊！

3. 绕口令练习。

（1）一啊一，一只小猫坐飞机啊；二啊二，二只小猫扫大院啊；三啊三，三只小猫吃饼干啊；四啊四，四只小猫写大字啊；五啊五，五只小猫敲花鼓啊；六啊六，六只小猫遛一遛啊；七啊七，七只小猫笑嘻嘻啊；八啊八，八只小猫吹喇叭啊；九啊九，九只小猫手拉手啊；十啊十，十只小猫学知识啊。

（2）我三叔啊、三婶儿啊，合办了个畜牧场啊，养马啊，养牛啊，养羊啊，养猪啊；还养鹅啊、鸭啊、鸡啊、兔啊、狗啊。我三叔啊、三婶儿啊，他们还承包了动物园啊，什么狮啊、虎啊、豹啊、狼啊、熊啊、猴啊，纷纷从各地引进啊。搞假山啊，让猴儿们在山上爬啊，跳哇，玩哪；建水池啊，让狮啊、虎啊、豹啊、狼啊、熊啊，天天有澡洗啊。

第三章 普通话水平测试应试训练

第一节　读单音节字词

一、读单音节字词简介

本题共 100 个音节，不含轻声、儿化音节。限时 3.5 分钟，共 10 分。

（一）目　的

此项测试目的是测查应试人员声母、韵母、声调读音的标准程度。

（二）要　求

1. 字词的 70％选自《普通话水平测试用普通话词语表》“表一”，另外 30％选自“表二”。

2. 100 个音节中，每个声母出现的次数一般不少于 3 次，不超过 6 次；每个韵母出现的次数一般不少于 2 次，不超过 4 次。4 个声调出现次数大致均衡。

3. 音节的排列要避免同一测试要素的连续出现。

（三）评　分

1. 语音错误，每个音节扣 0.1 分。

2. 语音缺陷，每个音节扣 0.05 分。

3. 超时 1 分钟以内，扣 0.5 分，超时 1 分钟以上（含 1 分钟）扣 1 分。

二、读单音节字词的问题与对策

在这个环节丢分主要是在语音错误与语音缺陷两个方面：

（一）语音错误与对策

所谓语音错误，原则上是指普通话语音系统中，把一个音误读成另一个音，只要声母、韵母、声调三者之一出现错误，即可认定是一个音节的语音错误。如：把“仍”念成“人”，把“国”念成“哥”，把“行”念成“醒”，或者直接说“不认识”、不读等，都算作语音错误。每个音节发生语音错误扣 0.1 分。常见的错误有：

1. 把甲声母读成乙声母

（1）舌尖后音 zh、ch、sh 读成舌尖前音 z、c、s，例如：“志愿→自愿”“新春→新村”“近视→近似”。

对策：平时要多查字典，多记忆。语言的学习是一个积累的过程，不可能一蹴而就。也可用记少不记多的办法，在普通话体系中，z、c、s 做声母的字的数量大大少于 zh、ch、sh 做声母的字的数量。所以我们采取记住平舌音的方法来解决这个问题。

z

咋 砸 杂 在 再 载 仔 宰 灾 崽 哉 咱 赞 攒 暂 簪
早 造 澡 遭 糟 枣 燥 灶 皂 凿 躁 藻 噪 蚤 枣 则
泽 择 责 啧 仄 曾 增 赠 憎 甑 增 锃 字 子 自 紫
资 兹 梓 姿 籽 滋 孜 渍 咨 姊 恣 总 宗 纵 棕 综
踪 粽 鬃 枞 走 揍 邹 奏 组 租 足 族 祖 阻 卒 诅
俎 钻 赚 攥 纂 最 嘴 醉 罪 尊 遵 樽 鳟 做 作 坐
座 左 昨 佐

c

才 菜 猜 踩 彩 财 采 材 裁 睬 惨 餐 残 参 灿 蚕
掺 璨 惭 草 操 曹 槽 糙 漕 嘈 疵 次 此 词 刺 赐
磁 瓷 慈 辞 茨 祠 雌 伺 从 葱 聪 丛 匆 囱 淙 窜
攒 蹿 篡 催 崔 脆 翠 摧 萃 粹 淬 璀 存 村 寸 错
搓 挫 措

s

赛 塞 三 散 伞 叁 扫 骚 嫂 臊 死 四 思 斯 丝 司
私 撕 似 寺 肆 厮 嗣 饲 偲 锶 送 松 宋 怂 颂 耸
嵩 诵 淞 悚 苏 素 速 俗 诉 宿 酥 塑 粟 肃 溯 夙
稣 岁 随 碎 虽 遂 穗 隋 髓 绥 隧 所 锁 索 缩 唆
梭 琐 蓑

（2）n 读成 l，在测试中，常常发生把鼻音声母 n 读成边音声母 l 的现象。例如：把“难”（nán）读作 lán，把“泥”（ní）读作 lí，等等。

对策：发鼻音声母 n 的时候，舌尖抵满上齿龈，彻底堵住口腔的气流通道，软腭下降，打开鼻腔通道，使气流从鼻腔通过，形成鼻音。

n 和 l 对比辨音练习：

耐——赖　男——篮　挠——牢　闹——唠
能——棱　拟——里　逆——丽　腻——莉
年——联　撵——脸　尿——撂　宁——凌
女——吕　暖——卵　诺——络　农——龙

记住声母 n 的代表字和常用字：

那 哪 拿 呐 娜 纳 钠 捺 奶 耐 乃 奈 艿 柰 尼 你
腻 拟 泥 妮 倪 您 念 拈 黏 撵 捻 蔫 廿 碾 年 娘
酿 鸟 尿 袅 捏 聂 涅 孽 镍 宁 拧 凝 柠 咛 狞 泞
牛 妞 扭 钮 纽 拗 忸 杻 弄 农 浓 侬 脓 怒 奴 弩
努 驽 暖 虐 疟 诺 挪 喏 糯 懦 娜 楠 嫩 南 男

（3）不送气音 b、d、g、j、zh、z 与送气音 p、t、k、q、ch、c 混淆。例如：把“抖”（dǒu）读作 tǒu，把“遍”（biàn）读作 piàn，等等。

对策：朗读并记住下列各字的声母。

拔 绊 鄙 哺 痹 遍 湃 畔 堤 溉 犷 浸 蜷 簇 秩 炽

（4）零声母音节加了辅音声母。例如：把“袄”（ǎo）读作 ngǎo，把“饿”（è）读成 ngò，把“爱”（ài）读作 ngài。

对策：朗读并记住下列汉字的正确声母，并读好音节开头的元音。

哀 癌 矮 爱 案 安 俺 按 岸 庵 黯 昂 盎 凹

敖 拗 欧 藕 偶 呕 殴 鹅 额 饿 恶 恩 嗯 摁

蒽 眼 烟 燕 咬 我 硬 夜 宜 蚁 义 屋 午

注意记住普通话是辅音声母，而四川话是零声母的音节，例如：

rong：容 荣 溶 榕 冗

nian：蔫

2. 把甲韵母读成乙韵母

常见的错误有：

（1）把后鼻音韵尾－ng 读作前鼻音韵尾－n，或把前鼻音韵尾－n 读作后鼻音韵尾－ng，主要指 in－ing、en－eng 的混读。例如：把“英”（yīng）读作 yīn，把“冷”（lěng）读作 lěn。

对策：

①in、ing 混淆的对策

记住代表字，见附录四《前鼻 in、en 字类推表》。

对比发音练习：

您——凝　林——玲　吝——另　金——晶

钦——卿　馨——兴　信——杏　衅——幸

读准并记住下列汉字的韵母：

in：品 拼 频 贫 聘 嫔 民 敏 闵 闽 赁 躏

　　金 津 斤 尽 仅 紧 锦 劲 进 晋 琴 秦

ing：冰 禀 明 鸣 冥 命 庆 磬 行 应 英 膺

　　鹰 迎 盈 蝇 赢 颖 映 硬 停 请 行 饼

注意：在普通话中，d、t 不与 in 相拼，四川话读 din、tin 的音节普通话都应读成 ding、ting。

②en、eng 混淆的对策

四川方言中绝大多数地区没有韵母 eng，eng 多数读作 en，少数读作 ong。

对策：记住前鼻音代表字和常用字，见附录四《前鼻 in、en 字类推表》

对比发音练习：en——eng

盆——彭　坟——冯　震——郑　沉——承

趁——称　身——生　深——升　肾——圣

记住下列汉字的韵母：

en：焚 奋 粪 嫩 亘 怎 森 针 砧 臻 阵 臣 尘 陈 衬

称　渗　仁　恩

eng:迸　甭　抨　烹　碰　蒙　梦　封　能　庚　耕　羹　耿　铿　恒

衡　层　撑　骋　绳　省

注意：普通话中，d、t、l 不能与 en 相拼，只与 eng 相拼，所以四川话中读 ten、den 的字改成 teng、deng 即可。

(2) e、o 和 uo 混淆。例如：韵母 o 读作韵母 e，或把 e 读成 o 等。例如：把“河”(hé) 读作 hó，把“乐”(lè) 读作 ló，把“风”(fēng) 读作 fōng，把“做”(zuò) 读作 zó，把“禾”(hé) 读作 hó。

对策：

①根据声韵拼合规则区分

根据普通话的声韵拼合规则，o 只跟声母 b、p、m、f 相拼，e 不与这 4 个声母相拼（么 me 除外）。还应注意的是，当声母 b、p、m、f 与 o 组成音节发音时，在声母和韵母之间有一个处于过渡状态的 u 音。

朗读下列音节，注意声母、韵母间的过渡音：

波　播　薄　簸　坡　婆　粕　摸　磨　抹　墨　佛

②记住 e、uo 代表字

各：胳　搁　阁　格　骼　客　恪

可：坷　苛　柯　呵　何　河　荷

罗：萝　逻　锣　箩

络：洛　骆　落

③e、uo 对比发音练习：e——uo

革——国　　个——过　　克——扩　　课——阔

贺——货　　赫——获　　壑——霍　　鹤——祸

(3) 卷舌韵母 er 没有卷舌动作，读作 e，例如：“二”(er) 读成 e。

对策：照镜子练习，舌头放松置于口腔内，发音时，舌根不动，舌尖向后上方卷起。

发音练习：二　而　儿　尔　第二　而且　儿子　偶尔

(4) 注意其他容易读错的韵母

①ei 与 uei、e、i 混淆

勒　雷　镭　垒　蕾　肋　泪　累　擂　北　备　黑　眉　废　诽

②uen 与 en 混淆

吞　屯　臀　豚　论　纶　轮　囵　尊　村　存　寸　孙　损　笋

③其　他

白　拍　驴　律　氯　宿　俗　恤　遂　绥　穗　茂　贸　否　眸　谋

亩　邹　窖　敲　锹　角　脚　咬　药　轴　剖　浮　六　赂　掠　雀

鹊　榷　约　岳　烙　蜕　褪　珊　讪　喘　丸　院　琼　晌　屡　琮

3. 把甲调值读成乙调值

常见的错误有：

(1) 调值受方言的影响而发生改变，把甲声调读作乙声调。例如：阴平调读成升调阳平，如“摸”(mō) 读成 mó；阳平调有曲折读成上声，如“防”(fáng) 读成 fǎng；上声读成阳平，如“朗”（lǎng）读成 láng。

（2）习惯性读错声调。例如：把“亚”（yà）读成 yǎ，把“室”（shì）读成 shǐ，把“潜”（qián）读成 qiǎn。

对策：注意这些容易读错声调的字，克服习惯，加强记忆。

朗读并标注下列音节的声调：

亚　教　潜　鄙　摒　骋　匙　挫　踔　压　脊　掇　啜　梵　血

（3）入声字没有改读，或改读错误。

对策：弄清自己方言中是否有入声，如有入声，应该知道归入第几声，掌握规律，多积累，记住入声字的正确读音。

常见古入声字归类练习：

拔　白　雹　北　毕　憋　拨　拍　匹　魄　瀑　麦　觅　蔑　莫　沫
乏　辐　达　得　滴　跌　笃　特　塔　惕　突　托　钠　溺　捏　疟
诺　蜡　勒　肋　历　劣　六　录　律　掠　络　各　刮　郭　渴　哭
阔　合　黑　滑　活　即　浃　脚　杰　剧　绝　乞　掐　窃　确　昔
辖　协　旭　穴　杂　凿　责　贼　卒　插　擦　册　卅　涩　粟　缩
眨　窄　植　粥　竹　拙　拆　彻　赤　畜　绰　促　错　热　日　肉
辱　若　煞　勺　舌　失　束　朔　额　袜　握　屋　药　业　乙　岳

（二）语音缺陷与对策

语音缺陷“概括地说，是指发音没有完全达到标准程度的情况”。这种情况，从语音物理属性方面分析，存在明显的偏差，但是，它一般不会在交际中造成困难或误解。

常见的类型有：

1. 声母缺陷问题和对策

主要表现为声母的发音部位不准确，但还不是把普通话里的某一类声母读成另一类声母；或者表现为声母的发音方法含混，或不完全到位。例如：

（1）读翘舌音声母 zh、ch、sh、r 时，舌尖接触或接近上腭的位置过于靠后或靠前，但还没有完全错读为舌尖前音，发音介于两者之间。

对策：注意翘舌音声母发声的正确舌位，发音时双唇放松不能用力，舌头不能上卷，否则容易使舌尖过于靠后而出现缺陷。对于舌尖过于靠前的情况，注意发声时用舌尖后部与硬腭前部接触发音。

发音练习：

渣　炸　占　展　蘸　章　仗　罩　肇　遮　蔗　折　贞　争　脂　中
州　逐　抓　专　庄　锥　捉　缀　拙　查　馋　昌　朝　车　臣　橙
吃　宠　维　疮　踹　吹　蠢　煞　衫　赏　稍　蛇　申　生　狮　瘦
梳　刷　栓　爽　瞬

（2）读舌尖前音 z、c、s 时的发音部位明显靠前或读成齿间音。

对策：舌尖平放于上门齿后背，不能把舌尖放在上下门齿之间。可以照镜子多练习。

发音练习：

za zai zan zang zao ze zei zen zeng zi zong zou zu zuan zui zun zuo

ca cai can cang cao ce cen ceng ci cong cou cu cuan cui cun cuo sa sai san sang sao se sen seng si song sou su suan sui sun suo

（3）读舌面前音 j、q、x 时的发音部位明显靠前，近似 z、c、s；或用较接近的部位代替，读成尖音。

对策：适当增加口腔开度，舌尖抵住下门齿后背，舌尖不碰上门齿，舌面前部用力，舌头前部稍用力下压，保证气流通畅发音。

发音练习：

讥　家　拣　缰　椒　剿　接　津　景　纠　漆　掐　铅　枪
敲　茄　琴　青　邱　兮　瞎　掀　镶　消　蟹　携　锌　醒

（4）边音声母 l 带有鼻音色彩。

对策：发边音声母 l 的时候，舌头平放，舌尖轻抵上齿龈，软腭上升，堵塞鼻腔通道，气流从舌头两边出来，形成边音。

发音练习：

里　篮　来　籁　良　靓　连　敛　乱　领

2. 韵母缺陷和对策

主要表现在韵母发音的口型不标准，舌位的高低、舌位的前后、唇形的圆展度不到位，复韵母的舌位动程明显不够，语感差。

（1）开口呼韵母开口度明显不够，听感明显不符。

对策：平时多做一些口腔的开度训练以提高颌关节的灵活度。具体的做法是：微笑上提面部肌肉，露出上下门齿，从上下大牙处打开口腔，放松下巴，尽力打开口腔直到最大，牙关一开一合，反复练习。

适当打开牙关节，读好下列音节：

把　拔　妈　码　阀　耷　塌　捺　喇　咖　哈　咂　擦　仨　渣　茬
砂　乐　骼　则　测　遮　车　射　鹅　脂　侈　柿　雌　白　湃　麦
带　太　奈　赖　改　揩　海　宰　猜　鳃　摘　差　晒　隘　被　陪
没　菲　内　给　嘿　傲　包　抛　锚　刀　涛　脑　老　高　靠　郝
枣　糙　骚　赵　超　烧　饶　剖　眸　否　兜　头　楼　沟　抠　猴
走　凑　搜　周　愁　受　柔　藕　颁　畔　慢　泛　诞　摊　男　澜
坩　勘　韩　赞　蚕　斩　潺　衫　染　黯　芬　跟　贞　抻　呻　忍
谤　旁　盲　防　当　汤　囔　刚　康　脏　仓　嗓　章　昌　商　壤
盎　崩　朋　猛　封　登　疼　冷　哽　坑　憎　蹭　僧　争　丞　生

（2）合口呼、撮口呼的韵母圆唇度不够，如“ü”的发音不到位，近似 i。

对策：平时可多做一些打开后声腔的练习，多照镜子练习，以增加合口呼和撮口呼韵母的圆唇度；也可双唇收拢如圆形，做吹气状练习吹灰尘。

发音练习：

哺　仆　募　覆　妒　凸　努　掳　菇　窟　湖　祖　粗　苏　蜍　书
如　物　瓜　夸　华　抓　耍　挖　舵　坨　诺　罗　郭　扩　昨　搓
拙　绰　窝　怪　脍　淮　拽　帅　外　堆　腿　龟　愧　徽　嘴　崔
穗　追　吹　睡　锐　桅　孪　关　宽　换　钻　窜　蒜　专　船　栓
软　皖　囤　豚　论　昆　尊　存　损　准　纯　舜　润　文　冬　痛

弄 隆 共 孔 鸿 纵 葱 怂 钟 春 容 广 框 黄 庄 床

撮口呼发音练习：

椈 鞠 取 戌 御 疟 抉 越 倦 权 宣 圆 均 熏 耘 窘 熊 臃

（3）复韵母舌位动程、唇形圆展变化不够，如“uai”“iou”，唇形、舌位的变化在听感上不明显。

对策：在平时的练习中，适当增加口腔开度，保证起始元音向收尾元音的滑动有充分的过程。

发音练习：

白 湃 麦 呆 泰 奶 睐 概 凯 害 宰 腮 斋 柴 晒 哎

碑 裴 绯 绥 奥 袍 髦 叨 淘 挠 牢 稿 考 浩 燥 骚

召 抄 稍 绕 某 窦 偷 漏 够 寇 吼 揍 搜 粥 愁 狩

蹂 鸥 浃 恰 匣 鳖 篾 跌 铁 捏 烈 竭 窃 懈 掖 刮

跨 话 爪 洼 跺 驼 糯 郭 阔 火 做 搓 梭 桌 我 撅

阙 悦 表 秒 飘 碉 挑 袅 廖 焦 乔 逍 咬 牛 瘤 究

秋 嗅 幽 拐 快 槐 摔 外 兑 推 规 窥 秽 醉 啐 虽

（4）鼻韵母缺陷与对策

鼻韵母分为前鼻韵和后鼻韵，前鼻韵在测试中的缺陷主要有：前鼻音韵尾收音趋向不鲜明，鼻音不够；鼻音韵母中的主要元音的舌位不准确，比如：成都方言区的 an、uan 中的 a 舌位不是前 a，而是舌位更高的［æ］。后鼻韵在测试中，常出现的缺陷有：元音过早带上鼻音；主要元音时值太短；后鼻音过后，尤其是四川方言中缺少的 ing、eng，过分强调韵尾。

对策：发前鼻韵时，必须用舌尖靠向上齿龈收音，同时发准前鼻韵中的主要元音。发后鼻韵时，从主要元音滑向后鼻音，逐渐带上鼻音色彩，舌根上抬与软腭接近或接触收音。同时在发音时想象声音往口腔前下方送出，而不是往鼻腔上翻，舌根往软腭前上方抬。最后发音时突出韵腹，韵尾到位弱收。

前鼻韵发音训练：

班 帆 曼 潘 单 毯 南 懒 竿 刊 函 残 沾 产

擅 然 氨 跟 朕 臣 娠 韧 鬓 频 珉 琳 矜 寝

锌 垠 陨 匾 篇 棉 垫 填 捻 连 睑 迁 掀 筵

缎 团 卵 官 款 欢 纂 篡 酸 撰 川 涮 完 娟

全 悬 缘 墩 吞 纶 棍 捆 荤 寸 蹲 您 嫩 森

后鼻韵发音练习：

帮 旁 莽 防 荡 棠 囊 浪 扛 葬 仓 桑 帐 场

赏 让 昂 绷 朋 盟 疯 等 楞 庚 吭 赠 整 丞

声 炳 萍 鸣 定 听 宁 翎 荆 请 性 萦 懂 佟

隆 宫 控 鸿 宗 囱 悚 中 宠 冗 穹 雄 痈 娘

两 僵 跄 橡 树 痒 胱 旷 慌 装 疮 亡 翁 翁

3. 声调缺陷与对策

声调缺陷一般表现为声调调类、调形基本正确，但调值音高明显不够，或时值过短而不到位。常见的声调缺陷有：

（1）上声调的缺陷和对策。

由于受语流中的上声读音习惯影响，读成只降不升的调值 211；或者还没有降到最低点 1 度就已经上扬；或者因读得过于缓慢而将调形读出了较大的弧度，与实际调值相去甚远；或者因时值过短导致上扬的调值不到位，读成 212 调。

对策：在练习发声时，声带从略微有些紧张开始，立刻松弛下来稍微延长，喉部放松，声音往前送。然后迅速绷紧，但没有绷到最紧。注意上声的音长是四个声调中最长的。

发音练习：

宝 捧 秒 反 抖 统 女 脸 广 可 火 仅 请 险 法

子 璀 损 涨 喘 爽 忍 偶 伟 五 雅 野 影 羽 远

（2）阳平调的缺陷和对策。

阳平调在测试中容易出现调值升不到位，或者调形读出弧度的缺陷。

对策：在练习时，声音从不松不紧开始，逐渐绷紧，到最紧为止，声音由不高不低升到最高。可以用手指头从胸部往前上方画，带发此音。

发音练习：

伯 频 魔 房 读 庭 南 罗 国 壳 滑 节 前 玄 原

责 从 绥 直 愁 绳 人 完 王 文 雄 宜 瑶 于 圆

（3）特别注意阳平和上声连续出现时的声调缺陷。

在测试中，当阳平和上声连续交替出现时，极易导致声调缺陷。加强这两个声调的对比练习非常重要，可采用反复用同一音节作四声顺序的发音练习，如：mā、má、mǎ、mà，然后再进行 má、mǎ 的对比练习，最后任意练习 má 或 mǎ，以此掌握阳平和上声的正确发音。

发音练习：

拔——把　朋——捧　眠——免　坟——粉　迪——底　瞳——桶

牛——扭　雷——蕾　国——果　咳——可　豪——郝　颊——假

勤——寝　鞋——写　才——踩　绥——髓　燃——冉　娃——瓦

亡——网　鱼——雨

（4）四个声调的相对高点或低点明显不一致，忽高忽低控制不好。

对策：第一，用手势在胸前确定一个五度坐标的区间，反复练习阴平、阳平、上声和去声的读音。第二，通过用同一音节作四声顺序的发音练习，找到每个声调的音高范围和特征。

发音练习：

柴 汗 吹 讽 二 舔 袖 飞 扭 霜 攥 史 此 素 软 绝

破 荣 孝 允 宾 酶 咬 妈 取 机 圣 裙 雾 蕊 诸 女

团 具 潜 讨 焚 醉 旁 卧 追 死 伊 甲 民 伟 豪 毁

（三）超时扣分与对策

常见问题：

1. 不认识的字太多，处理不当，即读到生字时，思考时间太长而耽误时间。

2. 复读、改读太多，导致超时。

3. 单音节字的音长普遍读得太长，掌握不当。

对策：

1. 巧妙处理生字，可猜读，也可跳读，鼓励猜读。

2. 平时发音练习养成一次性读准确的好习惯，避免复读，只有确认第一次发音有问题，包括错误或缺陷，才可及时改读。

3. 平时多听规范的朗读，多做模拟朗读练习，训练适中的语速。

注意：正式测试一定要杜绝此项扣分。

(四) 改读规则

单音节字测试中，一个字允许读两遍，如果应试人发觉第一次读音有口误时可以重读一遍。每个单音节字词允许应试人及时改读一次，按第二次读音评判。例如：“倩”先读 qīng，后改读 qiàn，判对；先读 qiàn，后改读 qīng，则判错。

注意：不允许读第三遍、第四遍，隔字词改读无效，也不能每一个字都重复读两遍，容易超时扣分。

(五) 多音字的处理

多音字只需要读出一种读音即可，尽量读它的常用读音，例如：“石”有 shí 和 dàn 两音，测试时最好读 shí，但一定不要读出该字的所有读音。

三、容易读错的单音节字词

A

皑 ái	隘 ài	庵 ān	氨 ān
黯 àn	昂 áng	盎 àng	凹 āo
鳌 áo	翱 áo	袄 ǎo	拗 ào（ǎo、niù）

B

扒 bā（pá）	拔 bá	坝 bà	掰 bāi
稗 bài	瓣 bàn	梆 bāng	镑 bàng
蚌 bàng（bèng）	胞 bāo	褒 bāo	雹 báo
鲍 bào	曝 bào（pù）	钡 bèi	鄙 bǐ
敝 bì	痹 bì	编 biān	匾 biǎn
遍 biàn	卞 biàn	膘 biāo	镖 biāo
憋 biē	鳖 biē	蹩 bié	瘪 biě
濒 bīn	摈 bìn	殡 bìn	鬓 bìn
髌 bìn	禀 bǐng	摒 bìng	苯 běn
绷 bēng（běng）	嘣 bēng	蹦 bèng	泵 bèng
拨 bō	钵 bō	帛 bó	铂 bó
鹁 bó	礴 bó	箔 bó	哺 bǔ
埠 bù	簿 bù	剥 bō（bāo）	薄 báo（báo、bò）

C

擦 cā	参 cān（shēn、cēn）	璨 càn	舱 cāng

糙 cāo	嘈 cáo	漕 cáo	槽 cáo
曾 céng（zēng）	蹭 cèng	雌 cí	祠 cí
糍 cí	叉 chā	插 chā	察 chá
茬 chá	刹 chà（shā）	姹 chà	拆 chāi
搀 chān	掺 chān	潺 chán	蟾 chán
巢 cháo	串 chuàn	扯 chě	彻 chè
掣 chè	澈 chè	抻 chēn	辰 chén
称 chēng（chèn、chèng）		程 chéng	嗤 chī
匙 chí（shi）	尺 chǐ	褫 chǐ	炽 chì
啻 chì	骋 chěng	雏 chú	躇 chú
蜍 chú	搐 chù	揣 chuāi（chuǎi）	踹 chuài
椽 chuán	喘 chuǎn	疮 chuāng	锤 chuí
捶 chuí	醇 chún	淳 chún	戳 chuō
啜 chuò	辍 chuò	绰 chuò	舂 chōng
舂 chōng	宠 chǒng	粗 cū	簇 cù
蹿 cuān	窜 cuàn	篡 cuàn	催 cuī
璀 cuǐ	淬 cuì	啐 cuì	皴 cūn
忖 cǔn	搓 cuō	痤 cuó	锉 cuò
挫 cuò	葱 cōng	凑 còu	

D

褡 dā	耷 dā	瘩 dá	沓 dá（tà）
逮 dǎi（dài）	怠 dài	玳 dài	掸 dǎn
惮 dàn	啖 dàn	裆 dāng	挡 dǎng
档 dàng	堤 dī	嫡 dí	籴 dí
缔 dì	掂 diān	滇 diān	踮 diǎn
玷 diàn	貂 diāo	迭 dié	锭 dìng
蹬 dēng（dèng）	等 děng	瞪 dèng	渎 dú
犊 dú	笃 dǔ	兑 duì	蹲 dūn
炖 dùn	囤 dùn（tún）	掇 duō	兜 dōu
踱 duó	铎 duó	跺 duò	舵 duò
惰 duò	剁 duò		

E

讹 é	愕 è	萼 è	腭 è
鄂 è	饵 ěr	贰 èr	

F

筏 fá	珐 fà	帆 fān	番 fān
藩 fān	矾 fán	返 fǎn	泛 fàn
梵 fàn	妃 fēi	翡 fěi	吠 fèi
沸 fèi	酚 fēn	敷 fū	孵 fū

麸 fū	弗 fú	匐 fú	氟 fú
甫 fǔ	拊 fǔ	辅 fǔ	脯 fǔ（pú）
讣 fù	缶 fǒu		

G

垓 gāi	溉 gài	概 gài	坩 gān
杆 gān（gǎn）	擀 gǎn	赣 gàn	篙 gāo
镐 gǎo（hào）	搁 gē	咯 gē	蛤 gé（há）
亘 gèn	耕 gēng	羹 gēng	梗 gěng
供 gōng（gòng）	汞 gǒng	拱 gǒng	贡 gòng
诂 gǔ	梏 gù	锢 gù	篝 gōu
苟 gǒu	拐 guǎi	犷 guǎng	皈 guī
郭 guō	锅 guō	埚 guō	

H

骇 hài	氦 hài	鼾 hān	酣 hān
蚶 hān	颔 hàn	蒿 hāo	郝 hǎo
涸 hé	颌 hé（gé）	褐 hè	壑 hè
鹤 hè	痕 hén	恒 héng	斛 hú
扈 hù	怙 hù	桦 huà	槐 huái
淮 huái	踝 huái	桓 huán	嬛 huán
焕 huàn	涣 huàn	豢 huàn	宦 huàn
惶 huáng	磺 huáng	湟 huáng	晃 huǎng（huàng）
阖 hé	嘿 hēi	吼 hǒu	烘 hōng
徽 huī	囫 hú	茴 huí	喙 huì
秽 huì	荤 hūn	诨 hùn	霍 huò

J

姬 jī	羁 jī	辑 jí	瘠 jí
戟 jǐ	给 jǐ（gěi）	忌 jì	暨 jì
髻 jì	冀 jì	骥 jì	靳 jìn
浃 jiā	荚 jiá	颊 jiá	戛 jiá
缄 jiān	翦 jiǎn	睑 jiǎn	碱 jiǎn
涧 jiàn	毽 jiàn	腱 jiàn	谏 jiàn
槛 jiàn（kǎn）	豇 jiāng	缰 jiāng	奖 jiǎng
犟 jiàng	绛 jiàng	跤 jiāo	嚼 jiáo（jué）
皎 jiǎo	剿 jiǎo（chāo）	酵 jiào	窖 jiào
皆 jiē	秸 jiē	藉 jiè（jí）	津 jīn
襟 jīn	矜 jīn（qín）	谨 jǐn	浸 jìn
靳 jìn	噤 jìn	茎 jīng	惊 jīng
粳 jīng	晶 jīng	荆 jīng	菁 jīng
阱 jǐng	颈 jǐng	痉 jìng	胫 jìng

劲 jìng（jìn）	靖 jìng	揪 jiū	灸 jiǔ
韭 jiǔ	咎 jiù	厩 jiù	臼 jiù
窘 jiǒng	迥 jiǒng	拘 jū	鞠 jū
矩 jǔ	飓 jù	遽 jù	捐 juān
娟 juān	绢 juàn	眷 juàn	撅 juē
厥 jué	獗 jué	蕨 jué	菌 jūn
郡 jùn	隽 jùn		

K

卡 kǎ（qiǎ）	揩 kāi	楷 kǎi	勘 kān
龛 kān	槛 kǎn	糠 kāng	扛 káng
炕 kàng	犒 kào	磕 kē	瞌 kē
稞 kē	疴 kē	嗑 kē（kè）	咳 ké
恪 kè	铿 kēng	抠 kōu	寇 kòu
胯 kuà	挎 kuà	脍 kuài	筐 kuāng
框 kuàng	眶 kuàng	旷 kuàng	魁 kuí
傀 kuí	奎 kuí	愧 kuì	馈 kuì
廓 kuò	括 kuò		

L

喇 lǎ	落 là（luò、lào）	徕 lái	癞 lài
睐 lài	涝 lào	斓 lán	勒 lè（lēi）
镭 léi	儡 lěi	蕾 lěi	肋 lèi
锂 lǐ	隶 lì	砾 lì	唳 lì
镰 lián	晾 liàng	瞭 liào	廖 liào
撂 liào	拎 līn	霖 lín	磷 lín
邻 lín	凛 lǐn	躏 lìn	翎 líng
岭 líng	伶 líng	凌 líng	聆 líng
绫 líng	陵 líng	榴 liú	绺 liǔ
棱 léng	卤 lǔ	掳 lǔ	戮 lù
麓 lù	禄 lù	捋 luō（lǚ）	摞 luò
峦 luán	卵 luǎn	伦 lún	笼 lóng（lǒng）
垄 lǒng	拢 lǒng	陇 lǒng	篓 lǒu
镂 lòu	氯 lǜ	略 lüè	掠 lüè（lüě）

M

霾 mái	瞒 mán	鳗 mán	螨 mǎn
蟒 mǎng	袤 mào	酶 méi	蒙 méng
萌 méng	眯 mī	弥 mí	谧 mì
幂 mì	藐 miǎo	咩 miē	篾 miè
蔑 miè	谬 miù	鸣 míng	眸 móu
抿 mǐn	皿 mǐn	悯 mǐn	闽 mǐn

泯 mǐn	铭 míng	茗 míng	酩 míng
鸣 míng	冥 míng	命 mìng	幕 mù
墓 mù	膜 mó	摹 mó	模 mó（mú）
蓦 mò	摹 mò	牟 móu	

N

捺 nà	氖 nǎi	蝻 nǎn	挠 náo
铙 náo	囔 nāng	囊 nāng（náng）	攮 nǎng
呢 ne	馁 něi	倪 ní	霓 ní
鲵 ní	溺 nì	腻 nì	您 nín
狞 níng	凝 níng	拧 níng（nǐng、nìng）	
拈 niān	蔫 niān	黏 nián	碾 niǎn
撵 niǎn	廿 niàn	酿 niàng	鸟 niǎo
啮 niè	涅 niè	蹑 niè	镊 niè
镍 niè	蘖 niè	孽 niè	拗 niù（ǎo、ào）
嫩 nèn	脓 nóng	弩 nǔ	挪 nuó
懦 nuò	衄 nù	虐 nüè	疟 nüè

O

区（ōu 姓）	抠 kōu	呕 ǒu	怄 òu
沤 òu			

P

趴 pā	槃 pán	畔 pàn	乓 pāng
庞 páng	膀 páng	刨 páo	胚 pēi
嘭 pēng	彭 péng	丕 pī	坯 pī
毗 pí	癖 pǐ	譬 pì	媲 pì
篇 piān	便 pián（biàn）	漂 piāo（piǎo）	嫖 piáo
瓢 piáo	瞟 piǎo	瞥 piē	撇 piē（piě）
苤 piě	频 pín	乒 pīng	瓶 píng
颇 pō	叵 pǒ	剖 pōu	仆 pū（pú）
蒲 pú	浦 pǔ	瀑 pù	铺 pù（pū）

Q

怯 qiè	顷 qǐng	潜 qián	沏 qī
戚 qī	畦 qí	鳍 qí	耆 qí
绮 qí	砌 qì	迄 qì	掐 qiā
扦 qiān	阡 qiān	芊 qiān	虔 qián
黔 qián	掮 qián	嵌 qiàn	呛 qiāng
羌 qiāng	锵 qiāng	强 qiǎng（qiàng）	跄 qiàng
跷 qiāo	锹 qiāo	橇 qiāo	撬 qiào
俏 qiào	鞘 qiào（shāo）	翘 qiào（qiáo）	妾 qiè
怯 qiè	惬 qiè	琴 qín	沁 qìn

擎 qíng	顷 qǐng	磬 qìng	罄 qìng
琼 qióng	穹 qióng	泅 qiú	裘 qiú
酋 qiú	祛 qū	蛆 qū	龋 qǔ
圈 quān（juàn）	蜷 quán	犬 quǎn	券 quàn
瘸 qué	阙 què（quē）	榷 què	逡 qūn

R

饶 ráo	瓤 ráng	攘 rǎng	纫 rèn
妊 rèn	扔 rēng	仍 réng	扰 rǎo
容 róng	冗 rǒng	揉 róu	蹂 róu
儒 rú	乳 rǔ	汝 rǔ	褥 rù
蕊 ruǐ	锐 ruì	闰 rùn	偌 ruò

S

仨 sā	卅 sà	鳃 sāi	骚 sāo
搔 sāo	臊 sāo（sào）	缫 sāo	瑟 sè
啬 sè	僧 sēng	伺 sì	寺 sì
祀 sì	俟 sì（qí）	嗣 sì	霎 shà
筛 shāi	晒 shài	膻 shān	苫 shān
珊 shān	煽 shān	疝 shàn	讪 shàn
晌 shǎng	勺 sháo	潲 shào	奢 shē
猞 shē	佘 shé	麝 shè	赦 shè
砷 shēn	娠 shēn	审 shěn	慎 shèn
蜃 shèn	肾 shèn	笙 shēng	蚀 shí
虱 shī	矢 shǐ	恃 shì	侍 shì
嗜 shì	噬 shì	舐 shì	螫 shì
似 shì（sì）	倏 shū	赎 shú	曙 shǔ
漱 shù	栓 shuān	闩 shuān	涮 shuàn
税 shuì	吮 shǔn	舜 shùn	硕 shuò
禅 shàn（chán）	骟 shàn	索 suǒ	笋 sǔn
耍 shuǎ	艘 sōu	搜 sōu	嗽 sòu
溯 sù	隋 suí	绥 suí	髓 suǐ
穗 suì	悚 sǒng	讼 sòng	

T

獭 tǎ	榻 tà（tā）	苔 tāi（tái）	钛 tài
瘫 tān	蹚 tāng	淌 tǎng	趟 tàng（tāng）
绦 tāo	屉 tì	嚏 tì	剃 tì
挑 tiāo	窕 tiǎo	帖 tiē（tiě、tiè）	厅 tīng
婷 tíng	艇 tǐng	佟 tóng	凸 tū
湍 tuān	颓 tuí	蜕 tuì	褪 tuì（tùn）
臀 tún	屯 tún	豚 tún	陀 tuó

坨 tuó
拓 tuò（tà）

W

蛙 wā	洼 wā	娃 wá	剜 wān
皖 wǎn	汪 wāng	惘 wǎng	妄 wàng
偎 wēi	韦 wéi	圩 wéi	纬 wěi
苇 wěi	瘟 wēn	紊 wěn	瓮 wèng
蜗 wō	涡 wō	倭 wō	毋 wú
侮 wǔ	捂 wǔ（wú）	晤 wù	兀 wù

X

矽 xī	锡 xī	曦 xī	铣 xǐ
匣 xiá	掀 xiān	锨 xiān	籼 xiān
酰 xiān	纤 xiān（qiàn）	衔 xián	涎 xián
弦 xián	藓 xiǎn	冼 xiǎn	馅 xiàn
腺 xiàn	霰 xiàn	襄 xiāng	饷 xiǎng
宵 xiāo	萧 xiāo	淆 xiáo	筱 xiǎo
肖 xiào（xiāo）	楔 xiē	偕 xié	谐 xié
屑 xiè	亵 xiè	戌 xū	恤 xù
悬 xuán	癣 xuǎn	眩 xuàn	薛 xuē
穴 xué	谑 xuè	馨 xīn	衅 xìn
腥 xīng	邢 xíng	刑 xíng	型 xíng
勋 xūn	荀 xún	峋 xún	

Y

哑 yǎ	衙 yá	轧 yà（zhá）	腌 yān
湮 yān	筵 yán	焉 yān	淹 yān
奄 yǎn	掩 yǎn	唁 yàn	砚 yàn
秧 yāng	佯 yáng	疡 yáng	痒 yǎng
瑶 yáo	肴 yáo	徭 yáo	窈 yǎo
舀 yǎo	掖 yē	噎 yē	冶 yě
曳 yè	揖 yī	漪 yī	贻 yí
倚 yǐ	矣 yǐ	懿 yì	肄 yì
诣 yì	疫 yì	熠 yì	缢 yì
裔 yì	翌 yì	殷 yīn（yān）	吟 yín
寅 yín	垠 yín	尹 yǐn	瘾 yǐn
膺 yīng	营 yíng	荧 yíng	萦 yíng
萤 yíng	影 yǐng	颖 yǐng	应 yìng
痈 yōng	壅 yōng	臃 yōng	甬 yǒng
蛹 yǒng	铀 yóu	酉 yǒu	黝 yǒu
釉 yòu	淤 yū	俞 yú	虞 yú

禹 yǔ	谕 yù	驭 yù	毓 yù
鸳 yuān	垣 yuán	苑 yuàn	曰 yuē
粤 yuè	晕 yūn（yùn）	匀 yún	允 yǔn
郓 yùn			

Z

匝 zā	咂 zā	扎 zā（zhā、zhá）	砸 zá
杂 zá	咋 zǎ	栽 zāi	崽 zǎi
载 zài（zǎi）	簪 zān	咱 zán	暂 zàn
脏 zāng	糟 zāo	凿 záo	责 zé
仄 zè	贼 zéi	兹 zī	籽 zǐ
渍 zì	增 zēng	憎 zēng	赠 zèng
渣 zhā	闸 zhá	铡 zhá	眨 zhǎ
榨 zhà	诈 zhà	摘 zhāi	斋 zhāi
宅 zhái	窄 zhǎi	寨 zhài	债 zhài
斩 zhǎn	蘸 zhàn	栈 zhàn	昭 zhāo
兆 zhào	肇 zhào	诏 zhào	蜇 zhē（zhé）
蛰 zhé	辄 zhé	褶 zhě	浙 zhè
臻 zhēn	榛 zhēn	斟 zhēn	砧 zhēn
诊 zhěn	枕 zhěn	朕 zhèn	睁 zhēng
脂 zhī	栀 zhī	掷 zhì	炙 zhì
挚 zhì	妯 zhóu	绉 zhòu	咒 zhòu
皱 zhòu	昼 zhòu	轴 zhóu（zhòu）	盅 zhōng
冢 zhǒng	诸 zhū	逐 zhú	瞩 zhǔ
贮 zhù	伫 zhù	拽 zhuài（zhuāi）	
撰 zhuàn	篆 zhuàn	锥 zhuī	椎 zhuī
惴 zhuì	赘 zhuì	拙 zhuō	斫 zhuó
浊 zhuó	灼 zhuó	邹 zōu	奏 zòu
鬃 zōng	卒 zú（cù）	纂 zuǎn	攥 zuàn
钻 zuān（zuàn）	琢 zuó（zhuó）	柞 zuò	

四、读单音节字词真题练习

练习一

岳	抓	桃	水	淹	憾	辽	纳	昂	品
饭	美	侧	北	揭	拐	费	暖	外	盆
夏	秧	袍	鳃	磁	统	掠	蹿	廓	峰
急	蜕	漆	垂	份	卤	痘	欢	垦	掐
窘	拔	拢	椎	爽	瞪	贼	赣	舔	局
怎	挖	衡	死	娘	兽	友	凸	凝	杀
衔	光	去	孙	蹈	波	渴	鸥	庙	丢

日　膜　蔡　选　让　逼　袖　仓　尺　跌
绸　汝　雄　迈　颌　贬　农　赠　原　均
我　平　准　群　抄　责　寨　秦　嘱　二

练习二

果　泛　宽　淌　丢　子　篇　察　披　囚
胞　则　诉　睁　敛　黑　踹　导　厘　广
枪　运　拴　裂　说　脓　吼　姬　附　肠
脂　辣　弓　洒　盒　滥　歪　退　穴　蔑
条　再　元　滨　选　耗　熏　爬　曰　鸟
胀　牙　丙　柔　洽　艇　热　穷　女　箭
酸　持　惧　闯　彭　内　乳　浙　摸　黯
稳　铭　浦　舜　鸥　窃　心　垮　曹　袜
啃　蝶　波　囊　餐　耳　白　讲　跟　险

练习三

钩　鬓　刷　甫　骇　押　仄　忙　怒　迷
瞥　疼　苯　粗　样　疮　二　软　栏　嘴
阔　劳　丢　昂　恐　德　般　盆　雨　吃
距　沙　洗　捐　死　贼　钞　雄　果　遮
嫩　膜　憋　囊　码　掘　洒　博　黑　旺
溶　窄　摞　劫　让　排　甩　蹭　纹　代
咂　拢　厅　寝　桌　闪　瘸　舔　春　绘
匹　团　邱　桂　支　汛　绥　料　输　云
返　字　枪　块　萤　夏　从　选　跟　丑
证　袄　坚　体　袜　穷　掉　吼　卦　讽

练习四

影　揉　捆　跳　枪　倚　毛　女　叹　戳
腻　港　猎　群　踹　法　润　昂　磕　海
灭　煮　砸　阔　舔　争　裘　要　凝　页
腿　脓　揪　怪　黑　治　骚　棒　垦　瞎
即　洒　持　洼　逢　抄　盼　贼　拍　软
楼　憋　骗　翁　炉　辅　绒　确　舌　窘
真　死　链　违　吨　爽　洪　耳　撑　破
娘　聘　团　腰　尝　捐　站　衰　镁　根
眶　租　次　霖　选　摸　彩　胸　厥　戴
餐　抵　训　层　焰　鸥　靶　徐　挽　恰

练习五

寝　腔　略　亡　巴　是　比　堆　砍　糟
黄　窘　杂　招　尺　临　恩　奎　爽　决
蕊　雄　灭　头　猛　盈　袋　晚　昂　准

破	七	羽	胎	贼	刚	承	瞥	蹦	远
细	村	训	水	绒	柳	捐	鼓	翁	甲
踢	陈	辱	踹	辽	耗	盘	拘	贬	抓
摹	蛙	蛋	乃	恰	拿	帽	伤	怒	乖
讽	佑	蝶	耀	焚	葱	访	次	缩	字
涡	纵	详	舜	管	孙	特	松	晒	敛
儿	测	筏	线	独	扣	镁	群	艇	黑

练习六

冰	膜	肺	端	腿	泥	面	刮	扭	蹲
流	壶	拐	响	乘	烤	撕	遇	临	滑
穷	睁	绕	湿	错	而	绿	黄	洒	印
略	织	用	许	鬼	灾	换	雄	全	松
拨	鸣	法	捅	垒	颊	颇	掐	振	瓷
否	岭	掘	审	捐	若	槽	乙	赴	熏
总	截	疮	坟	两	贼	翁	讹	军	蚕
崩	俏	裆	钠	妾	笙	南	秦	鳃	彭
囊	棵	冼	哲	凝	槛	纫	邬	虐	踹
邹	犁	舜	蔫	胎	藕	浊	瞟	伪	闩

练习七

吃	破	趋	脸	歪	堂	擦	台	酸	寝
下	擎	海	批	伞	淮	揪	月	抓	直
增	挪	典	跳	摸	桨	圆	凤	霜	吼
隶	准	聂	捐	醉	绒	案	颌	税	领
掉	吹	耳	固	此	贤	要	培	摄	牙
旷	北	潜	略	庄	壤	科	沈	袍	彻
恩	秒	瞒	窘	羹	赚	痒	绕	王	字
云	裤	婚	团	稳	圣	草	憋	暖	艘
斜	府	菊	训	踱	仓	屡	您	笨	毛
爸	期	谬	粉	俗	标	茶	胸	懂	沟

练习八

募	堪	水	字	眯	碾	丢	阵	胚	住
瞥	窘	博	粪	袁	贬	髻	脸	恩	设
炎	谎	说	团	润	窟	外	壤	下	蠢
末	该	次	鼻	跟	饶	恐	台	艘	迟
侵	踹	您	呆	饱	浑	古	伶	缓	掠
其	至	疼	垮	隔	摘	测	贼	君	蒋
拿	生	而	孙	许	掐	碰	嘴	翁	裙
项	佐	后	蜂	谬	拔	用	耍	疖	厂
叹	绞	忠	咧	腥	泛	驱	袄	踱	迂

忘　酸　粤　兜　悬　扯　弓　喂　从　眨

练习九

老　腮　洽　恩　曹　刷　恒　踪　夏　拨
闽　建　娶　捉　肥　病　苦　扬　外　子
糠　嫌　略　耳　颇　陈　袜　体　爱　戳
蒋　贼　迅　鳖　日　举　叼　述　习　窦
枝　裙　睬　宾　瑟　仍　苑　推　皱　感
咂　手　汪　寡　浓　羽　雄　劝　丰　幻
滕　盏　怀　广　烦　若　掌　鹿　曰　磁
积　篾　隋　关　嘱　耐　麻　诵　惹　挥
领　瓢　久　兰　靠　团　窘　谜　滚　方
盆　妙　屯　丢　偿　宴　嘴　栓　宝　捏

练习十

订　峦　坏　砂　日　颇　网　昧　尼　炕
鸣　莫　拐　运　牌　葬　封　表　曹　轰
钙　丝　妙　恩　惨　忧　痕　藻　活　缺
架　全　铸　词　稳　雄　准　儿　坑　睡
棕　跺　擦　份　两　肺　甜　撞　梯　列
穷　鸟　捐　牙　氮　洁　洼　抿　僵　特
取　锐　滚　蹿　北　凝　秀　迟　靶　欧
谏　起　训　登　惹　剖　崽　搏　婶　弧
闪　瓜　瘾　苞　昂　郭　许　僧　利　柴
考　速　童　堆　嗓　吹　雪　栓　透　坪

第二节　读多音节词语

一、读多音节词语简介

读多音节词语（100 个音节，其中含双音节词语 45～47 个，三音节词语 2 个，4 音节词语 0～1 个），限时 2.5 分钟，共 20 分。

（一）目　的

测查应试者的声母、韵母、声调和变调、轻声、儿化读音的标准程度。

（二）要　求

1. 词语的 70%选自《普通话水平测试用普通话词语表》“表一”，30%选自“表二”。

2. 声母、韵母、声调出现的次数与单音节字词的要求相同。

3. 上声和上声相连的词语不少于 3 个，上声与非上声相连的词语不少于 4 个，轻声词语不少于 3 个，儿化词语不少于 4 个（应为不同的儿化韵母）。

4. 词语的排列避免同一测试要素连续出现。

（三）评　分

1. 语音错误，每个音节扣 0.2 分。

2. 语音缺陷，每个音节扣 0.1 分。

3. 超时 1 分钟以内，扣 0.5 分；超时 1 分钟以上（含 1 分钟），扣 1 分。

此题测试总的要求是以词为单位朗读，在词语中测查字的声、韵、调的标准程度和语流音变情况。据统计，涉及音变的分值在 3 分左右。

二、读多音节词语的问题与对策

（一）声母、韵母与声调方面

多音节词是由单音节组成的，在声、韵、调方面出现的错误与缺陷和读单音节是基本相同的，其应对技巧可参考本章第一节。读准单音节是读准多音节词的基础，这里着重从多音节词语音节之间的关系角度分析朗读多音节词语容易出现的问题与对策。

1. 问题：把多音节词语读成单音节字。例如：把“小马”读作“小、马”，把“风和日丽”读作“风、和、日、丽”。

对策：注意按词分读，不是按字分读，要读出多音节词语的整体性和连贯性。一个多音节词语至少由两个单音节组成，其组成音节之间具有不可分割的连续性和紧密性。在普通话水平测试中，应试人由于过分注重音节声、韵、调的到位，常常把一个多音节词语切割开，按字分读，把一词一顿变成一字一顿，破坏了多音节词语的整体性。朗读时，词与词之间语流要中断，不能把一个词语拆开成两个、三个，甚至四个单音节字来朗读，应该注意词语中多音节的连贯性。例如：

车辆　比较　纪律　设备　材料　缩小
爱人　欺诈　手绢　农村　步骤　女性
雪花　森林　配合　月球　交流　寻找
来龙去脉　前仆后继　漫不经心　眉开眼笑

2. 问题：多音节词语音节间语音相互干扰，出现声、韵、调的错误或缺陷。例如：把“连年”读作“年年”或“年连”或“连连”。

对策：找准声母的发音部位，注意韵母的口型和舌位，语音要清晰，不能含糊。应试者在第一题读单音节字时，注意力高度集中，发音难点没有同时出现在一个词里，发音难度稍低。但在读多音节词语时，一些不易辨正的鼻边音、平翘舌音等可能会同时出现在同一个多音节词语里，由于音节间语音相互干扰而产生语音错误或缺陷。应试者要对音节的声、韵、调迅速做出正确的分辨，并用标准的语音清晰地大声朗读。例如：

努力　农历　老年　来年　哪里　年龄
烂泥　奴隶　冷暖　浓烈　女郎　龙女
尺寸　桑树　诗词　收藏　出租　四周
上层　遵照　组织　财政　宿舍　骚扰

3. 问题：词语中多音字读错。例如：把“关卡（guānqiǎ）”读作“guānkǎ”。

对策：根据词意确定读音。

多音字就是一字多音，音不同则意不同，朗读者必须据意定音。例如：“量”的读音有“liàng”“liáng”“liang”，根据字义，“测量”就只能读作“cèliáng”。

读准下列词语：

调换　攒动　圈养　咖喱　押解　华山
揣度　泄露　相称　阿谀　会计　尽管
爪子　模样　咱俩　商贾　伺候　专横
正月　鲜见　种植　勾当　翘望　差劲

4. 问题：多音节词语末尾音节声调调值不到位。例如：“产品”的“品”读作 21 调。

对策：非轻声词末尾音节必须把调值读完整并且到位。

（1）阴平调值 55 度要高而平，不要下滑，且读音稳定，不能颤动。例如：

牙刷　快餐　农村　平庸　熊猫　减轻
读书　恒星　认真　病菌　大街　妊娠
腾飞　真心　写诗　时光　可观　走开
火锅　凯歌　教师　解剖　波涛　传播

（2）阳平声调上升有力，35 度的调值必须完全到位，不能下行，也不能中途拐弯儿，接近上声调。例如：

缠绵　重逢　成熟　蟾蜍　豪门　怀疑
丛林　才华　茶园　驰名　农民　阳台
侨民　白银　成形　长笛　沉吟　无情
惩罚　钱财　常年　存留　疲乏　河流

（3）词语末尾的上声音节如果是非轻声，一定要特别注意其 214 的调值必须读完整，先降后升，曲折有致，前后分明，流畅自然，并且音高一定要到位，注意起始音高比结束音高低 2 度，即“半低——低——半高”。这就要求音长不能太短，上声调是四声中音长最长的，所以凡是读到非轻声的上声词，语速不能太快，否则，一定会有缺陷。例如：

挥舞　陈腐　守法　胆小　倒影　海岛
抖擞　豪爽　石笋　风景　缩小　赶紧
法语　把柄　宁可　忘我　思考　稳妥
方法　门诊　亏损　而且　抚养　产品

（4）去声调下降要轻快，不要读得很笨重，音长最短。例如：

揭露　炎热　瞭望　上下　强化　错误
座位　飞快　神话　说话　短暂　闪烁
苍翠　何况　法律　倾诉　承认　守卫
心愿　凉快　翻译　生病　心爱　代替

（二）变调方面

1. 上声的变调问题

受方音影响变调错误，尤其是上声调的变调，四川话与普通话有区别。例如：“粉笔”变调读作“21＋35”，“北京”变调读作“35＋55”。

对策：掌握上声调的变调规律，并读准调值。

（1）上声＋上声→35＋214，例如：

粉笔　铁塔　语法　广场　小曲儿　采取

考场　感慨　所属　舞曲　耻辱　美好
解渴　古朴　打铁　简朴　铁索　理解
腿脚　补给　口角　笔法　小雪　鼓掌

（2）上声＋非上声→21＋非上声，例如：

北京　笔直　雪亮　角落　甲鱼　笔记
铁道　渴望　铁青　雪白　脊背　百货
乞求　场合　骨头　马虎　笔迹　乞丐
百合　匹配　曲调　脊梁　曲艺　匹夫

2. “一”“不” 的变调问题

受方音影响，“一”“不”变调错误。例如：“一般”变调读作“35＋55”，“不去”变调读作“51＋51”。

对策：一定要掌握“一”“不”的变调规律，并读准调值。例如：

一去　一看　一样　一般　一直　一生
一切　一起　一举　一色　一律　一路
不安　不顾　不忍　不适　不善　不可
不断　不齿　不然　不愧　不逞　不错

（三）轻声方面

1. 问题：不能准确判断轻声词，轻声词读作非轻声词，而非轻声词又读作轻声词。

对策：必须掌握《普通话水平测试用必读轻声词语表》，并注意积累。例如：

云彩　戒指　首饰　铁匠　热闹　宽敞
吆喝　庄稼　模样　打听　舒坦　转悠
妖精　媳妇　篱笆　漂亮　丈夫　溜达
名堂　折腾　口袋　迷糊　脑袋　蘑菇

2. 问题：读错轻声调值。

对策：掌握轻声调值，读出“轻短”特征。例如：

包袱　窗户　苍蝇　提防　称呼　灯笼
合同　核桃　咳嗽　行当　馒头　柴火
爱人　别扭　簸箕　凑合　动静　豆腐
点心　打听　喇叭　姐夫　脊梁　眼睛

读好轻声词，除了调值要读准确，还一定要读出词语前后音节的“重轻”和“长短”对比，即音量和音长都会有明显的对比，突出轻声既轻且短的特征。

（四）儿化方面

1. 常见问题

（1）把儿化音节错读成两个音节。例如：把“眼儿”读作“yǎn’ér”。

（2）儿化音节读不准，儿化韵读错。

（3）受方言影响，把普通话里不该儿化的音节读做了儿化音节。例如：把“电灯、麻雀、苍蝇、熊猫”读作“电灯儿、麻雀儿、苍蝇儿、熊猫儿”。

（4）读不好音节“er”，卷舌不到位，儿化音有缺陷。

2. 对　策

（1）明确儿化音节是两个汉字代表一个音节，如“头儿”应读作“tóur”。

（2）掌握儿化韵的正确读音。明确音节儿化实际是韵母儿化，一定要读好儿化韵，使音节的主要元音带上卷舌色彩。

（3）注意分辨方言和普通话中的儿化词，掌握《普通话水平测试用儿化词语表》。

（4）除非生理原因，只有勤学苦练，一定要把舌头卷起来，置于口腔中间，既不能上触硬腭，也不能只翘不卷。

三、容易读错的多音节词语

（一）常见容易读错的轻声词

摆设　包袱　棒槌　报酬　本子　鼻子　憋闷　别扭　簸箕　苍蝇
颤悠　称呼　尺寸　抽屉　出息　窗户　伺候　凑合　答应　打扮
打发　大夫　耽搁　掂量　倒腾　底下　动静　豆腐　耳朵　寡妇
福气　高粱　疙瘩　胳膊　跟头　工夫　勾搭　姑娘　骨头　逛荡
规矩　闺女　狐狸　厚道　糊涂　坏处　黄瓜　晃荡　晃悠　伙计
机灵　脊梁　忌妒　价钱　搅和　叫唤　结巴　咳嗽　窟窿　快活
困难　拉扯　喇叭　唠叨　老婆　老实　累赘　篱笆　利索　凉快
粮食　萝卜　骆驼　麻烦　马虎　码头　买卖　忙乎　迷糊　玫瑰
名字　模糊　磨蹭　蘑菇　脑袋　闹腾　泥鳅　念叨　念头　女婿
暖和　疟疾　盘缠　朋友　屁股　漂亮　欺负　亲戚　亲家　勤快
热闹　热乎　热和　软和　扫帚　师傅　石榴　时候　收成　使唤
舒服　思量　踏实　笤帚　外甥　尾巴　位置　窝囊　喜欢　吓唬
相声　晓得　笑话　歇息　休息　玄乎　哑巴　牙碜　眼睛　养活
吆喝　钥匙　衣服　衣裳　应酬　月亮　云彩　扎实　帐篷　折腾
枕头　知识　指甲　转悠　庄稼　作坊　琢磨

（二）常见容易读错的儿化词

刀把儿　打杂儿　板擦儿　找碴儿　围脖儿　笛膜儿　土坡儿　打嗝儿
大个儿　贝壳儿　玩意儿　脸皮儿　垫底儿　针鼻儿　碎步儿　小兔儿
眼珠儿　金鱼儿　小曲儿　小菜儿　小孩儿　女孩儿　宝盖儿　加塞儿
本色儿　宝贝儿　刀背儿　病号儿　掌勺儿　小包儿　半道儿　绝招儿
灯泡儿　个头儿　死扣儿　纽扣儿　奔头儿　年头儿　老头儿　线轴儿
一下儿　豆芽儿　米花儿　年画儿　藕节儿　柳叶儿　台阶儿　旦角儿
主角儿　新月儿　被窝儿　干活儿　让座儿　上座儿　大伙儿　面条儿
小鸟儿　纸条儿　抓阄儿　一溜儿　顶牛儿　小妞儿　一块儿　糖块儿
一会儿　烟嘴儿　墨水儿　跑腿儿　药水儿　奶嘴儿　摆摊儿　快板儿
蒜瓣儿　收摊儿　老伴儿　杂拌儿　包干儿　脸蛋儿　名单儿　门槛儿
纳闷儿　刨根儿　走神儿　窍门儿　开刃儿　嗓门儿　愣神儿　没门儿
满分儿　聊天儿　有点儿　相片儿　唱片儿　心眼儿　照片儿　差点儿
影片儿　照面儿　单弦儿　拔尖儿　露面儿　扇面儿　坎肩儿　巧劲儿

送信儿 手印儿 好玩儿 拐弯儿 手腕儿 冰棍儿 光棍儿 打盹儿
胖墩儿 绕远儿 烟卷儿 出圈儿 春卷儿 人缘儿 手绢儿 小院儿
合群儿 花裙儿 帮忙儿 偏方儿 水坑儿 板凳儿 好样儿 鼻梁儿
人影儿 打鸣儿 电影儿 小瓶儿 小床儿 蛋黄儿 没空儿 窟窿儿
小熊儿 咬字儿 铜子儿 瓜子儿 没词儿 没事儿 顶事儿 树枝儿

(三)其他常见容易读错的词语

A 挨打 áidǎ 哀戚 āiqī 盎然 àngrán

B 白炽 báichì 包庇 bāobì 褒贬 bāobiǎn 暴虐 bàonüè
碑帖 bēitiè 悲惨 bēicǎn 背包 bēibāo 蓓蕾 bèilěi
本质 běnzhì 蚌埠 bèngbù 笨拙 bènzhuō 比较 bǐjiào
匕首 bǐshǒu 必须 bìxū 毕业 bìyè 蝙蝠 biānfú
鞭挞 biāntà 边卡 biānqiǎ 编撰 biānzhuàn 编纂 biānzuǎn
标识 biāozhì 憋闷 biēmen 濒临 bīnlín 病菌 bìngjūn
波浪 bōlàng 玻璃 bōli 哺乳 bǔrǔ 哺育 bǔyù
不必 bùbì 不妨 bùfáng 步骤 bùzhòu

C 猜度 cāiduó 参与 cānyù 惭愧 cánkuì 餐厅 cāntīng
草包 cǎobāo 参差 cēncī 差别 chābié 差错 chācuò
茶坊 cháfáng 茶几 chájī 刹那 chànà 忏悔 chànhuǐ
常识 chángshí 猖狂 chāngkuáng 唱片 chàngpiàn 怅惘 chàngwǎng
剿袭 chāoxí 巢穴 cháoxué 彻骨 chègǔ 沉浸 chénjìn
成绩 chéngjì 乘车 chéngchē 惩罚 chéngfá 乘客 chéngkè
承认 chéngrèn 痴想 chīxiǎng 炽热 chìrè 崇尚 chóngshàng
重申 chóngshēn 丑恶chǒu'è 纯粹 chúncuì 处理 chǔlǐ
处女 chǔnǚ 揣摩 chuǎimó 揣测 chuǎicè 船舷 chuánxián
创伤 chuāngshāng 疮疤 chuāngbā 创口 chuāngkǒu 疮痍 chuāngyí
辍学 chuòxué 绰号 chuòhào 创立 chuànglì 春耕 chūngēng
粗糙 cūcāo 簇拥 cùyōng 篡改 cuàngǎi 存在 cúnzài
撮口 cuōkǒu 痤疮 cuóchuāng 挫折 cuòzhé 参议院 cānyìyuàn

D 答复 dáfù 打擂 dǎlèi 打颤 dǎzhàn 呆板 dāibǎn
逮捕 dàibǔ 胆囊 dǎnnáng 胆怯 dǎnqiè 旦角 dànjué
档案 dàng'àn 档次 dàngcì 得逞 déchěng 堤坝 dībà
提防 dīfang 缔结 dìjié 地壳 dìqiào 颠簸 diānbǒ
颠倒 diāndǎo 癫痫 diānxián 奠定 diàndìng 淀粉 diànfěn
刁难 diāonàn 跌落 diēluò 订正 dìngzhèng 胴体 dòngtǐ
洞穴 dòngxué 动员 dòngyuán 斗胆 dǒudǎn 陡坡 dǒupō
豆豉 dòuchǐ 对称 duìchèn 吨位 dūnwèi 动画片 dònghuàpiàn
度量衡 dùliànghéng

E 婀娜 ē'nuó 讹诈 ézhà 阿谀 ēyú 恩人 ēnrén
而且 érqiě 耳塞 ěrsāi

F	发酵 fājiào	帆船 fānchuán	仿佛 fǎngfú	纺织 fǎngzhī
	蜚声 fēishēng	菲薄 fěibó	分泌 fēnmì	分娩 fēnmiǎn
	分散 fēnsàn	氛围 fēnwéi	分析 fēnxī	愤慨 fènkǎi
	愤懑 fènmèn	风靡 fēngmǐ	风流 fēngliú	佛寺 fósì
	否则 fǒuzé	涪江 Fújiāng	符合 fúhé	俘虏 fúlǔ
	讣告 fùgào	附和 fùhè	附近 fùjìn	腹腔 fùqiāng
	复杂 fùzá			
G	高涨 gāozhǎng	钢盔 gāngkuī	疙瘩 gēda	隔壁 gébì
	根茎 gēnjīng	耕耘 gēngyún	哽咽 gěngyè	功夫 gōngfu
	供给 gōngjǐ	供销 gōngxiāo	功勋 gōngxūn	拱手 gǒngshǒu
	供认 gòngrèn	勾当 gòudàng	估计 gūjì	孤诣 gūyì
	雇佣 gùyōng	瓜葛 guāgé	瓜子 guāzǐ	怪僻 guàipì
	关卡 guānqiǎ	规模 guīmó	鬼祟 guǐsuì	果脯 guǒfǔ
	裹挟 guǒxié			
H	哈达 hǎdá	罕见 hǎnjiàn	巷道 hàngdào	号哭 háokū
	号召 hàozhào	和煦 héxù	河沿 héyán	喝彩 hècǎi
	痕迹 hénjì	横祸 hènghuò	横财 hèngcái	厚道 hòudao
	呼啸 hūxiào	胡须 húxū	花冠 huāguān	划拨 huàbō
	画卷 huàjuàn	槐树 huáishù	踝骨 huáigǔ	荒谬 huāngmiù
	晦涩 huìsè	馄饨 húntun	混沌 hùndùn	混乱 hùnluàn
	混淆 hùnxiáo	混浊 hùnzhuó	豁口 huōkǒu	活泼 huópo
	豁达 huòdá	怙恶不悛 hù'èbùquān		
J	几乎 jīhū	畸形 jīxíng	疾病 jíbìng	嫉妒 jídù
	汲取 jíqǔ	即兴 jíxìng	急需 jíxū	脊梁 jǐliang
	给予 jǐyǔ	忌妒 jìdù	鲫鱼 jìyú	记载 jìzǎi
	夹层 jiācéng	夹杂 jiāzá	甲板 jiǎbǎn	假期 jiàqī
	豇豆 jiāngdòu	剿灭 jiǎomiè	揭发 jiēfā	结合 jiéhé
	洁癖 jiépǐ	截瘫 jiétān	间断 jiànduàn	健全 jiànquán
	校对 jiàoduì	教诲 jiàohuì	教室 jiàoshì	禁受 jīnshòu
	浸渍 jìnzì	尽管 jǐnguǎn	粳米 jīngmǐ	颈椎 jǐngzhuī
	警犬 jǐngquǎn	镜框 jìngkuàng	窘况 jiǒngkuàng	鞠躬 jūgōng
	狙击 jūjī	咀嚼 jǔjué	沮丧 jǔsàng	矩形 jǔxíng
	句读 jùdòu	捐款 juānkuǎn	捐赠 juānzèng	角色 juésè
	眷属 juànshǔ	眷恋 juànliàn	隽永 juànyǒng	军人 jūnrén
	俊俏 jùnqiào			
K	看护 kānhù	揩拭 kāishì	开拓 kāituò	揩油 kāiyóu
	亢奋 kàngfèn	犒赏 kàoshǎng	可恶 kěwù	肯定 kěndìng
	恳切 kěnqiè	铿锵 kēngqiāng	空虚 kōngxū	恐吓 kǒnghè
	空暇 kòngxiá	口吻 kǒuwěn	骷髅 kūlóu	快餐 kuàicān

	诳语 kuángyǔ	框架 kuàngjià	岿然 kuīrán	葵花 kuíhuā
	馈赠 kuìzèng	困难 kùnnan	恪守不渝 kèshǒubùyú	
L	烙铁 làotiě	勒索 lèsuǒ	累赘 léizhui	棱角 léngjiǎo
	理发 lǐfà	立即 lìjí	例外 lìwài	连累 liánlei
	联袂 liánmèi	怜恤 liánxù	两栖 liǎngqī	良莠 liángyǒu
	潦草 liáocǎo	临摹 línmó	笼络 lǒngluò	楼阁 lóugé
	虏获 lǔhuò	露天 lùtiān	轮廓 lúnkuò	掠夺 lüèduó
M	抹布 mābù	埋怨 mányuàn	蛮横 mánhèng	没错 méicuò
	闷热 mēnrè	蒙骗 mēngpiàn	勉强 miǎnqiǎng	面貌 miànmào
	民族 mínzú	酩酊 míngdǐng	谬论 miùlùn	摸索 mōsuǒ
	模仿 mófǎng	模拟 mónǐ	抹墙 mòqiáng	谋略 móulüè
	牟利 móulì	模具 mújù	模样 múyàng	木屑 mùxiè
	秣马厉兵 mòmǎlìbīng			
N	囊括 nángkuò	内讧 nèihòng	内疚 nèijiù	内容 nèiróng
	能源 néngyuán	鸟巢 niǎocháo	拟定 nǐdìng	拟人 nǐrén
	昵称 nìchēng	泥淖 nínào	年华 niánhuá	涅槃 nièpán
	宁肯 nìngkěn	宁愿 nìngyuàn	牛虻 niúméng	扭结 niǔjié
	农村 nóngcūn	女儿 nǚér	女巫 nǚwū	虐待 nüèdài
	拈轻怕重 niānqīngpàzhòng			
O	讴歌 ōugē	呕吐 ǒutù	呕心 ǒuxīn	
P	滂沱 pāngtuó	庖厨 páochú	咆哮 páoxiào	跑步 pǎobù
	炮制 páozhì	胚胎 pēitāi	赔偿 péicháng	喷香 pènxiāng
	烹饪 pēngrèn	蓬勃 péngbó	抨击 pēngjī	澎湃 péngpài
	纰漏 pīlòu	疲乏 pífá	毗邻 pílín	疲倦 píjuàn
	僻静 pìjìng	偏差 piānchā	剽悍 piāohàn	剽窃 piāoqiè
	漂白 piǎobái	撇开 piēkāi	瞥见 piējiàn	撇嘴 piězuǐ
	嫔妃 pínfēi	贫寒 pínhán	贫穷 pínqióng	平原 píngyuán
	乒乓 pīngpāng	叵测 pǒcè	笸箩 pǒluo	破绽 pòzhàn
	剖析 pōuxī	扑克 pūkè	否极泰来 pǐjítàilái	
Q	气氛 qìfēn	怯弱 qièruò	确诊 quèzhěn	琼脂 qióngzhī
	曲谱 qǔpǔ	曲折 qūzhé	蹊跷 qīqiāo	沏茶 qīchá
	起哄 qǐhòng	卡壳 qiǎké	荨麻 qiánmá	掮客 qiánkè
	强迫 qiǎngpò	切磋 qiēcuō	惬意 qièyì	确凿 quèzáo
	蜷缩 quánsuō	请帖 qǐngtiě	群众 qúnzhòng	龋齿 qūchǐ
	寝宫 qǐngōng	切割 qiēgē	铅笔 qiānbǐ	奇袭 qíxí
R	仍然 réngrán	热血 rèxuè	妊娠 rènshēn	乳臭 rǔxiù
	容许 róngxǔ	荣幸 róngxìng	染料 rǎnliào	儒生 rúshēng
S	损耗 sǔnhào	撒谎 sāhuǎng	适合 shìhé	说服 shuōfú
	撒泼 sāpō	撒娇 sājiāo	散漫 sǎnmàn	臊气 sāoqì

瘙痒 sàoyǎng　　塞责 sèzé　　禅让 shànràng　　赡养 shànyǎng
舌苔 shétāi　　生肖 shēngxiào　　嗜好 shìhào　　狩猎 shòuliè
刷白 shuàbái　　思忖 sīcǔn　　晒台 shàitái　　耍弄 shuǎnòng
衰退 shuāituì

T　瘫痪 tānhuàn　　吐血 tùxiě　　同胞 tóngbāo　　湍急 tuānjí
屯聚 túnjù　　挑拨 tiǎobō　　庭院 tíngyuàn　　突击 tūjī
挑衅 tiǎoxìn　　统辖 tǒngxiá

W　围绕 wéirào　　猥亵 wěixiè　　巫婆 wūpó　　诬告 wūgào
违反 wéifǎn　　萎靡 wěimǐ　　王冠 wángguān

X　熊猫 xióngmāo　　徇私 xùnsī　　询问 xúnwèn　　渲染 xuànrǎn
袭击 xíjī　　胸怀 xiōnghuái　　炫耀 xuànyào　　需要 xūyào
嬉笑 xīxiào　　檄文 xíwén　　肖像 xiàoxiàng　　穴位 xuéwèi
血渍 xuèzì　　寻衅 xúnxìn　　眩晕 xuànyùn　　雄姿 xióngzī
熏陶 xūntáo　　勋爵 xūnjué　　血泊 xuèpō　　旋转 xuánzhuǎn
喧嚷 xuānrǎng　　凶狠 xiōnghěn　　狭窄 xiázhǎi　　狭隘 xiáài
心扉 xīnfēi　　细菌 xìjūn

Y　压缩 yāsuō　　拥有 yōngyǒu　　拥戴 yōngdài　　拥护 yōnghù
渊博 yuānbó　　游说 yóushuì　　压力 yālì　　研究 yánjiū
要挟 yāoxié　　应该 yīnggāi　　筵席 yánxí　　鸦片 yāpiàn
允许 yǔnxǔ

Z　质量 zhìliàng　　字帖 zìtiè　　枕头 zhěntou　　载体 zàitǐ
择菜 zháicài　　召唤 zhàohuàn　　召见 zhàojiàn　　憎恨 zēnghèn
脂肪 zhīfáng　　颤栗 zhànlì　　着急 zháojí　　造诣 zàoyì
渣滓 zhāzǐ　　症结 zhēngjié　　拙劣 zhuōliè　　作坊 zuōfang
遵循 zūnxún　　总结 zǒngjié　　照片 zhàopiàn　　折腾 zhēteng
转动 zhuàndòng　　钻研 zuānyán　　钻塔 zuàntǎ　　债券 zhàiquàn
琢磨 zhuómó（雕刻打磨）　琢磨 zuómo（思考）　暂时 zànshí　追悼 zhuīdào

四、读多音节词语真题练习

练习一

无穷　虽然　药方儿　照料　商品　霓虹灯　挫败
认识　创作　群体　政权　男女　录用　怎么
细菌　撇开　共存　亏损　火锅儿　衰变　讨好
决定　家庭　佛学　小瓮儿　偏见　痛快　宣传
栅栏　夸张　偶尔　终于　才能　非法　牛顿
哈密瓜　博大　日光　强烈　关卡　含量　泪珠儿
思维　热爱　没有　镜子　补偿　得心应手

练习二

窘迫　给以　战略　昂然　分别　祖宗　凉爽

撇开	画家	走访	因而	身边	拐弯儿	下游
看法	哥们儿	篡改	圈套	群体	效率	思维
虐待	英雄	牛顿	冲刷	大伙儿	今日	流传
轻快	多么	奥秘	亏损	状况	军事	太阳能
面前	谬误	灯泡儿	从此	扫帚	贯彻	土匪
商标	戏曲	佛像	主人翁	同样	收回	厌倦

练习三

安静	保存	超过	吃惊	承认	丈夫	动身
耳朵	赶紧	仿佛	合理	画家	下旬	模糊
那边	漂亮	球场	手指	衰退	跳远	凑巧
黑夜	拐弯儿	剧院	旷课	硫酸	麻雀	聘用
象征	抽空儿	踊跃	保险	锐利	娘胎	涅槃
胚芽	群发	莫非	夸耀	屈尊	认罪	让座儿
韵味	怨言	远洋	尾巴	武松	彩色	纪律

练习四

叵测	优美	孪生	羞耻	洽谈	骚乱	筷子
软件	寻找	拔尖儿	军种	改变	葡萄	瓜分
若干	蒙受	奇怪	狂风	所属	旦角儿	黑枣
玻璃	假装	小麦	那么	秽言	而且	全面
耳垂	勇敢	决斗	旅行	确信	帮助	粮食
费劲	采取	雄伟	吵嘴	别处	招降	说明
要求	混纺	裤衩儿	滚动	花色	纽扣	私人

练习五

破坏	团聚	确实	耳目	自拔	揣测	遵照
没错	玻璃	纳闷儿	酥软	讨论	平方	墨水
党委	群众	动手	雄壮	番茄	凝固	抓紧
括号	广场	挂零	思路	连贯	表现	夸奖
裁缝	躲藏	懦夫	价格	大海	扫地	流放
烟卷儿	全体	捕捞	海洋	用心	内容	杂品
凑合	学问	盼望	卡壳	小曲儿	仍旧	冠军

练习六

窗口	贵姓	在乎	虐待	加强	土匪	高跟儿鞋
蒸发	穷人	唱歌儿	婚姻	下列	包装	袜子
海关	谬论	宣传	作品	鼻梁儿	探索	然而
懊丧	佛典	夸张	词汇	并用	时日	预测
男女	喜庆	搏击	木头	侦查	文学	外界
权力	照片	野生	色彩	黄豆	痛快	军队
面条儿	吹牛	晚上	分配	群众	阻拦	八仙桌

练习七

投入	雄壮	烦躁	损失	嗓子	田野	女士

爱戴	冷却	人类	墨水儿	外电	聊天儿	环境
牛奶	纳闷儿	恰巧	口语	商量	合并	抓紧
化学	发怒	煤气	增加	拜会	控制	床铺
思想	宣传	用功	脆弱	云彩	包袱	激烈
允许	拼命	插嘴	暖和	衰退	感慨	品种
迫切	丢失	火车	抚育	矛盾	党章	瓜分

练习八

反省	贴切	那么	荒谬	大战	抓阄儿	处于
公司	未曾	宣传	盗贼	苍白	随后	挨个儿
富翁	方法	产品	下午	窘迫	虐待	然而
连累	人群	外地	口腔	笑话儿	成本	细菌
决议	少女	琵琶	骄傲	爽快	营养	关卡
贵宾	门铃儿	财政	佛寺	探讨	柔软	生长
年轻	亏损	合作社	原料	挪用	自始至终	

练习九

否定	化学	指导	咱们	聊天儿	虽然	模仿
漂亮	私人	农村	事情	差点儿	选举	黄油
暖和	推动	祖国	快乐	制造	构成	庸俗
攻克	山峰	海滨	纳闷儿	贫穷	冤枉	询问
奔腾	烧饼	半截儿	渴望	掠夺	衣裳	缺席
初诊	霉菌	小曲儿	娘家	破费	民谣	转瞬
贼眼	挂零	雌蕊	耳塞	抓阄儿	揣测	撇开

练习十

原则	拜谒	粉刺	会计	海里	档案	妥协
冗长	排球	猛烈	胆识	烟嘴儿	迅速	漂亮
学院	缺乏	萝卜	豆芽儿	讲师	全部	老实
内情	矩尺	查明	疙瘩	换取	保障	巴结
法制	儿童	小曲儿	价格	拥护	嫂子	来源
迥然	铁饼	恶性	军装	夸奖	攀登	轮船
邻居	光辉	而且	遵守	挂号	从容	微妙

第三节 朗读短文

一、朗读短文简介

根据教育部国家语委发教语用［2003］2号文件《普通话水平测试大纲》：朗读短文（1篇，400个音节），限时4分钟，共30分。

（一）目　的

测查应试人使用普通话朗读书面作品的水平。在测查声母、韵母、声调读音标准程度的同时，重点测查连读音变、停连、语调以及流畅程度。

（二）要　求

1. 短文从《普通话水平测试用朗读作品》中选取。

2. 评分以朗读作品的前 400 个音节（不含标点符号和括注的音节）为限，但应试人应将第 400 个音节所在的句子读完整。

（三）评　分

1. 每错一个音节，扣 0.1 分；漏读或增读 1 个音节，扣 0.1 分。

2. 声母或韵母的系统性语音缺陷，视程度扣 0.5 分。

3. 语调偏误，视程度扣 0.5 分、1 分、2 分。

4. 停连不当，视程度扣 0.5 分、1 分、2 分。

5. 朗读不流畅（包括回读），视程度扣 0.5 分、1 分、2 分。

6. 超时扣 1 分。

朗读短文测试除了对语音的标准度有要求外，还有一些朗读的基本技巧测试。不过，没有对朗读情感表达技巧做明确要求。因此，应试者在测试时着重注意语音和朗读的基本技巧两方面。

二、朗读短文的问题与对策

（一）语音错误

1. 常见问题

（1）读错音，包括认错字，受方音影响以及多音字等导致的读音错误。

（2）语言文字上不忠实于原文，随意加字、丢字、重复等。

（3）上声变调错误、“一”“不”变调错误，轻声和儿化方面的错误。

2. 应对技巧

（1）注意认对字词，对不认识的字词，应该提前查正。注意总结普通话和方言在语音上的差异，多查字典和词典，加强记忆，反复练习。注意多音字的读音，对意义不同的多音字，要着重弄清它的各个不同的意义，从各个不同的意义去记住它的不同的读音；对意义相同的多音字，要着重弄清它的不同的使用场合。这类多音字多数情况是，一个音使用场合“宽”，一个音使用场合“窄”，只要记住“窄”的就行。

（2）注意养成良好的朗读习惯，朗读者不能根据自己的喜好或表达习惯任意更改作品中的文字。训练时注意看清原文，忠于原作，不加字，不丢字，不改字，不重复，不颠倒语序。

（3）注意掌握音变规律，加强练习，不仅要读得正确标准，而且要读得自然好听。一定要掌握有规律的轻声音节和必读轻声词语，并在日常生活中加强练习使用。

（4）注意划分句子的节奏单元，慢速朗读。

节奏单元是指朗读过程中根据句子的韵律、意义、结构特点和表达需要把句子切分成的以词或短语为单位的语音片段。一个句子可以只有一个节奏单元，也可以有多个节奏单元。最小的节奏单元只有一个词，较大的节奏单元可以有四五个词。例如：

三年前 在南京 我住的地方 有一道后门，每晚 我打开后门，便看见一个 静寂的夜。下面是 一片菜园，上面是 星群密布的蓝天。星光 在我们的肉眼里 虽然微小，然而 它使我们觉得 光明无处不在。那时候 我正在读一些 天文学的书，也认得一些 星星，好像它们就是 我的朋友，它们常常 在和我谈话一样。（巴金《繁星》）

划分节奏单元后，可用较慢的语速以节奏单元为补气、停顿单位进行朗读。这样，朗读者有比较充足的时间注意那些容易读错的字的读音，还能比较充分地把握句子的基本韵律。同时，由于语速放慢，音节的饱满程度相应增加，有利于提高语音的优美度。当然，因为语速放慢，朗读者也有暇顾及重音、语势等朗读技巧的运用。还有利于朗读者掌握停顿及补气的位置。

（二）语音缺陷

1. 常见问题

声母、韵母发音的语音缺陷，如翘舌声母发音靠前或靠后、舌面音声母发音靠前、圆唇音韵母的圆唇度不够、开口呼韵母的开口度不够、后鼻韵的发音明显偏前等。

2. 应对技巧

注意纠正句子中的语音缺陷，首先把容易出现语音缺陷的音节挑出来单独练习，直到发音准确后，再把这些音节分别放回文章的句子中连贯地、反复朗读。然后，以节奏单元为单位进行慢速练习，直到纠正语音缺陷之后，再用正常语速朗读。

（三）语调偏误

1. 常见问题

（1）字调偏误，即声调的调值不标准，如阴平调下滑、阳平升调不明显、上声调起点偏高、去声起点偏低等，包括声调的调型不标准和调值的相对高度不一致。

（2）词语的轻重音格式偏误。如违背普通话词语的轻重音格式、轻声音节重读等。

（3）句调偏误，即语句音高变化的调型不正确。

（4）语速过快或过慢。

（5）节奏单一，声音形式没有轻重缓急、抑扬顿挫的变化。

2. 应对技巧

（1）注意读准字调。

字调不准直接影响语调，字调的问题不仅表现在声调的调型上，也更多地表现在调值的相对高度不一致上。

方言中与普通话不一致的调型会形成非常突出、刺耳的方言语调，如有些人习惯性地把阳平（35 度）发成近似上声调型的 325 度，或者把上声（214 度）发成近似阳平的 24 度，尤其是停顿前的上声音节（214 度）非轻声往往会读作半上 21 度，如："世间有诸多的不平等，如财富的不平等、权力的不平等，而阅读能力的拥有或丧失却体现为精神的不平等。"（谢冕《读书人是幸福人》）

另外，说普通话时字调的相对高度不一致，如阴平（55 度）发成 44 度，或者阳平发成 34 度，如果发音不到位，就会使听感上有明显差异。

（2）注意词语的轻重格式。

词语的轻重格式与普通话不一致，反映在听感上就是方言语调问题，这个问题比字调的问题更隐秘，更顽固，更难纠正。如："'什么是永远不会回来呢？'我问着。"（林清玄

《和时间赛跑》）要注意读好轻声词“什么”、轻读词“回来”和轻声音节“呢”“着”。

主要是加强语感训练，多听标准的普通话朗读，充分感受句子中词语的轻重格式规律，注意重音等表达因素对词语轻重格式的影响。

（3）注意读准句调。

句调主要有平调、降调、升调和曲折调四种形式。朗读中，不同句类没有读出相关的调型，视为语调偏误。尽管语调对句末音节的音高有调节作用，但轻声音节的高低还要受前一音节声调的影响，不能把每一个句末有轻声音节的句子都读成一个调。尤其要注意以“着”“了”“过”“的”等轻声音节结尾的句调，很容易处理成相同的句调。

（4）注意语速适中。

语速不仅表现为语调的音长，还表现为音节与音节之间的疏密程度。普通话朗读的正常语速大约每分钟读 240 个音节，受不同场合、不同职业、不同年龄、不同语境等因素的影响，会上下浮动，大致为每分钟 150～300 个音节。《普通话水平测试实施纲要》规定的朗读篇目的基调，一般应该采取舒缓或中等的语速。如果应试人对所朗读的作品未经认真准备，而是草草应付，“有口无心”，快速读完了事，每分钟超过 270 个音节，即读前 400 音节所用时间低于 1 分 30 秒，可视为“过快”。而应试人未经准备，或语音难点较多，见字读音，边想边读，每分钟少于 170 个音节，即读前 400 字超出 2 分 40 秒，可视为“过慢”。

（5）注意克服固定腔调。

朗读短文，要读出轻重缓急、抑扬顿挫的变化，要注意克服固定腔调。

① 念书腔：就是照字念音，不根据语句的结构和表达的需要，见词就顿，或有字无词，或有词无句，听不出完整的句、段，支离破碎，表意不清，毫无思想感情的流露。

② 念经腔：通篇一种调子、一种速度、一种节奏，平均用力，听不出轻重缓急，单调乏味。

③ 朗诵腔：激情洋溢，音调铿锵，语言形式夸张，声音大起大落，表情过于丰富。

④ 自由腔：随意忽快忽慢，忽高忽低，造成语流变化无常。

（四）停连不当

1. 常见问题

（1）停连不当造成对一个双音节或多音节词语的肢解。

（2）停连不当造成对一句话、一段话的误解，出现歧义。

2. 应对技巧

（1）熟悉朗读作品，掌握作品主题，理清结构层次，真正读懂作品。

（2）找准停连位置，专门进行反复练习。一般说来，文字作品中的标点符号是朗读安排停连的重要参考，但不是唯一依据，不能见到标点符号就停，没有标点符号就连。停顿的位置通常是在需要强调的词语的前后，有并列、对比关系的词语后面，有时又在需要区分语意之处。连接则主要指某些有标点但不需要停顿的地方。例如：

只因它老，它粗，是香港百年沧桑的活见证，香港人/不忍看着它被砍伐，或者被移走，便跟要占用这片山坡的建筑者/谈条件：可以/在这儿建大楼盖商厦，但一/不准砍树，二/不准挪树，必须把它原地/精心养起来，成为香港闹市中的一景。（舒乙《香港：最贵的一棵树》）

(3) 加强停连练习，在作品上进行必要的停连标注。对于难读的句子和长句专门进行分析。单句要抓句子的主干，复句要看分句之间的关系。

(五) 朗读不流畅

1. 常见问题

(1) 重复颠倒，回读，结结巴巴，磕磕碰碰。

(2) 语速过慢，一字一顿地朗读，听起来支离破碎。

2. 应对技巧

(1) 查正不认识的生字生词，扫清语音障碍，避免错读。

(2) 养成先看后读、逐字朗读的好习惯，不漏读，不增读，不改读，不回读。

(3) 正式朗读，只能将错就错，不能纠正字音，不能改读，更不能回读。改读和回读不仅改变原文语序，造成朗读不流畅，而且会造成增字，导致重复扣分。

(4) 熟读短文，读懂短文，胸有成竹，是避免停连不当和朗读不流畅的最有效办法。

(5) 克服紧张心理，树立自信心，从容朗读。

(六) 超时扣分

1. 常见问题

(1) 语速太慢。

(2) 停顿太多，见词就顿，支离破碎。

(3) 朗读不流畅，结结巴巴。

2. 应对技巧

(1) 注意朗读时语速要适中，不能太快，也不能太慢。要多听朗读录音，养成良好的语感；也可以在朗读练习中通过计时，调整、掌握适中的语速。

(2) 提前清除语音障碍，正确处理停连，避免生字、生词太多，影响语速。

(3) 熟读短文，避免停连不当和回读，要流畅自然。

附录九：普通话水平测试（新大纲）朗读作品目录

三、普通话水平测试用朗读作品练习

说明：

1. 60 篇朗读作品供普通话水平测试第三项——朗读短文测试使用。

2. 朗读作品的顺序，按篇名的汉语拼音字母顺序排列。

3. 每篇作品只对某些易读错的字词、轻声及儿化做了注音提示。

4. 每篇作品在第 400 个音节后用“//”标注。

5. 为适应朗读的需要，作品中的数字一律采用汉字的书写方式书写，如：“1998 年”，写作“一九九八年”；“23%”，写作“百分之二十三”。

6. 加注的汉语拼音原则依据《汉语拼音正词法基本规则》拼写。

7. 注音一般只标本调，不标变调。

8. 作品中的必读轻声音节，拼音不标调号。一般轻读，间或重读的音节，拼音加注调号，并在拼音前加圆点提示，如：“因为”，拼音写作“yīn · wèi”，“下去”，拼音写作“xià · qù”。

9. 作品中的儿化音节分两种情况。一是书面上加“儿”，拼音时在基本形式后加 r，如：“小孩儿”，拼音写作“xiǎoháir”；二是书面上没有加“儿”，但口语里一般儿化的音节，加拼音时也在基本形式后加 r，如：“胡同”，拼音写作“hútòngr”。

10. 作品中有些重读音节，在汉字下加圆点提示，如：“两个同龄的年轻人同时受雇于一家店铺，并且拿同样的薪水。”

11. 作品中有些句子中停顿处理，用“/”提示，如：“这就是人们/为什么把及时的大雪/称为‘瑞雪’的道理吧。”

[作品 1 号]

白 杨 礼 赞

那是力争上游的一种树，笔直的干（gàn），笔直的枝。它的干呢，通常是丈把高，像是加以人工似（shì）的，一丈以内，绝无旁枝；它所有的丫枝（yāzhī）呢，一律（lǜ）向上，而且紧紧靠拢（lǒng），也像是加以人工似的，成为一束，绝无横斜逸出；它的宽大的叶子也是片片（piàn）向上，几（jī）乎没有斜生的，更不用说倒（dào）垂了；它的皮，光滑而有银色的晕（yùn）圈，微微泛出淡青色。这是虽在北方的风雪的压（yā）迫下/却保持着倔强（juéjiàng）挺立的一种树！哪怕只有碗来粗细罢，它却努力向上发展，高到丈许，两丈，参天耸立，不折不挠（náo），对抗着西北风。

这就是白杨树，西北极普通的一种树，然而决不是平凡的树！

它没有婆娑（pósuō）的姿态，没有屈曲（qū）盘旋的虬（qiú）枝。也许你要说它不美丽，——如果美是专指“婆娑”或“横斜逸出”之类而言，那么，白杨树算不得树中的好女子；但是它却伟岸，正直，朴质，严肃，也不缺乏温和，更不用提它的坚强不屈与挺拔，它是树中的伟丈夫（zhàngfu）！当你在积（jī）雪初融的高原上走过，看见（kàn · jiàn）平坦的大地上傲然挺立这么一株或一排白杨树，难道你就只觉得树只是树，难道/你就不想到它的朴质，严肃，坚强不屈，至少也象征了北方的农民？难道/你竟一点儿也不联想到，在敌后的广大土//地上，到处有坚强不屈，就像这白杨树一样傲然挺立的守卫他们家乡的哨兵？难道/你又不更远一点想到这样枝枝叶叶靠紧团结，力求上进的白杨树，宛然象征了今天/在华北平原纵横决荡/用血（xuè）/写出新中国历史的/那种精神（jīngshén）/和意志？

——节选自茅盾《白杨礼赞》，有删改

［作品 2 号］

差　别

两个同龄的年轻人同时受雇于一家店铺，并且拿同样的薪水。

可是一段时间后，叫阿诺德的那个小伙子青云直上，而那个叫布鲁诺的小伙子却仍（réng）在原地踏步。布鲁诺很不满意老板的不公正待遇。终于有一天他到老板那儿发牢骚了。老板一边耐心地听着他的抱怨（bào · yuàn），一边在心里盘算（suan）着怎样向他解释清楚他和阿诺德之间的差别。

“布鲁诺先生，”老板开口说话了，“您现在到集市上去一下，看看今天早上有什么卖的。”

布鲁诺从集市上回来（huí · lái）向老板汇报说，今早/集市上/只有一个农民/拉了一车土豆在卖。

“有多少（duōshao）?”老板问。

布鲁诺赶快戴上帽子又跑到集上，然后回来告诉老板一共四十袋土豆。

“价格是多少?”

布鲁诺又第三次跑到集上问来了价格。

“好吧，”老板对他说，“现在请您坐到这把椅子上一句话也不要说，看看阿诺德怎么说。”

阿诺德很快就从集市上回来了。向老板汇报说到现在为止只有一个农民在卖土豆，一共四十口袋（kǒudai），价格是多少多少；土豆质量很不错，他带回来一个让老板看看。这个农民一个钟头以后还会弄来几箱西红柿，据他看价格非常公道（gōngdao）。昨天他们铺子的西红柿卖得很快，库存已经不//多了。他想这么便宜（yi）的西红柿，老板肯定会要进一些的，所以他不仅带回了一个西红柿做样品，而且把那个农民也带来了，他现在正在外面等回话呢。

此时老板转向了布鲁诺，说：“现在/您肯定知道/为什么阿诺德的薪水/比您高了吧!”

——节选自张健鹏、胡足青主编《故事时代》中的《差别》

[作品 3 号]

丑 石

我常常遗憾我家门前那块丑石：它黑黝（yōu）黝地卧在那里，牛似（shì）的模样；谁也不知道是什么时候留在这里的，谁也不去理会它。只是麦收时节，门前摊了麦子，奶奶总是说：这块（kuài）丑石，多占地面呀，抽空把它搬走吧。

它不像汉白玉那样的细腻，可以刻字雕花，也不像大青石那样的光滑，可以供来浣（huàn）纱捶（chuí）布。它静静地卧在那里，院边的槐阴没有庇覆（bìfù）它，花儿（huā'ér）也不在它身边生长。荒草便繁衍（yǎn）出来，枝蔓（màn）上下，慢慢地，它竟锈上了绿苔（tái）、黑斑。我们这些做孩子的，也讨厌起它来，曾合伙要搬走它，但力气又不足；虽时时咒骂它，嫌弃它，也无可奈何，只好任它留在那里了。

终有一日，村子里来了一个天文学家。他在我家门前路过，突然发现了这块石头，眼光立即（jí）就拉直了。他再没有离开，就住了下来；以后又来了好些人，都说这是一块陨（yǔn）石，从天上落下来已经有二三百年了，是一件了不起（liǎobuqǐ）的东西（dōngxi）。不久便来了车，小心翼翼地将它运走了。

这使我们都很惊奇，这又怪又丑的石头，原来是天上的呀（ya）！它补过天，在天上发过热、闪过光，我们的先祖/或许仰望过它，它给了他们光明、向往、憧憬（chōngjǐng）；而它落下来了，在污土里，荒草里，一躺就//是几百年！

我感到自己的无知，也感到了丑石的伟大，我甚至怨恨它这么多年竟会默默地忍受着这一切！而我又立即深深地感到它那种不屈于误解、寂寞的生存的伟大。

——节选自贾平凹《丑石》，有删改

［作品 4 号］

达瑞的故事

在达瑞八岁的时候（hou），有一天他想去看电影。因为（yīn·wèi）没有钱，他想，是向爸妈要钱，还是自己挣钱？最后他选择了后者。他自己调制了一种汽水，向过路的行人出售。可那时正是寒冷的冬天，没有人买，只有两个人例外——他的爸爸和妈妈。

他偶然有一个和非常成功的商人谈话的机会。当他对商人讲述了自己的“破产史”后，商人给了他两个重要的建议：一是尝试为别人解决一个难题；二是把精力集中在你知道的、你会的和你拥有的东西上。

这两个建议很关键。因为对于一个八岁的孩子而言，他不会做的事情（shìqing）很多。于是他穿过大街小巷，不停地思考：人们（rénmen）会有什么难题？他又如何利用这个机会？

一天，吃早饭时父亲（fù·qīn）让达瑞去取报纸。美国的送报员/总是把报纸从花园篱笆（ba）的一个特制的管子里/塞（sāi）进来。假如你想穿着睡衣舒舒服服地吃早饭和看报纸，就必须离开温暖的房间，冒着寒风，到花园去取。虽然路短，但十分麻烦（fan）。

当达瑞为父亲取报纸的时候，一个主意诞生了。当（dàng）天他就按响邻居的门铃，对他们说，每个月只需付给他一美元，他就每天早上把报纸塞到他们的房门底下。大多数人都同意了，很快他有//了七十多个顾客。一个月后，当他拿到自己赚的钱时，觉得自己简直是飞上了天。

很快/他又有了新的机会，他让他的顾客每天把垃圾袋放在门前，然后由他早上运到垃圾桶里，每个月加一美元。之后/他还想出了许多孩子赚钱的办法，并把它们写成书，书名为“儿童挣钱的二百五十个主意”。为（wèi）此，达瑞十二岁时就成了畅销书作家，十五岁/有了自己的谈话节目，十七岁/就拥有了几百万美元。

——节选自［德］博多·舍费尔《达瑞的故事》，刘志明译

[作品 5 号]

第一场雪

这是入冬以来，胶东半岛上第一场雪。

雪纷纷扬扬，下得很大。开始还伴着一阵儿（yīzhènr）小雨，不久就只见大片大片的雪花，从彤（tóng）云密布的天空中飘落下来。地面上一会儿（yīhuìr）就白了。冬天的山村，到了夜里就万籁（lài）俱寂，只听见雪花簌簌（sùsù）地不断往下落，树木的枯枝被雪压（yā）断了，偶尔咯吱（gēzhī）一声响。

大雪整整下了一夜。今天早晨，天放晴了，太阳出来了。推开门一看，嗬！好大的雪呀（ya）！山川、河流、树木、房屋，全都罩上了一层厚厚的雪，万里江山，变成了粉妆玉砌（qì）的世界。落光了叶子的柳树上挂满了毛茸茸（róngróng）亮晶晶的银条儿；而那些冬夏长青的松树和柏树上，则挂满了蓬松松沉甸甸（diàndiàn）的雪球儿。一阵风吹来，树枝轻轻地摇晃，美丽的银条儿和雪球儿簌簌地落下来，玉屑似（shì）的雪末儿随风飘扬，映着清晨的阳光，显出一道道五光十色的彩虹。

大街上的积雪足有一尺多深，人踩上去，脚底下发出咯（gē）吱咯吱的响声。一群群孩子在雪地里堆雪人，掷（zhì）雪球儿，那欢乐的叫喊声，把树枝上的雪都震落下来了。

俗话说，“瑞雪兆丰年”。这个话有充分的科学根据，并不是一句迷信的成语。寒冬大雪，可以冻死一部分越冬的害虫；融化了的水渗（shèn）进土层深处，又能供（gōng）应//庄稼（jia）生长的需要。我相信这一场十分及时的大雪，一定会促进明年春季作物，尤其是小麦的丰收。有经验的老农把雪比作是“麦子的棉被”。冬天“棉被”盖得越厚，明春麦子就长得越好，所以又有这样一句谚语：“冬天麦盖三层被，来年枕着馒头（mántou）睡。”

我想，这就是人们/为什么把及时的大雪/称为“瑞雪”的道理吧。

——节选自峻青《第一场雪》，有删改

[作品6号]

读书人是幸福人

我常想读书人是世间幸福人，因为（wèi）他除了拥有现实的世界之外，还拥有另一个更为浩瀚也更为丰富的世界。现实的世界是人人都有的，而后一个世界却为（wéi）读书人所独有。由此我想，那些失去或不能阅读的人是多么的不幸，他们的丧失是不可补偿的。世间有诸（zhū）多的不平等，财富的不平等，权力的不平等，而阅读能力的拥有或丧失/却体现为精神的不平等。

一个人的一生，只能经历自己拥有的那一份欣悦，那一份苦难，也许再加上他亲自闻知的那一些关于自身以外的经历和经验。然而，人们（rénmen）通过阅读，却能进入不同时空的诸多他人的世界。这样，具有阅读能力的人，无形间获得（huòdé）了超越有限生命的无限可能性。阅读不仅使他多识了草木虫鱼之名，而且可以上溯（sù）远古下及未来，饱览存在的与非存在的奇风异俗。

更为重要的是，读书加惠于人们的不仅是知识的增广，而且还在于精神的感化与陶冶。人们从读书学做人，从那些往哲先贤以及当代才俊的著述中学得（dé）他们的人格。人们从《论语》中学得智慧的思考，从《史记》中学得严肃的历史精神，从《正气歌》中学得人格的刚烈，从马克思学得人世//的激情，从鲁迅学得批判精神，从托尔斯泰学得道德的执着。歌德的诗句刻写着睿智的人生，拜伦的诗句呼唤着奋斗的热情。一个读书人，一个有机会/拥有超乎个人生命体验的幸运人。

——节选自谢冕（miǎn）《读书人是幸福人》

[作品 7 号]

二十美金的价值

一天，爸爸下班回到家已经很晚了，他很累也有点儿烦，他发现五岁的儿子靠在门旁正等着他。

“爸，我可以问您一个问题吗?”

“什么问题?”“爸，您一小时可以赚多少钱?”“这与你无关，你为什么问这个问题?”父亲生气地说。

“我只是想知道，请告诉我，您一小时赚多少钱?”小孩儿哀求道。“假如你一定要知道的话，我一小时赚二十美金。”

“哦，”小孩儿低下了头，接着又说，“爸，可以借我十美金吗?”父亲发怒了：“如果你只是要借钱去买毫无意义的玩具的话，给我回到你的房间睡觉去。好好想想为什么你会那么自私。我每天辛苦工作，没时间和你玩儿小孩子（zi）的游戏。”

小孩儿默默地回到自己的房间关上门。

父亲坐下来还在生气。后来，他平静下来了，心想，他可能对孩子太凶了——或许孩子真的很想买什么东西，再说他平时很少要过钱。

父亲走进孩子的房间：“你睡了吗?”“爸，还没有，我还醒着（zhe）。”孩子回答。

“我刚才可能对你太凶了，”父亲说，“我不应该发那么大的火儿——这是你要的十美金。”“爸，谢谢您。”孩子高兴地/从枕头（tou）下拿出一些被弄皱的钞票，慢慢地数着。

“为什么你已经有钱了还要?”父亲不解地问。

“因为原来不够，但现在凑够了。”孩子回答，“爸，我现在有//二十美金了，我可以向您买一个小时的时间吗？明天请早一点儿回家——我想和您一起吃晚餐。”

——节选自唐继柳编译《二十美金的价值》

［作品 8 号］

繁　星

我爱月夜，但我也爱星天。从前/在家乡七八月的夜晚/在庭院里纳凉的时候（hou），我最爱看天上密密麻麻（mámá）的繁星。望着星天，我就会忘记一切，仿佛回到了母亲的怀里似的。

三年前/在南京我住的地方（dìfang）/有一道后门，每晚我打开后门，便看见一个静寂的夜。下面是一片菜园，上面是星群密布的蓝天。星光在我们的肉眼里虽然微小，然而它使我们觉得光明无处不在。那时候我正在读一些天文学的书，也认得一些星星，好像它们就是我的朋友，它们常常在和我谈话一样。

如今在海上，每晚和繁星相对，我把它们认得很熟（shú）了。我躺在舱面上，仰望天空。深蓝色的天空里悬着无数半明半昧（mèi）的星。船在动，星也在动，它们是这样低，真是摇摇欲坠呢！渐渐地我的眼睛模糊（móhu）了，我好像看见无数萤火虫在我的周围飞舞。海上的夜是柔和的，是静寂的，是梦幻的。我望着许多认识的星，我仿佛看见它们在对我眨眼，我仿佛听见它们在小声说话。这时我忘记了一切。在星的怀抱中我微笑着，我沉睡着。我觉得自己是一个小孩子，现在睡在母亲的怀里了。

有一夜，那个（nàge）在哥伦波上船的英国人指给我看天上的巨人（rén）。他用手指着：//那四颗明亮的星是头，下面的几颗是身子，这几颗是手，那几颗是腿和脚，还有三颗星算是腰带。经他这一番指点，我果然看清楚了那个天上的巨人。看，那个巨人还在跑呢！

——节选自巴金《繁星》

［作品 9 号］

风筝畅想曲

假日到河滩上转转（zhuànzhuan），看见许多孩子在放风筝（zheng）。一根根长长的引线，一头系（jì）在天上，一头系在地上，孩子同风筝都在天与地之间悠荡，连心也被悠荡得恍恍惚惚了，好像又回到了童年。

儿时放的风筝，大多是自己的长辈或家人编扎（zā）的，几根削（xiāo）得很薄（báo）的篾（miè），用细纱线扎成各种鸟兽的造型，糊上雪白的纸片，再用彩笔勾勒（lè）出面孔与翅膀的图案。通常扎得最多的是“老雕”“美人儿”“花蝴蝶”等。

我们家前院就有位叔叔，擅（shàn）扎（zā）风筝，远近闻名。他扎的风筝不只体形好看，色彩艳丽，放飞得高远，还在风筝上绷（bēng）一叶用蒲苇（púwěi）削成的膜片，经风一吹，发出“嗡嗡”的声响，仿佛是风筝的歌唱，在蓝天下播扬，给开阔的天地增添了无尽的韵味，给驰荡的童心带来几分疯狂。

我们那条胡同儿的左邻右舍（shè）的孩子们放的风筝/几乎都是叔叔编扎的。他的风筝不卖钱，谁（shéi）上门去要，就给谁，他乐（lè）意自己贴钱买材料。

后来，这位叔叔去了海外，放风筝也渐与孩子们远离了。不过年年叔叔给家乡写信，总不忘提起儿时的放风筝。香港回归之后，他在家信中说道，他这只被故乡放飞到海外的风筝，尽（jǐn）管飘荡游弋（yì），经沐风雨，可那线头儿一直在故乡和//亲人手中牵着，如今飘得太累了，也该要回归到家乡和亲人身边来了。

是的。我想，不光是叔叔，我们每个人都是风筝，在妈妈手中牵着，从小放到大，再从家乡放到祖国最需要的地方去！

——节选自李恒瑞《风筝畅想曲》

［作品 10 号］

父亲的爱

爸不懂得（dǒngde）怎样表达爱，使我们一家人融洽相处（chǔ）的是我妈。他只是每天上班下班，而妈/则把我们做过的错事开列清单，然后由他来责骂我们。

有一次我偷了一块糖果，他要我把它送回去，告诉卖糖的说是我偷来的，说我愿意替他拆箱卸货作为赔偿。但妈妈却明白我只是个孩子。

我在运动场打秋千跌断了腿，在前往医院途中一直抱着我的，是我妈。爸把汽车停在急诊室门口，他们叫他驶开，说那空（kòng）位是留给紧急车辆停放的。爸听了便叫嚷道："你以为这是什么车？旅游车？"

在我生日会上，爸总是显得有些不大相称（chèn）。他只是忙于吹气球，布置餐桌，做杂务。把插着蜡烛的蛋糕推过来让我吹的，是我妈。

我翻阅照相册时，人们总是问："你爸爸是什么样子的？"天晓得！他老是忙着替别人拍照。妈和我笑容可掬地一起拍的照片（piàn），多得不可胜数。

我记得/妈有一次叫他教我骑自行车。我叫他别放手，但他却说是应该放手的时候了。我摔倒之后，妈跑过来扶我，爸却挥手要她走开。我当时生气极了，决心要给他点儿颜色看。于是我马上爬上自行车，而且自己骑给他看。他只是微笑。

我念大学时，所有的家信都是妈写的。他//除了寄支票外，还寄过一封短柬（jiǎn）给我，说因为我不在草坪上踢足球了，所以他的草坪长得很美。

每次我打电话回家，他似乎都想跟我说话，但结果总是说："我叫你妈来接。"

我结（jié）婚时，掉眼泪的是我妈。他只是大声擤（xǐng）了一下鼻子，便走出房间。

我从小到大都听他说："你到哪里去？什么时候回家？汽车有没有汽油？不，不准去。"爸完全不知道怎样表达爱，除非……

会不会是他已经表达了，而我却未能察觉？

——节选自［美］艾尔玛·邦贝克《父亲的爱》

［作品 11 号］

国家荣誉感

一个大问题一直盘踞（jù）在我脑袋（dai）里：

世界杯怎么会有如此巨大的吸引力？除去足球本身的魅力之外，还有什么超乎其上而更伟大的东西？

近来观看世界杯，忽然从中得到了答案：是由于一种无上崇高的精神情感——国家荣誉感！

地球上的人都会有国家的概念，但未必时时都有国家的感情。往往人到异国，思念家乡，心怀故国，这国家概念就变得有血有肉，爱国之情来得非常具体。而现代社会，科技昌达，信息快捷，事事上网，世界真是太小太小，国家的界限似（sì）乎也不那么清晰了。再说足球正在快速世界化，平日里各国球员频繁转会，往来随意，致使越来越多的国家联赛都具有国际的因素。球员们不论国籍，只效力于自己的俱乐部，他们比赛时的激情中完全没有爱国主义的因子（yīnzǐ）。

然而，到了世界杯大赛，天下大变。各国球员都回国效力，穿上与光荣的国旗同样色彩的服装。在每一场比赛前，还高唱国歌以宣誓对自己祖国的挚爱与忠诚。一种血（xuè）缘情感开始在全身的血（xuè）管里燃烧起来，而且立刻热血（xuè）沸腾。

在战争时代，国家间经常发生对抗，好男儿戎（róng）装卫国。国家的荣誉往往需要以自己的生命去换//取。但在和平时代，唯有这种国家之间大规模对抗性的大赛，才可以唤起那种遥远而神圣的情感，那就是：为祖国而战！

——节选自冯骥才《国家荣誉感》，有删改

［作品 12 号］

海滨仲夏夜

夕阳落山不久，西方的天空，还燃烧着一片橘红色的晚霞。大海，也被这霞光/染成了红色，而且比天空的景色更要壮观。因为（wèi）它是活动的，每当一排排波浪涌起的时候，那映照在浪峰上的霞光，又红又亮，简直就像一片片霍霍燃烧着的火焰，闪烁着，消失了。而后面的一排，又闪烁着，滚动着，涌了过来。

天空的霞光渐渐地淡下去了，深红的颜色变成了绯（fēi）红，绯红又变为浅红。最后，当这一切红光都消失了的时候，那突然显得高而远了的天空，则呈现出一片肃穆的神色。最早出现的启明星，在这蓝色的天幕上闪烁起来了。它是那么大，那么亮，整个广漠的天幕上/只有它/在那里放射着/令人注目的光辉，活像一盏悬挂在高空的明灯。

夜色加浓，苍空中的“明灯”越来越多了，而城市各处的真的灯火也次第亮了起来，尤其是围绕（rào）在海港周围山坡上的那一片灯光，从半空倒（dào）映在乌蓝的海面上，随着波浪，晃动着，闪烁着，像一串流动着的珍珠，和那一片片密布在苍穹（cāngqióng）里的星斗互相辉映，煞是好看。

在这幽美的夜色中，我踏着软绵绵的沙滩，沿着海边，慢慢地向前走去。海水，轻轻地抚摸着细软的沙滩，发出温柔的//刷刷声。晚来的海风，清新而又凉爽。我的心里，有着说不出的兴奋和愉快。

夜风轻飘飘地吹拂着，空气中飘荡着一种大海和田禾相混合的香味儿，柔软的沙滩上还残留着白天太阳炙晒的余温。那些在各个工作岗位上劳动了一天的人们，三三两两地来到这软绵绵的沙滩上，他们浴着凉爽的海风，望着那缀满了星星的夜空，尽情地说笑，尽情地休憩。

——节选自峻青《海滨仲夏夜》

［作品 13 号］

海洋与生命

生命在海洋里诞生绝不是偶然的，海洋的物理和化学性质，使它成为孕育原始生命的摇篮。

我们知道，水是生物的重要组成部分，许多动物组织的含水量在百分之八十以上，而一些海洋生物的含水量高达百分之九十五。水是新陈代谢的重要媒介，没有它，体内的一系列生理和生物化学反应就无法进行，生命也就停止。因此，在短时期内动物缺水要比缺少食物更加危险。水对今天的生命是如此重要，它对脆弱的原始生命，更是举足轻重了。生命在海洋里诞生，就不会有缺水之忧。

水是一种良好的溶剂。海洋中/含有许多生命所必需的无机盐，如氯（lǜ）化钠、氯化钾、碳酸盐、磷酸盐，还有溶解氧，原始生命可以毫不费力地从中吸取它所需要的元素。

水具有很高的热容量，加之海洋浩大，任凭夏季烈日曝（pù）晒，冬季寒风扫荡，它的温度变化都比较（jiào）小。因此，巨大的海洋就像是天然的“温箱”，是孕育原始生命的温床。

阳光虽然为（wéi）生命所必需，但是阳光中的紫外线却有扼（è）杀原始生命的危险。水能有效地吸收紫外线，因而又为（wèi）原始生命提供（gōng）了天然的“屏障”。

这一切都是原始生命得以产生和发展的必要条件。//

——节选自童裳亮《海洋与生命》

［作品 14 号］

和时间赛跑

读小学的时候，我的外祖母去世了。外祖母生前最疼爱我，我无法排除自己的忧伤，每天在学校的操场上一圈儿又一圈儿地跑着，跑得累倒在地上，扑在草坪上痛哭。

那哀痛的日子，断断续续地持续了很久，爸爸妈妈也不知道如何安慰我。他们知道与（yǔ）其骗我说外祖母睡着（zháo）了，还不如对我说实话：外祖母永远不会回来了。

“什么是永远不会回来呢？”我问着。

“所有时间里的事物，都永远不会回来。你的昨天过去，它就永远变成昨天，你不能再回到昨天。爸爸以前也和你一样小，现在也不能回到你这么小的童年了；有一天你会长大，你会像外祖母一样老；有一天你度过了你的时间，就永远不会回来了。”爸爸说。

爸爸等于给我一个谜语，这谜语比课本上的/“日历挂在墙壁，/一天撕去一页”/使我心里着（zháo）急/和“一寸光阴一寸金，/寸金难买寸光阴”/还让我感到可怕，也比作文本上的/“光阴似箭，日月如梭”/更让我觉得有一种说不出的滋味。

时间过得那么飞快，使我的小心眼儿里不只是着急，还有悲伤。有一天我放学回家，看到太阳快落山了，就下决心说：“我要比太阳更快地回家。”我狂奔回去，站在庭院前喘气的时候，看到太阳//还露（lòu）着半边脸，我高兴地跳跃（yuè）起来，那一天我跑赢了太阳。以后我就时常做那样的游戏，有时和太阳赛跑，有时和西北风比快，有时一个暑假才能做完的作业，我十天就做完了。那时我三年级，常常把哥哥五年级的作业拿来做。每一次比赛胜过时间，我就快乐得不知道怎么形容。

如果将来我有什么要教给我的孩子，我会告诉他：假若你一直和时间比赛，你就可以成功！

——节选自（台湾）林清玄《和时间赛跑》

[作品 15 号]

胡适的白话电报

三十年代初，胡适在北京大学任教授。讲课时他常常对白话文大加称赞，引起一些只喜欢文言文而不喜欢白话文的学生的不满。

一次，胡适正讲得得意的时候，一位姓魏的学生突然站了起来，生气地问："胡先生，难道说白话文就毫无缺点吗？"胡适微笑着回答说："没有。"那位学生更加激动了："肯定有！白话文/废话太多，打电报/用字多，花钱多。"胡适的目光顿时变亮了，轻声地解释说："不一定吧！前几天有位朋友（you）给我打来电报，请我去政府部门工作，我决定不去，就回电拒绝了。复电是用白话写的，看来也很省字。请同学们根据我这个意思，用文言文写一个回电，看看究竟是白话文省字，还是文言文省字。"胡教授刚说完，同学们立刻认真地写了起来。

十五分钟过去，胡适让同学举手，报告用字的数目，然后挑了一份用字最少的文言电报稿，电文是这样写的：

"才疏学浅，恐难胜任，不堪从命。"白话文的意思是：学问不深，恐怕很难担任这个工作，不能服从安排。

胡适说，这份写得确实不错，仅用了十二个字，但我的白话电报却只用了五个字：

"干不了，谢谢！"

胡适又解释说，"干不了"就有才疏学浅、恐难胜任的意思；"谢谢"既//对朋友的介绍表示感谢，又有拒绝的意思。所以，废话多不多，并不看它是文言文还是白话文，只要注意选用字词，白话文是可以比文言文更省字的。

——节选自陈灼主编《实用汉语中级教程》（上）中《胡适的白话电报》

[作品 16 号]

火　光

很久以前，在一个漆黑的秋天的夜晚，我泛舟在西伯利亚一条阴森森的河上。船到一个转弯处，只见前面黑黢黢（qūqū）的山峰下面一星火光蓦地一闪。

火光又明又亮，好像就在眼前……

“好啦，谢天谢地！”我高兴地说，“马上（shàng）就到过夜的地方（fang）啦！”

船夫扭头朝身后的火光望了一眼，又不以为然地划起桨来。

“远着呢！”

我不相信他的话，因为火光冲破朦胧的夜色，明明在那儿闪烁。不过船夫是对的，事实上，火光的确还远着呢。

这些黑夜的火光的特点是：驱散黑暗，闪闪发亮，近在眼前，令人神往。乍一看，再划几下就到了，其实却还远着呢！……

我们在漆黑如墨的河上又划了很久。一个个峡谷和悬崖，迎面驶来，又向后移去，仿佛消失在茫茫的远方，而火光却依然停在前头（tou），闪闪发亮，令人神往——依然是这么近，又依然是那么远……

现在，无论是这条被悬崖峭壁的阴影笼罩的漆黑的河流，还是那一星明亮的火光，都经常浮现在我的脑际，在这以前和在这以后，曾有许多火光，似乎近在咫尺（zhǐchǐ），不止使我一人心驰神往，可是生活之河却仍然在那阴森森的两岸之间流着，而火光也依旧非常遥远。因此，必须加劲划桨……

然而，火光啊（a）……毕竟……毕竟就//在前头！

——节选自［俄］柯罗连科《火光》，张铁夫译

［作品 17 号］

济南的冬天

对于一个在北平住惯的人，像我，冬天要是不刮风，便觉得是奇迹；济南的冬天是没有风声的。对于一个刚由伦敦回来的人，像我，冬天要能看得见日光，便觉得是怪事；济南的冬天是响晴的。自然，在热带的地方（fang），日光永远是那么毒，响亮的天气，反有点儿叫人害怕。可是，在北方的冬天，而能有温晴的天气，济南真得（děi）算个宝地。

设若单单是有阳光，那也算不了出奇。请闭上眼睛想：一个老城，有山有水，全在天底下晒着阳光，暖和（huo）安适地睡着，只等春风来把它们唤醒，这是不是理想的境界？小山整把济南围了个圈儿，只有北边缺着点口儿。这一圈小山在冬天特别可爱，好像是把济南放在一个小摇篮里，它们安静不动地低声地说："你们放心吧，这儿准保暖和。"真的，济南的人们在冬天是面上含笑的。他们一看那些小山，心中便觉得有了着（zhuó）落，有了依靠。他们由天上看到山上，便不知不觉地想起：明天也许就是春天了吧？这样的温暖，今天夜里山草也许就绿起来了吧？就是这点儿幻想不能一时实现，他们也并不着（zháo）急，因为这样慈善的冬天，干什么还希望别的呢！

最妙的是下点儿小雪呀。看吧，山上的矮松越发的青黑，树尖儿上 // 顶着一髻儿（jìr）白花，好像日本看护妇。山尖儿全白了，给蓝天镶上一道银边。山坡上，有的地方雪厚点儿，有的地方草色还露（lòu）着；这样，一道儿白，一道儿暗黄，给山们穿上一件带水纹儿的花衣；看着看着，这件花衣好像被风儿吹动，叫你希望看见一点儿更美的山的肌肤。等到快日落的时候，微黄的阳光斜射在山腰上，那点儿薄（báo）雪好像忽然害羞，微微露出点儿粉色。就是下小雪吧，济南是受不住大雪的，那些小山太秀气（qi）。

——节选自老舍《济南的冬天》

[作品 18 号]

家 乡 的 桥

纯朴的家乡村边有一条河，曲曲（qūqū）弯弯，河中/架一弯石桥，弓样的小桥横跨两岸。

每天，不管是鸡鸣晓月，日丽中天，还是月华泻（xiè）地，小桥都印下串串足迹，洒落串串汗珠。那是乡亲为了追求多棱（léng）的希望，兑现美好的遐想。弯弯小桥，不时荡过轻吟低唱，不时露出舒心的笑容。

因而，我稚小的心灵，曾将心声献给小桥：你是一弯银色的新月，给人间普照光辉；你是一把闪亮的镰刀，割刈（yì）着欢笑的花果；你是一根晃悠悠的扁担（dan），挑（tiāo）起了彩色的明天！哦，小桥走进我的梦中。

我在漂泊（bó）他乡的岁月，心中总涌动着故乡的河水，梦中总看到弓样的小桥。当我访南疆探北国，眼帘闯进座座雄伟的长桥时，我的梦变得丰满了，增添了赤橙黄绿青蓝紫。

三十多年过去，我带着满头霜花回到故乡，第一紧要的/便是去看望小桥。

啊！小桥呢？它躲起来了？河中一道长虹，浴着朝霞熠熠（yì）闪光。哦，雄浑的大桥敞开胸怀，汽车的呼啸（xiào）、摩托的笛音、自行车的叮铃，合奏着进行交响乐；南来的钢筋、花布，北往的柑橙、家禽，绘出交流欢悦图……

啊！蜕（tuì）变的桥，传递了家乡进步的消息，透露（lù）了家乡富裕的声音。时代的春风，美好的追求，我蓦地记起儿时唱//给小桥的歌。哦，明艳艳的太阳照耀了，芳香甜蜜的花果捧来了，五彩斑斓的岁月拉开了！

我心中涌动的河水，激荡起甜美的浪花。我仰望一碧蓝天，心底轻声呼喊：家乡的桥啊（wa），我梦中的桥！

——节选自郑莹《家乡的桥》

［作品 19 号］

坚守你的高贵

三百多年前，建筑设计师莱伊恩/受命设计了/英国温泽市政府大厅。他运用工程力学的知识（shi），依据自己多年的实践，巧妙地设计了只用一根柱子支撑的大厅天花板。一年以后，市政府权威人士进行工程验收时，却说只用一根柱子支撑天花板太危险，要求莱伊恩再多加几根柱子。

莱伊恩自信/只要一根坚固的柱子足以保证大厅安全，他的“固执”惹恼了市政官员，险些被送上法庭。他非常苦恼，坚持自己原先的主张吧，市政官员肯定会另找人修改设计；不坚持吧，又有悖（bèi）自己为人的准则。矛盾了很长一段时间，莱伊恩终于想出了一条妙计，他在大厅里增加了四根柱子，不过这些柱子并未与天花板接触，只不过是装装样子。

三百多年过去了，这个秘密始终没有被人发现。直到前两年，市政府准备修缮（shàn）大厅的天花板，才发现莱伊恩当年的“弄虚作假”。消息传出后，世界各国的建筑专家和游客云集，当地政府对此也不加掩饰，在新世纪到来之际，特意将大厅作为一个旅游景点对外开放，旨（zhǐ）在引导人们崇尚和相信科学。

作为一名建筑师，莱伊恩并不是最出色的，但作为一个人，他无疑非常伟大，这种//伟大表现在他始终恪（kè）守着自己的原则，给高贵的心灵一个美丽的住所，哪怕是遭遇到最大的阻力，也要想办法抵达胜利。

——节选自游宇明《坚守你的高贵》

[作品 20 号]

金　子

自从传言有人在萨文河畔（pàn）散步时无意发现了金子后，这里便常有来自四面八方的淘金者。他们都想成为富翁，于是寻遍了整个河床，还在河床上挖出很多大坑，希望借助它们找到更多的金子。的确，有一些人找到了，但另外一些人因为一无所得而只好扫兴归去。

也有不甘心落空的，便驻扎（zhā）在这里，继续寻找。彼得·弗（fú）雷特就是其中一员。他在河床附近买了一块没人要的土地，一个人默默地工作。他为了找金子，已把所有的钱都押在这块土地上。他埋头苦干了几个月，直到土地全变成了坑坑洼洼，他失望了——他翻遍了整块土地，但连一丁点儿金子都没看见。

六个月后，他连买面包的钱都没有了。于是他准备离开这儿到别处去谋生。

就在他即（jí）将离去的前一个晚上，天下起了倾盆大雨，并且一下就是三天三夜。雨终于停了，彼得走出小木屋，发现眼前的土地看上去好像和以前不一样：坑坑洼洼已被大水冲刷平整，松软的土地上长出一层绿茸茸的小草。

“这里没找到金子，”彼得忽有所悟地说，“但这土地很肥沃，我可以用来种花，并且拿到镇上去卖给那些富人（rén），他们一定会买些花装扮他们华丽的客厅。//如果真是这样的话，那么我一定会赚许多钱，有朝一日我也会成为富人……”

于是他留了下来。彼得花了不少精力培育花苗，不久田地里长满了美丽娇艳的各色鲜花。

五年以后，彼得终于实现了他的梦想——成了一个富翁。“我是唯一的一个找到真金的人！”他时常不无骄傲地告诉别人，“别人在这儿找不到金子后便远远地离开，而我的‘金子’是在这块土地里，只有诚实的人用勤劳才能采集到。”

——节选自陶猛译《金子》

[作品 21 号]

捐 诚

我在加拿大学习期间/遇到过两次募捐，那情景至今使我难以忘怀。

一天，我在渥太华的街上被两个男孩子拦住去路。他们十来岁，穿得整整齐齐，每人头上戴着个做工精巧、色彩鲜艳的纸帽，上面写着“为帮助患小儿麻痹（bì）的伙伴募捐”。其中的一个，不由分说就坐在小凳上给我擦起皮鞋来，另一个则彬彬有礼地发问：“小姐，您是哪国人？喜欢渥太华吗？”“小姐，在你们国家有没有小孩儿患小儿麻痹？谁（shéi）给他们医疗费？”一连串的问题，使我这个有生以来头一次在众目睽睽（kuí）之下让别人擦鞋的异乡人，从近乎狼狈的窘态中解脱出来。我们像朋友（you）一样聊起天儿来……

几个月之后，也是在街上，一些十字路口处或车站坐着几位老人。他们满头银发，身穿各种老式军装，上面布满了大大小小、形形色色的徽章、奖章，每人手捧一大束鲜花，有水仙、石竹、玫瑰及叫不出名字的，一色雪白。匆匆过往的行人纷纷止步，把钱投进这些老人身旁的白色木箱内，然后向他们微微鞠躬，从他们手中接过一朵花。我看了一会儿（yíhuìr），有人投一两元，有人投几百元，还有人掏出支票填好后投进木箱。那些老军人毫不注意人们捐多少钱，一直不//停地向人们低声道谢。同行（xíng）的朋友告诉我，这是为纪念二次大战中参战的勇士，募捐救济残废军人和烈士遗孀，每年一次；认捐的人可谓踊（yǒng）跃，而且秩序井然，气氛庄严。有些地方（fang），人们还耐心地排着队。我想，这是因为他们都知道：正是这些老人们的流血（xuè）牺牲换来了包括他们信仰自由在内的许许多多。

我两次把那微不足道的一点儿钱捧给他们，只想对他们说声“谢谢”。

——节选自青白《捐诚》

［作品 22 号］

可爱的小鸟

没有一片绿叶，没有一缕炊烟，没有一粒泥土，没有一丝花香，只有水的世界、云的海洋。

一阵台风袭（xí）过，一只孤单的小鸟无家可归，落到被卷到洋里的木板上，乘流而下，姗姗而来，近了，近了！……

忽然，小鸟张开翅膀，在人们头顶盘旋了几圈儿，“噗啦”（pūlā）一声落到了船上。许是累了？还是发现了“新大陆”？水手撵它它不走，抓它，它乖乖地落在掌心。可爱的小鸟和善良的水手结（jié）成了朋友。

瞧，它多美丽，娇巧的小嘴，啄理着绿色的羽毛，鸭子样的扁脚，呈现出春草的鹅黄。水手们把它带到舱里，给它“搭铺”，让它在船上安家落户，每天，把分到的一塑料桶淡水匀给它喝，把从祖国带来的鲜美的鱼肉分给它吃。天长日久，小鸟和水手的感情日趋笃（dǔ）厚。清晨，当第一束阳光射进舷（xián）窗时，它便敞开美丽的歌喉，唱啊（nga）唱，嘤嘤有韵，宛如春水淙淙（cóngcóng）。人类给它以生命，它毫不悭吝（qiānlìn）地把自己的艺术青春奉献给了哺育它的人。可能都是这样？艺术家们的青春只会献给尊敬他们的人。

小鸟给远航生活蒙（méng）上了一层浪漫色调。返航时，人们爱不释手，恋恋不舍地想把它带到异乡。可小鸟憔悴了，给水，不喝！喂肉，不吃！油亮的羽毛失去了光泽。是啊（ra），我∥们有自己的祖国，小鸟也有它的归宿，人和动物都是一样啊，哪儿（nǎr）也不如故乡好！

慈爱的水手们决定放开它，让它回到大海的摇篮去，回到蓝色的故乡去。离别前，这个大自然的朋友与水手们留影纪念。它站在许多人的头上，肩上，掌上，胳膊（bo）上，与喂养过它的人们（men），一起融进那蓝色的画面……

——节选自王文杰《可爱的小鸟》

[作品 23 号]

课 不 能 停

纽约的冬天常有大风雪，扑面的雪花不但令人难以睁开眼睛（jing），甚至呼吸都会吸入冰冷的雪花。有时前一天晚上还是一片晴朗，第二天拉开窗帘，却已经积雪盈尺，连门都推不开了。

遇到这样的情况，公司、商店常会停止上班，学校也通过广播，宣布停课。但令人不解的是，唯有公立小学，仍（réng）然开放。只见黄色的校车，艰难地在路边接孩子，老师/则一大早/就口中喷着热气，铲去车子前后的积雪，小心翼翼地开车去学校。

据统计，十年来/纽约的公立小学/只因为超级暴风雪/停过七次课。这是多么令人惊讶的事。犯得着（zháo）在大人都无须上班的时候让孩子去学校吗？小学的老师也太倒霉了吧？

于是，每逢大雪而小学不停课时，都有家长打电话去骂。妙的是，每个打电话的人，反应全一样——先是怒气冲冲地责问，然后满口道歉，最后笑容满面地挂上电话。原因是，学校告诉家长：

在纽约有许多百万富翁，但也有不少贫困的家庭。后者白天开不起暖气，供（gōng）不起午餐，孩子的营养全靠学校里免费的中饭，甚至可以多拿些回家当（dàng）晚餐。学校停课一天，穷孩子就受一天冻，挨（ái）一天饿，所以老师们宁（nìng）愿自己苦一点儿，也不能停//课。

或许有家长会说：何不让富裕的孩子在家里，让贫穷的孩子去学校享受暖气和营养午餐呢？

学校的答复是：我们不愿让那些穷苦的孩子感到他们是在接受救济，因为施舍的最高原则是保持受施者的尊严。

——节选自（台湾）刘墉《课不能停》

［作品 24 号］

莲花和樱花

十年，在历史上不过是一瞬间。只要稍加注意，人们就会发现：在这一瞬间里，各种事物都悄悄经历了自己的千变万化。

这次重新访日，我处处感到亲切和熟悉（shú · xī），也在许多方面发觉了日本的变化。就拿奈（nài）良的一个角落来说吧，我重游了为（wéi）之感受很深的唐招提寺（sì），在寺内各处匆匆走了一遍，庭院依旧，但意想不到还看到了一些新的东西。其中之一，就是近几年/从中国移植来的“友谊（yì）之莲”。

在存放鉴真遗像的那个院子里，几株中国莲昂然挺立，翠绿的宽大荷叶正迎风而舞，显得十分愉快。开花的季节已过，荷花朵朵已变为莲蓬（liánpeng）累累（léiléi）。莲子（zǐ）的颜色正在由青转紫，看来已经成熟了。

我禁（jīn）不住想：“因”已转化为“果”。

中国的莲花开在日本，日本的樱花开在中国，这不是偶然。我希望这样一种盛况延续不衰。可能有人不欣赏花，但决不会有人欣赏落（luò）在自己面前的炮弹。

在这些日子里，我看到了不少多年不见的老朋友（you），又结识了一些新朋友。大家喜欢涉及的话题之一，就是古长安和古奈良。那还用得着问吗，朋友们缅怀过去，正是瞩望未来。瞩目于未来的人们（men）必将获得（dé）未来。

我不例外，也希望一个美好的未来。

为//了中日人民之间的友谊，我将不浪费今后生命的每一瞬间。

——节选自严文井《莲花和樱花》

[作品 25 号]

绿

梅雨潭闪闪的绿色招引着我们，我们开始追捉（zhuō）她那离合的神光了。揪（jiū）着草，攀着乱石，小心探身下去，又鞠躬过了一个石穹（qióng）门，便到了汪汪一碧的潭边了。

瀑布在襟袖之间，但是我的心中已没有瀑布了。我的心随潭水的绿而摇荡。那醉人的绿呀！仿佛一张极大极大的荷叶铺着，满是奇异的绿呀。我想张开两臂抱住她，但这是怎样一个妄想啊。

站在水边，望到那面，居然觉着有些远呢！这平铺（pū）着、厚积（jī）着的绿，着（zhuó）实可爱。她松松地皱缬（zhòuxié）着，像少妇拖着的裙幅；她滑滑的明亮着，像涂了“明油”一般，有鸡蛋清那样软，那样嫩；她又不杂些尘滓（zǐ），宛然一块温润的碧玉，只清清的一色——但你却看不透她！

我曾见过北京什刹（shíchà）海拂地（fúdì）的绿杨，脱不了鹅黄的底子，似（sì）乎太淡了。我又曾见过杭州虎跑寺（Hǔpáosì）近旁高峻而深密的“绿壁”，从叠着无穷的碧草与绿叶的，那又似乎太浓了。其余呢，西湖的波太明了，秦淮河的也太暗了。可爱的，我将什么来比拟（nǐ）你呢？我怎么比拟得出呢？大约潭是很深的，故能蕴蓄（yùnxù）着这样奇异的绿；仿佛蔚蓝的天融了一块在里面似（shì）的，这才这般的鲜润啊（na）。

那醉人的绿呀！我若能裁你以为带，我将赠给那轻盈//的舞女，她必能临风飘举了。我若能挹（yì）你以为眼，我将赠给那善歌的盲妹，她必明眸（móu）善睐（lài）了。我舍不得你，我怎舍得你呢？我用手拍着你，抚摩（mó）着你，如同一个十二三岁的小姑娘。我又掬（jū）你入口，便是吻着她了。我送你一个名字，我从此叫你“女儿绿”，好吗？

第二次到仙岩的时候，我不禁（jīn）惊诧（chà）于梅雨潭的绿了。

——节选自朱自清《绿》

［作品 26 号］

落　花　生

我们家的后园有半亩空（kòng）地，母亲说："让它荒着怪可惜的，你们那么爱吃花生，就开辟出来种花生吧。"我们姐弟几个都很高兴，买种（zhǒng），翻地，播种（zhòng），浇水，没过几个月，居然收获了。

母亲说："今晚我们过一个收获节，请你们父亲/也来尝尝我们的新花生，好不好？"我们都说好。母亲把花生做成了好几样食品，还吩咐/就在后园的茅亭里过这个节。

晚上天色不太好，可是父亲也来了，实在很难得（dé）。

父亲说："你们爱吃花生吗？"

我们争着答应："爱！"

"谁能把花生的好处（chu）说出来？"

姐姐说："花生的味美。"

哥哥说："花生可以榨油。"

我说："花生的价钱便宜（yi），谁都可以买来吃，都喜欢（huan）吃。这就是它的好处（chu）。"

父亲说："花生的好处很多，有一样/最可贵：它的果实埋在地里，不像桃子、石榴、苹果那样，把鲜红嫩绿的果实高高地挂在枝头上，使人一见就生爱慕之心。你们看它矮矮地长在地上，等到成熟了，也不能立刻分辨出来/它有没有果实，必须挖出来才知道。"

我们都说是，母亲也点点头。

父亲接下去说："所以/你们要像花生，它虽然不好看，可是很有用，不是外表好看而没有实用的东西。"

我说："那么，人要做有用的人，不要做只讲体面（tǐ · miàn），而对别人（biéren）没有好处的人了。"//

父亲说："对。这是我对你们的希望。"

我们谈到夜深才散。花生做的食品都吃完了，父亲的话却深深地印在我的心上。

——节选自许地山《落花生》

［作品 27 号］

麻　　雀

我打猎归来，沿着花园的林荫路走着。狗跑在我前边（bian）。

突然，狗放慢脚步，蹑（niè）足潜（qián）行，好像嗅（xiù）到了前边有什么野物。

我顺着林荫路望去，看见了一只嘴边还带黄色、头上生着柔毛的小麻雀。风猛烈地吹打着林荫路上的白桦（huà）树，麻雀从巢（cháo）里跌落下来，呆呆地伏在地上，孤立无援地/张开两只羽毛还未丰满的小翅膀。

我的狗慢慢向它靠近。忽然，从附近一棵树上飞下一只黑胸脯（pú）的老麻雀，像一颗石子似（shì）的落到狗的跟前。老麻雀全身倒（dào）竖着羽毛，惊恐万状，发出绝望、凄惨的叫声，接着向露（lòu）出牙齿、大张着的狗嘴扑去。

老麻雀是猛扑下来救护幼雀的。它用身体掩护着自己的幼儿……但它整个小小的身体因恐怖而战栗（lì）着，它小小的声音也变得粗暴嘶哑，它在牺牲自己！

在它看来，狗该是多么庞大的怪物啊！然而，它还是不能站在自己高高的、安全的树枝上……一种比它的理智更强烈的力量，使它从那儿扑下身来。

我的狗站住了，向后退了退……看来，它也感到了这种力量。

我赶紧唤住惊慌失措的狗，然后我怀着崇敬的心情，走开了。

是啊，请不要见笑。我崇敬那只小小的、英勇的鸟儿，我崇敬它那种爱的冲动和力量。

爱，我//想，比死和死的恐惧更强大。只有依靠它，依靠这种爱，生命才能维持下去，发展下去。

——节选自［俄］屠格涅夫《麻雀》，巴金译

［作品 28 号］

迷途笛音

那年我六岁。离我家仅一箭之遥的小山坡旁，有一个早已被废弃的采石场，双亲从来不准我去那儿（nàr），其实那儿风景十分迷人。

一个夏季的下午，我随着一群小伙伴偷偷上那儿去了。就在我们穿越了一条孤寂的小路后，他们却把我一个人留在原地，然后奔（bēn）向“更危险的地带”了。

等他们走后，我惊慌失措地发现，再也找不到要回家的那条孤寂的小道了。像只无头的苍蝇（ying），我到处乱钻，衣裤上挂满了芒刺。太阳已经落山，而此时此刻，家里一定开始吃晚餐了，双亲正盼着我回家…… 想着想着，我不由得背靠着一棵树，伤心地呜呜大哭起来……

突然，不远处传来了声声柳笛。我像找到了救星，急忙循声走去。一条小道边的树桩上/坐着一位吹笛人，手里还正削（xiāo）着什么。走近细看，他不就是被大家称为“乡巴佬儿”的卡廷（tíng）吗？

“你好，小家伙儿，”卡廷说，“看天气多美，你是出来散步的吧？”

我怯（qiè）生生地点点头，答道：“我要回家了。”

“请耐心等上几分钟，”卡廷说，“瞧，我正在削一支柳笛，差不多就要做好了，完工后就送给你吧！”

卡廷边削边不时把尚未成形的柳笛放在嘴里试吹一下。没过多久，一支柳笛便递到我手中。我俩在一阵阵清脆悦耳的笛音//中，踏上了归途……

当时，我心中只充满感激，而今天，当我自己也成了祖父时，却突然领悟到他用心之良苦！那天当他听到我的哭声时，便判定我一定迷了路，但他并不想在孩子面前扮演“救星”的角（jué）色，于是吹响柳笛以便让我能发现他，并跟着他走出困境！就这样，卡廷先生（sheng）以乡下人的纯朴，保护了一个小男孩儿强烈的自尊。

——节选自唐若水译《迷途笛音》

［作品 29 号］

莫　高　窟

在浩瀚（hàn）无垠（yín）的沙漠里，有一片美丽的绿洲，绿洲里藏着一颗闪光的珍珠。这颗珍珠就是敦煌莫高窟。它坐落（luò）在我国甘肃（sù）省敦煌市三危山和鸣沙山的怀抱中。

鸣沙山东麓（lù）/是平均高度为十七米的崖壁。在一千六百多米长的崖壁上，凿（záo）有大小洞窟七百余个，形成了规模宏伟的石窟群。其中四百九十二个洞窟中，共有彩色塑像两千一百余尊，各种壁画共四万五千多平方米。莫高窟是我国古代无数艺术匠师/留给人类的/珍贵文化遗产。

莫高窟的彩塑（sù），每一尊都是一件精美的艺术品。最大的有九层楼那么高，最小的还不如一个手掌大。这些彩塑个性鲜明，神态各异，有慈眉善目的菩萨，有威风凛凛（lǐnlǐn）的天王，还有强壮勇猛的力士……

莫高窟壁画的内容丰富多彩，有的是描绘古代劳动人民打猎、捕鱼、耕田、收割的情景，有的是描绘人们奏乐、舞蹈、演杂技的场面，还有的是描绘大自然的美丽风光。其中最引人注目的是飞天。壁画上的飞天，有的臂挎（kuà）花篮，采摘鲜花；有的反弹琵琶，轻拨银弦（xián）；有的倒（dào）悬身子，自天而降；有的彩带飘拂（fú），漫天遨（áo）游；有的舒展着双臂，翩翩（piān）起舞。看着这些精美动人的壁画，就像走进了//灿烂辉煌的艺术殿堂。

莫高窟里还有一个面积不大的洞窟——藏经洞。洞里曾藏有我国古代的各种经卷（juàn）、文书、帛（bó）画、刺绣、铜像等共六万多件。由于清朝政府腐败无能，大量珍贵的文物被外国强盗掠走。仅存的部分经卷，现在陈列于北京故宫等处。

莫高窟是举世闻名的艺术宝库。这里的每一尊彩塑、每一幅壁画、每一件文物，都是中国古代人民智慧的结晶。

——节选自小学《语文》第六册中《莫高窟》

[作品 30 号]

牡丹的拒绝

其实你在很久以前并不喜欢（huan）牡丹（mǔ · dan），因为它总被人作为富贵膜（mó）拜。后来你目睹了一次牡丹的落花，你相信所有的人都会为（wéi）之感动：一阵清风徐来，娇艳鲜嫩的盛期牡丹忽然整朵整朵地坠落，铺撒一地绚丽的花瓣。那花瓣落地时依然鲜艳夺目，如同一只奉上祭坛的大鸟脱落的羽毛，低吟（yín）着壮烈的悲歌离去。

牡丹没有花谢花败之时，要么烁（shuò）于枝头，要么归于泥土。它跨越委顿和衰老，由青春而死亡，由美丽而消遁（dùn）。它虽美却不吝（lìn）惜生命，即（jí）使告别也要展示给人最后一次的惊心动魄。

所以在这阴冷的四月里，奇迹（jì）不会发生。任凭游人扫兴和诅咒（zǔzhòu），牡丹依然安之若素。它不苟且、不俯（fǔ）就、不妥协、不媚（mèi）俗，甘愿自己冷落自己。它遵循自己的花期自己的规律，它有权利为自己选择每年一度的盛大节日。它为什么不拒绝寒冷？

天南海北的看花人，依然络绎（luòyì）不绝地涌（yǒng）入洛阳城。人们不会因牡丹的拒绝而拒绝它的美。如果它再被贬谪（biǎnzhé）十次，也许它就会繁衍（fán yǎn）出/十个洛阳牡丹城。

于是你在无言的遗憾中感悟到，富贵与高贵只是一字之差。同人一样，花儿也是有灵性的，更有品位之高低。品位这东西为（wéi）气为（wéi）魂为（wéi）//筋骨为神韵，只可意会。你叹服牡丹卓（zhuó）尔不群之姿，方知品位是多么容易被世人忽略或是漠视的美。

——节选自张抗抗《牡丹的拒绝》

［作品 31 号］

“能吞能吐”的森林

森林涵养水源，保持水土，防止水旱灾害的作用非常大。据专家测算，一片十万亩面积（jī）的森林，相当于一个两百万立方米的水库，这正如农谚所说的：“山上多栽树，等于修水库。雨多它能吞，雨少它能吐（tǔ）。”

说起森林的功劳，那还多得很。它除了为人类提供（gōng）木材及许多种生产、生活的原料之外，在维护生态环境方面/也是功劳卓（zhuó）著，它用另一种“能吞能吐”的特殊功能孕育了人类。因为地球在形成之初，大气中的二氧化碳含量很高，氧气很少，气温也高，生物是难以生存的。大约在四亿年之前，陆地才产生了森林。森林慢慢将大气中的二氧化碳吸收，同时吐（tǔ）出新鲜氧气，调节气温：这才具备了人类生存的条件，地球上才最终有了人类。

森林，是地球生态系统的主体，是大自然的总调度室，是地球的绿色之肺。森林维护地球生态环境的/这种“能吞能吐”的特殊功能/是其他任何物体都不能取代的。然而，由于地球上的燃烧物增多，二氧化碳的排放量急剧增加，使得地球生态环境急剧恶化，主要表现为全球气候变暖，水分蒸发加快，改变了气流的循环，使气候变化加剧，从而引发热浪、飓（jù）风、暴雨、洪涝及干旱。

为了//使地球的这个“能吞能吐”的绿色之肺恢复健壮，以改善生态环境，抑制全球变暖，减少水旱等自然灾害，我们应该大力造林、护林，使每一座荒山都绿起来。

——节选自《中考语文课外阅读试题精选》中《“能吞能吐”的森林》

［作品 32 号］

朋友和其他

朋友即（jí）将远行。

暮春时节，又邀了几位朋友在家小聚。虽然都是极熟（shú）的朋友，却是终年难得一见，偶尔电话里相遇，也无非是几句寻常话。一锅小米稀饭，一碟大头菜，一盘自家酿制的泡菜，一只巷（xiàng）口买回的烤鸭，简简单单，不像请客，倒像家人团聚。

其实，友情也好，爱情也好，久而久之都会转化为亲情。

说也奇怪，和新朋友会谈文学、谈哲学、谈人生道理等等，和老朋友却只话家常，柴米油盐，细细（xì）碎碎（suì），种种琐事。很多时候（hou），心灵的契（qì）合已经不需要太多的言语来表达。

朋友新烫了个头，不敢回家见母亲，恐怕惊骇（hài）了老人家，却欢天喜地来见我们，老朋友颇（pō）能以一种趣味性的眼光欣赏这个改变。

年少的时候，我们差不多都在为别人而活，为苦口婆心的父母活，为循循善诱的师长活，为许多观念、许多传统的约束力而活。年岁逐增，渐渐挣（zhèng）脱外在的限制与束缚（fù），开始懂得为自己活，照自己的方式做一些自己喜欢的事，不在乎别人的批评意见，不在乎别人的诋毁流言，只在乎那一份随心所欲的舒坦（tan）自然（rán）。偶尔，也能够纵容自己放浪一下，并且有一种恶作剧的窃喜。

就让生命顺其自然，水到渠（qú）成吧，犹如窗前的//乌桕（jiù），自生自落之间，自有一份圆融丰满的喜悦。春雨轻轻落着，没有诗，没有酒，有的只是一份相知相属（zhǔ）的自在自得（dé）。

夜色在笑语中渐渐沉落，朋友起身告辞，没有挽留，没有送别，甚至也没有问归期。

已经过了大喜大悲的岁月，已经过了伤感流泪的年华，知道了聚散原来是这样的自然和顺理成章，懂得这点，便懂得珍惜每一次相聚的温馨，离别便也欢喜。

——节选自（台湾）杏林子《朋友和其他》

［作品 33 号］

散　步

我们在田野散步：我，我的母亲，我的妻子和儿子。

母亲本不愿出来的。她老了，身体不好，走远一点儿就觉得很累。我说，正因为如此，才应该多走走。母亲信服地点点头，便去拿外套。她现在很听我的话，就像我小时候很听她的话一样。

这南方初春的田野！大块小块的新绿随意地铺着，有的浓，有的淡，树上的嫩芽也密了，田里的冬水也咕咕地起着水泡。这一切都使人想着一样东西——生命。

我和母亲走在前面，我的妻子和儿子走在后面。小家伙突然叫起来："前面是妈妈和儿子，后面也是妈妈和儿子！"我们都笑了。

后来发生了分歧（qí）：母亲要走大路，大路平顺；我的儿子要走小路，小路有意思（si）。不过，一切都取决于我。我的母亲老了，她早已习惯听从她强壮的儿子；我的儿子还小，他还习惯听从他高大的父亲；妻子（zǐ）呢，在外面，她总是听我的。一霎（shà）时我感到了责任的重大。我想找一个两全的办法，找不出；我想拆散一家人，分成两路，各得其所，终不愿意。我决定委屈儿子，因为我伴同他的时日还长。我说："走大路。"

但是母亲摸摸孙儿（sūn'ér）的小脑瓜儿，变了主意（zhǔyi）："还是走小路吧。"她的眼随小路望去：那里有金色的菜花、两行整齐的桑树，// 尽头一口水波粼粼的鱼塘。"我走不过去的地方，你就背着我。"母亲对我说。

这样，我们在阳光下，向着那菜花、桑树和鱼塘走去。到了一处，我蹲下来，背起了母亲；妻子也蹲下来，背起了儿子。我和妻子都是慢慢地、稳稳地，走得很仔细，好像我背上的同她背上的加起来，就是整个世界。

——节选自莫怀戚《散步》

［作品 34 号］

神秘的“无底洞”

地球上是否真的存在“无底洞”？按说/地球是圆的，由地壳（qiào）、地幔（màn）和地核三层组成，真正的“无底洞”是不应存在的，我们所看到的各种山洞、裂口、裂缝，甚至火山口/也都只是地壳浅部的一种现象。然而中国一些古籍却多次提到海外有个深奥莫测的无底洞。事实上，地球上确实有这样一个“无底洞”。

它位于希腊亚（yà）各斯古城的海滨。由于濒（bīn）临大海，大涨潮时，汹涌的海水便会排山倒海般地涌（yǒng）入洞中，形成一股湍（tuān）湍的急流。据测，每天流入洞内的海水量达三万多吨。奇怪的是，如此大量的海水灌入洞中，却从来没有把洞灌满。曾有人怀疑，这个“无底洞”，会不会就像石灰岩地区的漏斗、竖井、落水洞一类的地形。然而从二十世纪三十年代以来，人们就做了多种努力，企图寻找它的出口，却都是枉（wǎng）费心机。

为了揭开这个秘密，一九五八年美国地理学会派出一支考察队。他们把一种经久不变的带色染料溶解在海水中，观察染料是如何随着海水一起沉下去。接着又察看了附近海面以及岛上的各条河、湖，满怀希望地寻找这种带颜色的水，结（jié）果令人失望。难道是海水量太大把有色水稀释得太淡，以致无法发现？//

至今谁也不知道为什么这里的海水会没完没了地“漏”下去，这个“无底洞”的出口又在哪里，每天大量的海水究竟都流到哪里去了？

——节选自罗伯特·罗威尔《神秘的“无底洞”》

［作品 35 号］

世间最美的坟墓

我在俄国见到的景物再没有比托尔斯泰墓更宏伟、更感人的。

完全按照托尔斯泰的愿望，他的坟墓成了世间最美的，给人印象最深刻的坟墓。它只是树林中的一个小小的长方形土丘，上面开满鲜花——没有十字架，没有墓碑，没有墓志铭，连托尔斯泰这个名字也没有。

这位比谁都感到受自己的声名所累（lěi）的伟人，却像偶尔被发现的流浪汉、不为（wéi）人知的士兵，不留名姓地被人埋葬了。谁都可以踏进他最后的安息地，围在四周稀疏的木栅栏（zhàlan）是不关闭的——保护列夫・托尔斯泰得以安息的没有任何别的东西，唯有人们的敬意；而通常，人们却总是怀着好奇，去破坏伟人墓地的宁静。

这里，逼人的朴素/禁锢（jìngù）住任何一种观赏的闲情，并且不容许你大声说话。风儿（fēng'ér）俯临，在这座无名者之墓的树木之间/飒飒（sà）响着，和暖的阳光在坟头嬉戏；冬天，白雪温柔地覆（fù）盖这片幽暗的土地。无论你在夏天或冬天经过这儿，你都想象不到，这个小小的、隆起的长方体里安放着一位当代最伟大的人物。

然而，恰恰是这座不留姓名的坟墓，比所有挖空心思（si）用大理石和奢（shē）华装饰建造的坟墓更扣人心弦（xián）。在今天这个特殊的日子里，//到他的安息地来的成百上千人中间，没有一个有勇气，哪怕仅仅从这幽暗的土丘上摘下一朵花留作纪念。人们重新感到，世界上再没有比托尔斯泰最后留下的、这座纪念碑式的朴素坟墓，更打动人心的了。

——节选自［奥］茨威格《世间最美的坟墓》，张厚仁译

[作品 36 号]

苏州园林

我国的建筑，从古代的宫殿到近代的一般住房，绝大部分是对称的，左边怎么样，右边怎么样。苏州园林可绝不讲究对称（chèn），好像故意避免似（shì）的。东边有了一个亭子或者一道回廊，西边决不会来一个同样的亭子或者一道同样的回廊。这是为什么？我想，用图画来比方，对称的建筑是图案画，不是美术画，而园林是美术画，美术画要求自然之趣，是不讲究对称的。

苏州园林里都有假山和池沼（zhǎo）。

假山的堆叠，可以说是一项艺术而不仅是技术。或者是重峦叠嶂，或者是几座小山配合着竹子花木，全在乎（hu）设计者和匠师们生平多阅历，胸中有丘壑（hè），才能使游览者攀登的时候忘却苏州城市，只觉得身在山间。

至于池沼，大多引用活水。有些园林池沼宽敞，就把池沼作为全园的中心，其他景物配合着布置。水面假如成河道模（mú）样，往往安排桥梁。假如安排两座以上的桥梁，那就一座一个样，决不雷同。

池沼或河道的边沿/很少砌（qì）齐整的石岸，总是高低屈曲（qū）任其自然。还在那儿布置几块玲珑的石头，或者种些花草。这也是为了取得从各个角度看都成一幅画的效果。池沼里养着金鱼或各色鲤鱼，夏秋季节荷花或睡莲开//放，游览者看“鱼戏莲叶间”，又是入画的一景。

——节选自叶圣陶《苏州园林》

[作品 37 号]

态度创造快乐

一位访美中国女作家，在纽约/遇到一位卖花的老太太。老太太穿着（zhuó）破旧，身体虚弱，但脸上的神情却是那样祥和兴（xīng）奋。女作家挑了一朵花说："看起来，你很高兴。"老太太面带微笑地说："是的，一切都这么美好，我为什么不高兴呢?""对烦恼，你倒（dào）真能看得开。"女作家又说了一句。没料到，老太太的回答更令女作家大吃一惊："耶稣在星期五被钉上十字架时，是全世界最糟糕的一天，可三天后就是复活节。所以，当我遇到不幸时，就会等待三天，这样一切就恢复正常了。"

"等待三天"，多么富于哲理的话语，多么乐观的生活方式。它把烦恼和痛苦抛下，全力去收获快乐。

沈从文在"文革"期间，陷入了非人的境地。可他毫不在意（yì），他在咸宁时给他的表侄、画家黄永玉写信说："这里的荷花真好，你若来……"身陷苦难/却仍（réng）为（wèi）荷花的盛开/欣喜赞叹不已，这是一种趋于澄明的境界，一种旷达洒脱的胸襟，一种面临磨难坦荡从容的气度，一种对生活童子般的热爱和对美好事物无限向往的生命情感。

由此可见，影响一个人快乐的，有时并不是困境及磨难，而是一个人的心态。如果把自己浸泡在积极、乐观、向上的心态中，快乐必然会//占据你的每一天。

——节选自《态度创造快乐》

[作品 38 号]

泰山极顶

泰山极顶看日出，历来被描绘成十分壮观的奇景。有人说：登泰山而看不到日出，就像一出大戏没有戏眼（yǎn），味儿终究有点寡淡（dàn）。

我去爬山那天，正赶上个难得（dé）的好天，万里长空，云彩（cai）丝儿都不见。素常，烟雾腾腾的山头，显得眉目分明。同伴们都欣喜地说："明天早晨准可以看见日出了。"我也是抱着这种想头（tou），爬上山去。

一路从山脚往上爬，细看山景，我觉得挂在眼前的不是五岳独尊的泰山，却像一幅（fú）规模惊人的青绿山水画，从下面倒展开来。在画卷（juàn）中最先露（lòu）出的/是山根底那座明朝建筑岱宗坊（fāng），慢慢地便现出王母池、斗母宫、经石峪。山是一层比一层深，一叠比一叠奇，层层叠叠，不知还会有多深多奇。万山丛中，时而点染着极其工细的人物。王母池旁的吕祖殿里有不少尊明塑，塑着吕洞宾等一些人，姿态神情是那样有生气，你看了，不禁（jīn）会脱口赞叹说："活啦。"

画卷继续展开，绿阴森森的柏（bǎi）洞露（lòu）面不太久，便来到对松山。两面奇峰对峙（zhì）着，满山峰都是奇形怪状的老松，年纪怕都有上千岁了，颜色竟那么浓，浓得好像要流下来似（shì）的。来到这儿，你不妨（fáng）权当一次画里的写意人物，坐在路旁的对松亭里，看看山色，听听流//水和松涛。

一时间，我又觉得自己不仅是在看画卷，却又像是在零零乱乱翻着一卷（juàn）历史稿本。

——节选自杨朔《泰山极顶》

[作品 39 号]

陶行知的“四块糖果”

育才小学校长陶行知/在校园看到学生王友/用泥块砸自己班上的同学，陶行知当即(jí) 喝(hè) 止了他，并令他放学后到校长室去。无疑，陶行知是要好好教育这个“顽皮”的学生。那么他是如何教育的呢？

放学后，陶行知来到校长室，王友已经等在门口准备挨(ái) 训了。可一见面，陶行知却掏出一块糖果送给王友，并说：“这是奖给你的，因为你按时来到这里，而我却迟到了。”王友惊疑地接过糖果。

随后，陶行知又掏出一块糖果放到他手里，说：“这第二块糖果也是奖给你的，因为当我不让你再打人时，你立即就住手了，这说明你很尊重我，我应该奖你。”王友更惊疑了，他眼睛睁得大大的。

陶行知又掏出第三块糖果塞(sāi) 到王友手里，说：“我调查过了，你用泥块砸那些男生，是因为他们不守游戏规则，欺负女生；你砸他们，说明你很正直善良，且有批评不良行为的勇气，应该奖励你啊(ya)!”王友感动极了，他流着眼泪后悔地喊道：“陶……陶校长，你打我两下吧！我砸的不是坏人，而是自己的同学啊(ya)……”

陶行知满意地笑了，他随即掏出第四块糖果递给王友，说：“为你正确地认识错误，我再奖给你一块糖果，只可惜我只有这一块糖果了。我的糖果//没有了，我看我们的谈话也该结束了吧！”说完，就走出了校长室。

——节选自《教师博览·百期精华》中《陶行知的“四块糖果”》

［作品 40 号］

提醒幸福

享受幸福是需要学习的，当它即（jí）将来临的时刻需要提醒。人可以自然而然地学会感官的享乐（lè），却无法天生地掌握幸福的韵律。灵魂的快意/同器官的舒适像一对孪生兄弟，时而相傍相依，时而南辕北辙（zhé）。

幸福是一种心灵的震颤。它像会倾听音乐的耳朵一样，需要不断地训练。

简而言之，幸福就是没有痛苦的时刻。它出现的频率并不像我们想象的那样少。人们常常/只是在幸福的金马车/已经驶过去很远时，才捡起地上的金鬃（zōng）毛说，原来我见过它。

人们喜爱回味幸福的标本，却忽略它披着露（lù）水散发清香的时刻。那时候我们往往步履匆匆，瞻（zhān）前顾后不知在忙着什么。

世上有预报台风的，有预报蝗灾的，有预报瘟（wēn）疫的，有预报地震的。没有人预报幸福。

其实幸福和世界万物一样，有它的征兆（zhào）。

幸福常常是朦胧的，很有节制地向我们喷洒甘霖。你不要总希望轰轰烈烈的幸福，它多半只是悄悄地扑面而来。你也不要企图把水龙头拧（nǐng）得更大，那样它会很快地流失。你需要静静地以平和之心，体验它的真谛（dì）。

幸福绝大多数是朴素的。它不会像信号弹似（shì）的，在很高的天际闪烁红色的光芒。它披着本色的外//衣，亲切温暖地包裹起我们。

幸福不喜欢喧嚣（xiāo）浮华，它常常在暗淡中降临。贫困中相濡（rú）以沫（mò）的一块糕饼，患难中心心相印的一个眼神，父亲一次粗糙（cāo）的抚摩，女友一张温馨的字条……这都是千金难买的幸福啊，像一粒粒缀（zhuì）在旧绸子上的红宝石，在凄凉中愈发熠熠（yìyì）夺目。

——节选自毕淑敏《提醒幸福》

[作品 41 号]

天才的造就

在里约热内卢的一个贫民窟里，有一个男孩子，他非常喜欢足球，可是又买不起，于是就踢塑料盒，踢汽水瓶，踢从垃圾箱里捡来的椰子壳。他在胡同儿（tòngr）里踢，在能找到的任何一片空地上踢。

有一天，当他在一处干涸（hé）的水塘里猛踢一个猪膀胱（pángguāng）时，被一位足球教练看见了。他发现这个男孩儿踢得很像是那么回事，就主动提出要送给他一个足球。小男孩儿得到足球后踢得更卖劲了。不久，他就能准确地/把球踢进远处随意摆放的/一个水桶里。

圣诞节到了，孩子的妈妈说："我们没有钱买圣诞礼物送给我们的恩人，就让我们为他祈祷吧。"

小男孩儿跟随妈妈祈祷完毕，向妈妈要了一把铲子便跑了出去。他来到一座别墅（shù）前的花园里，开始挖坑。

就在他快要挖好坑的时候，从别墅里走出一个人来，问小孩儿在干什么，孩子抬起满是汗珠的脸蛋儿，说："教练，圣诞节到了，我没有礼物送给您，我愿给您的圣诞树挖一个树坑。"

教练把小男孩儿从树坑里拉上来，说："我今天得到了世界上最好的礼物。明天你就到我的训练场去吧。"

三年后，这位十七岁的男孩儿在第六届足球锦标赛上独进二十一球，为巴西第一次捧回了金杯。一个原//来不为世人所知的名字——贝利，随之传遍世界。

——节选自刘燕敏《天才的造就》

［作品 42 号］

我的母亲独一无二

记得我十三岁时，和母亲住在法国东南部的耐斯城。母亲没有丈夫，也没有亲戚，够清苦的，但她经常能拿出令人吃惊的东西，摆在我面前。她从来不吃肉，一再说自己是素食者。然而有一天，我发现母亲/正仔细地/用一小块碎面包/擦那给我煎牛排用的油锅。我明白了她称自己为素食者的真正原因。

我十六岁时，母亲成了耐斯市美蒙旅馆的女经理。这时，她更忙碌了。一天，她瘫在椅子上，脸色苍白，嘴唇发灰。马上找来医生，做出诊断：她摄取了过多的胰岛素。直到这时我才知道母亲多年一直对我隐瞒的疾痛——糖尿病。

她的头歪向枕头（tou）一边，痛苦地用手抓挠胸口。床架上方，则挂着一枚我一九三二年赢得（dé）耐斯市少年乒乓球冠军的银质奖章。

啊，是对我的美好前途的憧憬（chōngjǐng）支撑着她活下去。为了给她那荒唐的梦至少加一点真实的色彩，我只能继续努力，与时间竞争，直至一九三八年我被征入空军。巴黎很快失陷，我辗转（zhǎnzhuǎn）调到英国皇家空军。刚到英国就接到了母亲的来信。这些信是由在瑞士的一个朋友秘密地转（zhuǎn）到伦敦，送到我手中的。

现在我要回家了，胸前佩戴着醒目的绿黑两色的解放十字绶（shòu）//带，上面挂着五六枚我终身难忘的勋（xūn）章，肩上还佩戴着军官肩章。到达旅馆时，没有一个人跟我打招呼。原来，我母亲在三年半以前就已经离开人间了。

在她死前的几天中，她写了近二百五十封信，把这些信交给她在瑞士的朋友，请这个朋友定时寄给我。就这样，在母亲死后的三年半的时间里，我一直从她身上吸取着力量和勇气——这使我能够继续战斗到胜利那一天。

——节选自［法］罗曼·加里《我的母亲独一无二》

［作品 43 号］

我的信念

生活对于任何人都非易事，我们必须有坚韧不拔的精神。最要紧的，还是我们自己要有信心。我们必须相信，我们对每一件事情（qing）都具有天赋的才能，并且，无论付出任何代价，都要把这件事完成。当事情结束的时候，你要能问心无愧地说："我已经尽我所能了。"

有一年的春天，我因病被迫在家里休息数周。我注视着我的女儿们所养的蚕正在结茧（jiéjiǎn），这使我很感兴趣。望着这些蚕执着（zhuó）地、勤奋地工作，我感到我和它们非常相似（sì）。像它们一样，我总是耐心地把自己的努力集中在一个目标上。我之所以如此，或许是因为有某种力量在鞭策着我——正如蚕被鞭策着去结茧一般。

近五十年来，我致力于科学研究，而研究，就是对真理的探讨。我有许多美好快乐的记忆。少女时期我在巴黎大学，孤独地过着求学的岁月；在后来献身科学的整个时期，我丈夫和我专心致志，像在梦幻中一般，坐在简陋的书房里艰辛地研究，后来我们就在那里发现了镭。

我永远追求安静的工作和简单的家庭生活。为了实现这个理想，我竭（jié）力保持宁静的环境，以免受人事的干扰和盛名的拖累（lěi）。

我深信，在科学方面我们有对事业而不//是对财富的兴趣。我的唯一奢（shē）望是在一个自由国家中，以一个自由学者的身份从事研究工作。

我一直沉醉于世界的优美之中，我所热爱的科学也不断增加它崭新的远景。我认定科学本身就具有伟大的美。

——节选自［波兰］玛丽·居里《我的信念》，剑捷译

［作品 44 号］

我为什么当教师

我为什么非要教书不可？是因为我喜欢当教师的时间安排表和生活节奏。七、八、九三个月给我提供（gōng）了进行回顾、研究、写作的良机，并将三者有机融合，而善于回顾、研究和总结正是优秀教师素质中不可缺少的成分。

干这行给了我多种多样的“甘泉”去品尝，找优秀的书籍去研读，到“象牙塔”和实际世界里去发现。教学工作给我提供了继续学习的时间保证，以及多种途径（jìng）、机遇和挑战。

然而，我爱这一行的真正原因，是爱我的学生。学生们在我的眼前成长、变化。当教师意味着亲历“创造”过程的发生——恰似（sì）/亲手赋予（yǔ）一团泥土以生命，没有什么/比目睹它开始呼吸/更激动人心的了。

权利我也有了：我有权利去启发诱导，去激发智慧的火花，去问费心思考的问题，去赞扬回答的尝试，去推荐书籍，去指点迷津。还有什么别的权利能与之相比呢？

而且，教书还给我金钱和权利之外的东西，那就是爱心。不仅有对学生的爱，对书籍的爱，对知识的爱，还有教师才能感受到的对“特别”学生的爱。这些学生，有如冥（míng）顽不灵的泥块，由于接受了老师的炽（chì）爱才勃发了生机。

所以，我爱教书，还因为，在那些勃发生机的“特别”学//生身上，我有时发现自己和他们呼吸相通，忧乐与共。

——节选自［美］彼得·基·贝得勒《我为什么当教师》

［作品 45 号］

西部文化和西部开发

中国西部我们通常是指黄河与秦岭相连一线以西，包括西北和西南的十二个省、市、自治区。这块广袤（mào）的土地面积（jī）为五百四十六万平方公里，占国土总面积的百分之五十七；人口二点八亿，占全国总人口的百分之二十三。

西部是华夏文明的源头（tóu）。华夏祖先的脚步是顺着水边走的：长江上游出土过元谋人牙齿化石，距今约一百七十万年；黄河中游出土过蓝田人头盖骨，距今约七十万年。这两处古人类都比距今约五十万年的北京猿人资格更老。

西部地区是华夏文明的重要发源地。秦皇汉武以后，东西方文化在这里交汇融合，从而有了丝绸之路的驼铃声声，佛（fó）院深寺（sì）的暮鼓晨钟。敦煌莫高窟是世界文化史上的一个奇迹，它在继承汉晋艺术传统的基础上，形成了自己兼收并蓄（xù）的恢（huī）宏气度，展现出精美绝伦的艺术形式和博大精深的文化内涵。秦始皇兵马俑、西夏王陵、楼兰古国、布达拉宫、三星堆、大足石刻等历史文化遗产，同样为（wéi）世界所瞩（zhǔ）目，成为中华文化重要的象征。

西部地区又是少数民族及其文化的集萃（cuì）地，几乎包括了我国所有的少数民族。在一些偏远的少数民族地区，仍保留//了一些久远时代的艺术品种，成为珍贵的“活化石”，如纳西古乐、戏曲、剪纸、刺绣、岩画等民间艺术和宗教艺术，特色鲜明、丰富多彩，犹如一个巨大的民族民间文化艺术宝库。

我们要充分重视和利用这些得天独厚的资源优势，建立良好的民族民间文化生态环境，为西部大开发做出贡献。

——节选自《中考语文课外阅读试题精选》中《西部文化和西部开发》

［作品 46 号］

喜　悦

高兴，这是一种具体的被看得到摸得着的事物所唤起的情绪。它是心理的，更是生理的。它容易来也容易去，谁（shéi）也不应该对它视而不见失之交臂，谁（shéi）也不应该总是做那些使自己不高兴也使旁人不高兴的事。让我们说一件最容易做也最令人高兴的事吧，尊重你自己，也尊重别人，这是每一个人的权利，我还要说这是每一个人的义务。

快乐，它是一种富有概括性的生存状态、工作状态。它几乎是先验的，它来自生命本身的活力，来自宇宙、地球和人间的吸引。它是世界的丰富、绚丽、阔大、悠久的体现。快乐还是一种力量，是埋在地下的根脉（mài）。消灭一个人的快乐比挖掘掉一棵大树的根要难得多。

欢欣，这是一种青春的、诗意的情感。它来自面向着未来伸开双臂奔跑的冲力，它来自一种轻松而又神秘、朦胧而又隐秘的激动。它是激情即将到来的预兆，它又是大雨过后的比下雨还要美妙得多也久远得多的回味……

喜悦，它是一种带有形而上色彩的修养和境界。与（yǔ）其说它是一种情绪，不如说它是一种智慧、一种超拔、一种悲天悯（mǐn）人的宽容和理解，一种饱经沧桑的充实和自信，一种光明的理性，一种坚定 // 的成熟，一种战胜了烦恼和庸俗的清明澄澈（chéngchè）。它是一潭清水，它是一抹（mǒ）朝霞，它是无边的平原，它是沉默的地平线。多一点儿、再多一点儿喜悦吧，它是翅膀，也是归巢。它是一杯美酒，也是一朵永远开不败的莲花。

—— 节选自王蒙《喜悦》

［作品 47 号］

香港：最贵的一棵树

在湾仔（zǎi），香港最热闹（nao）的地方（fang），有一棵榕树。它是最贵的一棵树，不光在香港，在全世界，都是最贵的。

树，活的树，又不卖何言其贵？只因它老，它粗，是香港百年沧桑的活见证，香港人不忍看着它被砍伐，或者被移走，便跟要占用这片山坡的建筑者谈条件：可以在这儿建大楼盖商厦，但一/不准砍树，二/不准挪树，必须把它原地精心养起来，成为香港闹市中的一景。太古大厦的建设者最后签了合同，占用这个大山坡建豪华商厦的先决条件是同意保留这棵老树。

树长在半山坡上，计划将树下面的成千上万吨（dūn）山石全部掏空取走，腾出地方来盖楼，把树架在大楼上面，仿佛它原本是长在楼顶上似（shì）的。建设者就地造了一个直径十八米、深十米的大花盆，先固定好这棵老树，再在大花盆底下盖楼。光这一项就花了两千三百八十九万港币，堪（kān）称是最昂贵的保护措施了。

太古大厦落成之后，人们可以乘（chéng）滚动扶梯一次到位，来到太古大厦的顶层，出后门，那儿是一片自然景色。一棵大树出现在人们面前，树干（gàn）有一米半粗，树冠（guān）直径足有二十多米，独木成林，非常壮观，形成一座以它为中心的小公园，取名叫“榕圃（pǔ）”。树前面//插着铜牌，说明缘由。此情此景，如不看铜牌的说明，绝对想不到巨树根底下还有一座宏伟的现代大楼。

——节选自舒乙《香港：最贵的一棵树》

［作品 48 号］

小鸟的天堂

我们的船渐渐地逼近榕树了。我有机会看清它的真面目：是一棵大树，有数不清的丫枝，枝上又生根，有许多根一直垂到地上，伸进泥土里。一部分树枝垂到水面，从远处看，就像一棵大树斜躺在水面上一样。

现在正是枝繁叶茂的时节。这棵榕树/好像在把它的全部生命力/展示给我们看。那么多的绿叶，一簇（cù）堆在另一簇的上面，不留一点儿缝隙（xì）。翠绿的颜色明亮地在我们的眼前闪耀，似乎每一片树叶上都有一个新的生命在颤（chàn）动。这美丽的南国的树！

船在树下泊了片刻，岸上很湿，我们没有上去。朋友说这里是“鸟的天堂”，有许多鸟在这棵树上做窝，农民不许人去捉它们。我仿佛听见几只鸟扑翅的声音，但是等到我的眼睛注意地看那里时，我却看不见一只鸟的影子。只有无数的树根立在地上，像许多根木桩。地是湿的，大概涨（zhǎng）潮时河水常常冲上岸去。“鸟的天堂”里没有一只鸟，我这样想到。船开了，一个朋友拨（bō）着船，缓缓地流到河中间去。

第二天，我们划着船到一个朋友的家乡去，就是那个有山有塔的地方（fang）。从学校出发，我们又经过那“鸟的天堂”。

这一次是在早晨，阳光照在水面上，也照在树梢上，一切都//显得非常光明。我们的船也在树下泊了片刻。

起初四周围非常清静，后来忽然起了一声鸟叫。我们把手一拍，便看见一只大鸟飞了起来，接着又看见第二只，第三只。我们继续拍掌，很快地这个树林就变得很热闹了，到处都是鸟声，到处都是鸟影。大的，小的，花的，黑的，有的站在枝上叫，有的飞起来，在扑翅膀。

——节选自巴金《小鸟的天堂》

［作品 49 号］

野　草

有这样一个故事（shi）。

有人问：世界上什么东西的气力最大？回答纷纭得很，有的说“象”，有的说“狮”，有人开玩笑似（shì）的说，是“金刚”，金刚有多少气力，当然大家全不知道。

结果，这一切答案完全不对，世界上气力最大的，是植物的种子。一粒种子所可以显现出来的力，简直是超越一切。

人的头盖骨，结（jié）合得非常致密与坚固，生理学家和解剖（pōu）学者用尽了一切的方法，要把它完整地分出来，都没有这种力气。后来忽然有人发明了一个方法，就是把一些植物的种子放在要剖（pōu）析的头盖骨里，给它以温度与湿度，使它发芽。一发芽，这些种子便以可怕的力量，将一切机械力所不能分开的骨骼，完整地分开了。植物种子的力量之大，如此如此。

这，也许特殊了一点儿，常人不容易理解。那么，你看见过笋的成长吗？你看见过被压在瓦砾（lì）和石块（kuài）下面的一棵小草的生长吗？它为着向往阳光，为着达成它的生之意志，不管上面的石块如何重，石与石之间如何狭，它必定要曲曲（qūqū）折折地，但是顽强不屈地透到地面上来。它的根往土壤钻，它的芽往地面挺，这是一种不可抗拒的力，阻止它的石块，结果也被它掀翻，一粒种子的力量之大，如∥此如此。

没有一个人将小草叫作“大力士”，但是它的力量之大，的确是世界无比。这种力是一般人看不见的生命力。只要生命存在，这种力就要显现。上面的石块，丝毫不足以阻挡。因为它是一种“长期抗战”的力；有弹性，能屈能伸的力；有韧性，不达目的不止的力。

——节选自夏衍《野草》

[作品 50 号]

一 分 钟

著名教育家班杰明/曾经接到一个青年人的求救电话，并与那个（nàge）向往成功、渴望指点的青年人约好了见面的时间和地点。

待那个青年如约而至时，班杰明的房门敞开着，眼前的景象却令青年人颇感意外——班杰明的房间里乱七八糟、狼藉（lángjí）一片。

没等青年人开口，班杰明就招呼（zhāohu）道："你看我这房间，太不整洁了，请你在门外等候一分钟，我收拾（shōushi）一下，你再进来吧。"一边说着，班杰明就轻轻地关上了房门。

不到一分钟的时间，班杰明就又打开了房门并热情地把青年人让进客厅。这时，青年人的眼前展现出另一番景象——房间里的一切已变得井然有序，而且有两杯刚刚倒（dào）好的红酒，在淡淡的香水气息里还漾（yàng）着微波。

可是，没等青年人把满腹的/有关人生和事业的疑难问题/向班杰明讲出来，班杰明就非常客气（kèqi）地说道："干杯。你可以走了。"

青年人手持酒杯一下子愣住了，既尴尬（gāngà）又非常遗憾地说："可是，我……我还没向您请教呢……"

"这些……难道还不够吗？"班杰明一边微笑着一边扫视着自己的房间，轻言细语地说，"你进来又有一分钟了。"

"一分钟……一分钟……"青年人若有所思地说："我懂了，您让我明白（míngbai）了一分钟的时间可以做许//多事情（shìqing），可以改变许多事情的深刻道理。"

班杰明舒心地笑了。青年人把杯里的红酒一饮而尽，向班杰明连连道谢后，开心地走了。

其实，把握好了生命的每一分钟，也就是把握了理想的人生。

（节选自纪广洋《一分钟》）

［作品 51 号］

一个美丽的故事

有个塌鼻子的小男孩儿，因为两岁时得过脑炎，智力受损，学习起来很吃力。打个比方（fang），别人写作文能写二三百字，他却只能写三五行。但即（jí）便这样的作文，他同样能写得很动人。

那是一次作文课，题目是《愿望》。他极其认真地想了半天，然后极认真地写。那作文极短，只有三句话：我有两个愿望，第一个是，妈妈天天笑眯眯地看着我说："你真聪明。"第二个是，老师天天笑眯眯地看着我说："你一点儿也不笨。"

于是，就是这篇作文，深深地打动了他的老师，那位妈妈式的老师不仅给了他最高分，在班上带感情地朗读了这篇作文，还一笔一画地批道：你很聪明，你的作文写得非常感人，请放心，妈妈肯定会格外喜欢你的，老师肯定会格外喜欢你的，大家肯定会格外喜欢你的。

捧着作文本，他笑了，蹦蹦跳跳地回家了，像只喜鹊。但他并没有把作文本拿给妈妈看，他是在等待，等待着一个美好的时刻。

那个时刻终于到了，是妈妈的生日——一个阳光灿烂的星期天。那天，他起得特别早，把作文本装在一个亲手做的美丽的大信封里，等着妈妈醒来。妈妈刚刚睁眼醒来，他就笑眯眯地走到妈妈跟前说："妈妈，今天是您的生日，我要//送给您一件礼物。"

果然，看着这篇作文，妈妈甜甜地涌出了两行热泪，一把搂住小男孩儿，搂得很紧很紧。

是的，智力可以受损，但爱永远不会。

——节选自张玉庭《一个美丽的故事》

［作品 52 号］

永远的记忆

小学的时候，有一次我们（men）去海边远足，妈妈没有做便（biàn）饭，给了我十块钱买午餐。好像走了很久，很久，终于到海边了，大家坐下来便（biàn）吃饭。荒凉的海边没有商店，我一个人跑到防风林外面去，级任老师/要大家把吃剩的饭菜/分给我一点儿。有两三个男生留下一点儿给我，还有一个女生，她的米饭拌了酱油，很香。我吃完的时候，她笑眯眯地看着我，短头发，脸圆圆的。

她的名字叫翁（wēng）香玉。

每天放学的时候，她走的是经过我们家的一条小路，带着一位比她小的男孩儿，可能是弟弟。小路边是一条清澈见底的小溪，两旁竹荫覆盖，我总是远远地跟在她后面。夏日的午后特别炎热，走到半路她会停下来，拿手帕在溪水里浸（jìn）湿，为小男孩儿擦脸。我也在后面停下来，把肮脏的手帕弄湿了擦脸，再一路远远跟着她回家。

后来我们家搬到镇上去了，过几年我也上了中学。有一天放学回家，在火车上，看见斜对面一位短头发、圆圆脸的女孩儿，一身素净的白衣黑裙。我想她一定不认识（shi）我了。火车很快到站了，我随着人群挤向门口，她也走近了，叫我的名字。这是她第一次和我说话。

她笑眯眯的，和我一起走过月台。以后就没有再见过//她了。

这篇文章收在我出版的《少年心事》这本书里。

书出版后半年，有一天我忽然收到出版社转来的一封信，信封上是陌生的字迹（jì），但清楚地写着我的本名。

信里面说她看到了这篇文章，心里非常激动，没想到在离开家乡，漂泊（bó）异地这么久之后，会看见自己仍（réng）然在一个人的记忆里。她自己也深深记得这其中的每一幕，只是没想到越过遥远的时空，竟然另一个人也深深记得。

——节选自苦伶《永远的记忆》

［作品 53 号］

语言的魅力

在繁华的巴黎大街的路旁，站着一个衣衫褴褛（lánlǚ）、头发（fa）斑白、双目失明的老人。他不像其他乞丐那样伸手/向过路行人乞讨，而是在身旁立一块木牌，上面写着："我什么也看不见！"街上过往的行人很多，看了木牌上的字都无动于衷，有的还淡淡一笑，便姗姗而去了。

这天中午，法国著名诗人让·彼浩勒也经过这里。他看看木牌上的字，问盲老人："老人家，今天上午有人给你钱吗？"

盲老人叹息着回答："我，我什么也没有得到。"说着，脸上的神情非常悲伤。

让·彼浩勒听了，拿起笔悄悄地在那行字的前面添上了"春天到了，可是"几个字，就匆匆地离开了。

晚上，让·彼浩勒又经过这里，问那个盲老人下午的情况。盲老人笑着回答说："先生（sheng），不知为什么，下午给我钱的人多极了！"让·彼浩勒听了，摸着胡子满意地笑了。

"春天到了，可是我什么也看不见！"这富有诗意的语言，产生这么大的作用，就在于它有非常浓厚的感情色彩。是的，春天是美好的，那蓝天白云，那绿树红花，那莺歌燕舞，那流水人家，怎么不叫人陶醉呢？但这良辰美景，对于一个双目失明的人来说，只是一片漆黑。当人们想到这个盲老人，一生中竟连万紫千红的春天//都不曾看到，怎能不对他产生同情之心呢？

——节选自小学《语文》第六册中《语言的魅力》

[作品 54 号]

赠你四味长寿药

有一次，苏东坡的朋友张鹗（è）/拿着一张宣纸来求他写一幅（fú）字，而且希望他写一点儿关于养生方面（miàn）的内容。苏东坡思索了一会儿（huìr），点点头说："我得到了一个养生长寿古方，药只有四味，今天就赠给你吧。"于是，东坡的狼毫在纸上挥洒起来，上面写着："一曰（yuē）无事以当（dàng）贵，二曰早寝（qǐn）以当富，三曰安步以当车，四曰晚食以当肉。"

这哪里有药？张鹗一脸茫然地问。苏东坡笑着解释说，养生长寿的要诀，全在这四句里面。

所谓"无事以当贵"，是指人不要把功名利禄、荣辱得失考虑得太多，如能在情志上潇洒大度，随遇而安，无事以求，这比富贵更能使人终其天年。

"早寝以当富"，指吃好穿好、财货充足，并非就能使你长寿。对老年人来说，养成良好的起居习惯，尤其是早睡早起，比获得任何财富更加宝贵。

"安步以当车"，指人不要过于讲求安逸、肢体不劳，而应多以步行来替代骑马乘（chéng）车，多运动才可以强健体魄，通畅气血（xuè）。

"晚食以当肉"，意思是人应该用已（yǐ）饥方食、未饱先止代替对美味佳肴的贪吃无厌。他进一步解释，饿了以后才进食，虽然是粗茶淡饭，但其香甜可口会胜过山珍；如果饱了还要勉强（miǎnqiǎng）吃，即（jí）使美味佳肴摆在眼前也难以//下咽。

苏东坡的四味"长寿药"，实际上是强调了情志、睡眠、运动、饮食四个方面对养生长寿的重要性，这种养生观点即使在今天仍然值得借鉴。

——节选自蒲昭和《赠你四味长寿药》

［作品 55 号］

站在历史的枝头微笑

人活着，最要紧的/是寻觅到那片代表着生命绿色/和人类希望的丛林，然后选一高高的枝头站在那里观览人生，消化痛苦，孕育歌声，愉悦世界！

这可真是一种潇洒的人生态度，这可真是一种心境爽朗的情感风貌。

站在历史的枝头微笑，可以减免许多烦恼。在那里，你可以从众生相（xiàng）所包含的甜酸苦辣、百味人生中寻找你自己；你境遇中的那点儿苦痛，也许相比之下，再也难以占据一席之地；你会较（jiào）容易地/获得从不悦中解脱灵魂的力量，使之不致变得灰色。

人站得高些，不但能有幸早些领略到希望的曙光，还能有幸发现生命的立体的诗篇。每一个人的人生，都是这诗篇中的一个词、一个句子或者一个标点。你可能没有成为一个美丽的词、一个引人注目的句子、一个惊叹号，但你依然是/这生命的立体诗篇中的/一个音节、一个停顿、一个必不可少的组成部分。这足以使你放弃前嫌，萌生为人类孕育新的歌声的兴致，为世界带来更多的诗意。

最可怕的人生见解，是把多维的生存图景看成平面。因为那平面上刻下的大多是凝固了的历史——过去的遗迹；但活着的人们，活得却是充满着新生智慧的。由//不断逝去的“现在”组成的未来。人生不能像某些鱼类躺着游，人生也不能像某些兽类爬着走，而应该站着向前行，这才是人类应有的生存姿态。

——节选自［美］本杰明·拉什《站在历史的枝头微笑》

［作品 56 号］

中国的宝岛——台湾

中国的第一大岛、台湾省的主岛台湾，位于中国大陆架的东南方，地处（chǔ）东海和南海之间，隔着台湾海峡和大陆相望。天气晴朗的时候（hou），站在福建沿海较（jiào）高的地方（fang），就可以隐隐约约地望见岛上的高山和云朵。

台湾岛形状狭长，从东到西，最宽处只有一百四十多公里；由南至北，最长的地方约有三百九十多公里。地形像一个纺织用的梭子（suōzi）。

台湾岛上的山脉纵（zòng）贯南北，中间的中央山脉犹如（yóurú）全岛的脊梁（jǐliang）。西部为海拔近四千米的玉山山脉，是中国东部的最高峰。全岛约有三分之一的地方是平地，其余为山地。岛内有缎带般的瀑布、蓝宝石似（shì）的湖泊（pō）、四季常青的森林和果园，自然景色十分优美。西南部的阿里山和日月潭，台北市郊的大屯（tún）山风景区，都是闻名世界的游览胜地。

台湾岛地处（chǔ）热带和温带之间，四面环海，雨水充足，气温受到海洋的调剂，冬暖夏凉，四季如春，这给水稻和果木生长提供（gōng）了优越的条件。水稻、甘蔗（zhe）、樟脑是台湾的“三宝”。岛上还盛产鲜果和鱼虾。

台湾岛还是一个闻名世界的“蝴蝶王国”。岛上的蝴蝶共有四百多个品种，其中有不少是世界稀有的珍贵品种。岛上还有不少鸟语花香的蝴//蝶谷，岛上居民利用蝴蝶制作的标本和艺术品，远销许多国家。

——节选自《中国的宝岛——台湾》

[作品 57 号]

中 国 的 牛

对于中国的牛，我有着一种特别尊敬的感情（qíng）。

留给我印象最深的，要算在田垄（lǒng）上的一次“相遇”。

一群朋友（you）郊游，我领头在狭窄的阡陌（qiānmò）上走，怎料迎面来了几头耕牛。狭道容不下人和牛，终有一方要让路。它们还没有走近，我们已经预计斗不过畜牲，恐怕难免踩到田地泥水里，弄得鞋袜又泥又湿了。正踟蹰（chíchú）的时候，带头的一头牛，在离我们不远的地方（fang）停下来，抬起头看看，稍迟疑一下，就自动走下田去。一队耕牛，全跟着它离开阡陌，从我们身边经过。

我们都呆了，回过头来，看着深褐色的牛队，在路的尽头消失，忽然觉得自己受了很大的恩惠。

中国的牛，永远沉默地为人做着沉重的工作。在大地上，在晨光或烈日下，它拖着沉重的犁，低头一步又一步，拖出了身后一列又一列松土，好让人们下种（zhǒng）。等到满地金黄或农闲时候（hou），它可能还得担当搬运负重的工作；或终日绕（rào）着石磨，朝同一方向，走不计程的路。

在它沉默的劳动中，人便（biàn）得到应得的收成（cheng）。

那时候，也许，它可以松一肩重担，站在树下，吃几口嫩草。偶尔（ǒu’ ěr）摇摇尾巴（ba），摆摆耳朵，赶走飞附身上的苍蝇，已经算是它最闲适的生活了。

中国的牛，没有成群奔跑的习//惯，永远沉沉实实的，默默地工作，平心静气。这就是中国的牛！

——节选自小思《中国的牛》

［作品 58 号］

住 的 梦

不管我的梦想能否成为事实，说出来总是好玩儿的：

春天，我将要住在杭州。二十年前，旧历的二月初，在西湖我看见了嫩柳与菜花，碧浪与翠竹。由我看到的那点儿春光，已经可以断定，杭州的春天/必定会教（jiào）人整天生活在/诗与图画之中。所以，春天我的家应当是在杭州。

夏天，我想青城山应当算作最理想的地方（fang）。在那里，我虽然只住过十天，可是它的幽静已拴住了我的心灵。在我所看见过的山水中，只有这里没有使我失望。到处都是绿，目之所及，那片淡而光润的绿色/都在轻轻地颤（chàn）动，仿佛要流入空中与心中似（shì）的。这个绿色会像音乐，涤（dí）清了心中的万虑。

秋天一定要住北平。天堂是什么样子，我不知道，但是从我的生活经验去判断，北平之秋便是天堂。论天气，不冷不热。论吃的，苹果、梨、柿子、枣儿（zǎor）、葡萄，每样都有若干种。论花草，菊花种类之多，花式之奇，可以甲天下。西山有红叶可见，北海可以划船——虽然荷花已残，荷叶可还有一片清香。衣食住行，在北平的秋天，是没有一项不使人满意的。

冬天，我还没有打好主意（yi），成都或者相当得合适，虽然并不怎样和暖，可是为了水仙，素心腊梅，各色的茶花，仿佛就受一点儿寒//冷，也颇值得去了。昆明的花也多，而且天气比成都好，可是旧书铺与精美而便宜（yi）的小吃远不及成都那么多。好吧，就暂这么规定：冬天不住成都便住昆明吧。

在抗战中，我没能发国难财。我想，抗战胜利以后，我必能阔起来。那时候，假若飞机减价，一二百元就能买一架的话，我就自备一架，择黄道吉日慢慢地飞行。

——节选自老舍《住的梦》

［作品 59 号］

紫藤萝瀑布

我不由得停住了脚步。

从未见过开得这样盛的藤萝，只见一片辉煌的淡紫色，像一条瀑布，从空中垂下，不见其发（fā）端，也不见其终极，只是深深浅浅的紫，仿佛在流动，在欢笑，在不停地生长。紫色的大条幅上，泛着点点银光，就像迸（bèng）溅的水花。仔细看时，才知那是每一朵紫花中的最浅淡的部分，在和阳光互相挑逗。

这里除了光彩，还有淡淡的芳香。香气似（sì）乎也是浅紫色的，梦幻一般轻轻地笼罩着我。忽然记起十多年前，家门外也曾有过一大株紫藤萝，它依傍（bàng）一株枯槐（huái）爬得很高，但花朵从来都稀落，东一穗西一串伶仃（língdīng）地挂在树梢，好像在察言观色，试探什么。后来索性连那稀零的花串也没有了。园中别的紫藤花架也都拆掉，改种了果树。那时的说法是，花和生活腐化有什么必然关系。我曾遗憾地想：这里再看不见藤萝花了。

过了这么多年，藤萝又开花了，而且开得这样盛，这样密，紫色的瀑布遮住了粗壮的盘虬（qiú）卧龙般的枝干（gàn），不断地流着，流着，流向人的心底。

花和人/都会遇到各种各样的不幸，但是生命的长河是无止境的。我抚摸了一下那小小的紫色的花舱，那里满装了生命的酒酿，它张满了帆（fān），在这∥闪光的花的河流上航行。它是万花中的一朵，也正是由每一个一朵，组成了万花灿烂的流动的瀑布。

在这浅紫色的光辉和浅紫色的芳香中，我不觉加快了脚步。

——节选自宗璞《紫藤萝瀑布》

［作品 60 号］

最糟糕的发明

在一次名人访问中，被问及上个世纪最重要的发明是什么时，有人说是电脑，有人说是汽车，等等，但新加坡的一位知名人士却说是冷气机。他解释，如果没有冷气，热带地区如东南亚国家，就不可能有很高的生产力，就不可能达到今天的生活水准。他的回答实事求是，有理有据。

看了上述报道（dào），我突发奇想，为什么没有记者问："二十世纪最糟糕的发明是什么？"其实二〇〇二年十月中旬，英国的一家报纸就评出了"人类最糟糕的发明"。获此"殊荣"的，就是人们每天大量使用的塑料袋。

诞生于上个世纪三十年代的塑料袋，其家族包括用塑料制成的快餐饭盒、包装纸、餐用杯盘、饮料瓶、酸奶杯、雪糕杯等等。这些废弃物形成的垃圾，数量多、体积（jī）大、重量轻、不降（jiàng）解，给治理工作带来很多技术难题和社会问题。

比如，散（sàn）落在田间、路边及草丛中的塑料餐盒，一旦被牲畜（chù）吞食，就会危及健康甚至导致死亡。填埋废弃塑料袋、塑料餐盒的土地，不能生长庄稼和树木，造成土地板结，而焚烧处（chǔ）理这些塑料垃圾，则会释放出多种化学有毒气体，其中一种称为二噁（è）英的化合物，毒性极大。

此外，在生产塑料袋、塑料餐盒的//过程中使用的氟利昂（fúlì'áng），对人体免疫系统和生态环境造成的破坏也极为严重。

——节选自林光如《最糟糕的发明》

第四节　命 题 说 话

一、命题说话简介

(一) 目　的

此题考查的是应试者在无文字凭借的情况下语音、词汇、语法的规范程度，以及自然、流畅的水平。这不单单是对应试者语言水平的考查，也是对应试者心理素质的考验。

(二) 要　求

(1) 说话话题从《普通话水平测试用话题》中选取，由应试人从给定的两个话题中选定一个话题，连续说一段话。

(2) 应试人单向说话。如发现应试人有背稿子、离题或说话难以继续等表现时，主试人应及时提示或引导。

(三) 评　分

该题总分 40 分，限时 3 分钟。

1. 语音标准程度，共 25 分

一档：语音标准，或极少有失误，扣 0 分、1 分、2 分。

二档：语音错误在 10 次以下，有方音但不明显，扣 3 分、4 分。

三档：语音错误在 10 次以下，但方音比较明显；或语音错误在 10～15 次之间，有方音但不明显，扣 5 分、6 分。

四档：语音错误在 10～15 次之间，方音比较明显，扣 7 分、8 分。

五档：语音错误超过 15 次，方音明显，扣 9 分、10 分、11 分。

六档：语音错误多，方音重，扣 12 分、13 分、14 分。

2. 词汇语法规范程度，共 10 分

一档：词汇、语法规范，扣 0 分。

二档：词汇、语法偶有不规范的情况，扣 1 分、2 分。

三档：词汇、语法屡有不规范的情况，扣 3 分、4 分。

3. 自然流畅程度，共 5 分

一档：语言自然流畅，扣 0 分。

二档：语言基本流畅，口语化较差，有背稿子的表现，扣 0.5 分、1 分。

三档：语言不连贯，语调生硬，扣 2 分、3 分。

说话时间不足三分钟，酌情扣分：缺时 1 分钟以内（含 1 分钟），扣 1 分、2 分、3 分；缺时 1 分钟以上（含 1 分钟），扣 4 分、5 分、6 分；说话不满 30 秒（含 30 秒），本测试项计为 0 分。

二、命题说话的问题与对策

（一）常见问题

该项是整个测试中最能考查出应试者普通话水平的题目，看似简单，其实最难。因为这不同于日常生活中的聊天、对话，大部分人在陌生人面前即席讲话时，会因为紧张或忙于思考说话内容、组织语句而顾此失彼，暴露出许多问题。因此，在说话训练时，不仅要注意训练成句成段话语语音的自然度，还要注意训练用词、造句以及快速思维的能力。常见问题有以下几方面：

1. 语音不规范

（1）声母、韵母、声调出现方音错误或缺陷；

（2）吐字不清，给人感觉发音不到位、不准确；

（3）声母、韵母、声调发音不错，但语流音变不好，如轻声、儿化、变调等处理错误或者生硬。

2. 词汇语法不规范

（1）由于是自己组织语言，所以很多方言词会脱口而出。

情况一：普通话中没有的词形（普通话用词——方言用词）。

土豆（马铃薯）——洋芋	红薯——红苕	脑袋——脑壳	辣椒——海椒
傻瓜（笨蛋）——瓜娃子	便宜——相因	菜油——清油	辣椒油——红油
什么——啥子	清楚——晓得		

情况二：普通话中有同样的词形，但词义完全不一样。

如：感冒了，<u>鼻子</u>流出来了（鼻子——鼻涕）；这个人真没素质，最喜欢说<u>怪话</u>（怪话——粗话）；你病得<u>恼火</u>吗？（恼火——严重）；今天的天气好<u>大</u>啊（大——热）。

情况三：使用方言语气词。

如：“你说<u>噻</u>！”“给我说一声<u>哈</u>！”“怎么了<u>嘛</u>？”“这样的<u>嗦</u>！”“等我吃了饭<u>哆</u>！”“怎么不说清楚<u>喃</u>？”“走了<u>哇</u>！”这些句尾的语气词应该换成相应的普通话语气词，如“呀”“吗”“呢”“吧”“哪”“啊”等。

（2）使用方言语法，如“懂不起”“说不来”“不得来了”都应该换成普通话的说法“不懂”“不会说”“不会来了”等。

（3）句子不通，有语病。成分残缺、搭配不当、重复啰唆、不符合逻辑等都是常见的语病。如：“既然你来了，我也该走了。”“由于她这样好的成绩，得到了老师和同学们的赞扬。”“他的革命精神时刻浮现在我眼前。”“漫山遍野的鲜花开得漫山遍野都是。”“他是多少个死难者中幸免的一个。”“我们家小时候孩子很多。”

还有很多出现口头语的情况，如“这个”“那个”“的话”“就是说”等，会使语句断断续续，让语句很不流畅。

3. 自然流畅程度方面的毛病

（1）结结巴巴，重复颠倒，说话不流畅，反复地“嗯”“啊”。

（2）语速不当，话语不连贯。

（3）背稿式地说话。带着朗诵或背诵的腔调，不亲切，不自然。

（4）语调生硬，极不自然。

4. 缺　时

无话可说或说话时间不足 3 分钟。说话内容准备不足，语速过快，很容易造成说话时间不足。

（二）测试对策

1. 测试前的准备

本项不是测试应试者的口才和作文能力，要求应试者表述口语化、生活化。说话内容的立意、结构、层次、条理性等虽然都不计分，但这些是影响“说话”测试成绩高低的前提条件。只有把内容准备充分了，层次结构清楚了，才能在考试中胸有成竹、娓娓道来，也才能有更多的时间去关注语音、词汇和语法的规范。所以应试者应该做好充分的训练和准备工作。

（1）了解说话测试的要求，做到心中有数，以免过度紧张或懈怠。

说话的题目都是贴近我们实际生活的，只需要应试者用标准、自然、规范的普通话流畅地讲述 3 分钟，就可以取得好成绩，因此不需要担心自己的口才和文字水平。

（2）分析题目，选择擅长的表达方式。

《测试大纲》提供了 30 个题目，并没有规定具体内容和体裁形式，所以应试者应该根据题目限定，结合自己最擅长的，或者选择综合性的表达方式，这样更有利于临场发挥。30 个题目总的说来可以分为记叙和议论两大类。“记”分为记人、记事、记生活、记所爱四类，“论”分为论人、论事、论物三类。

（3）选定材料，理清思路。

在准备相应题目的材料时，一定要将自身的所见所闻、真实想法融入进去。这样，在说话的时候才会做到言之有物，才能将说话顺利完成。选材时要注意选择有代表性的、典型的、印象深刻的内容。选材不要过宽过多，以免造成说话时没有重点、拖拖拉拉的情况。另外，还需要注意不要选用容易让自己情绪激动的材料，如果说话时泣不成声，很容易使语音、词汇、语法等出现问题，从而影响测试成绩。

材料选定后，选择一条主线组织先后顺序，可以按时间顺序、空间顺序或者逻辑顺序等在头脑中拟定一个提纲，这样，在说话的时候抓住提纲就不会偏离主题。一般都采用三段式结构来安排内容和材料，即“是什么”——“为什么”——“怎么做”的三段式结构，中间部分是重点，需要通过叙述典型事例详说。开头和结尾分别作为介绍和总结，略说就可以了。

（4）组织语言。

同一个意思可以用不同的语言来表述，所以在选择语言的时候尽量选择自己能说准确的字词；多用口语词汇，少用或不用书面语；不用时髦语；避免出现容易误会的同音词；多用短句、单句，少用结构复杂、修饰太多的长句或复句；少用关联词语；要冗余适当，避免使用口头禅、啰唆的语气词，语言要简洁。

其实，最有效的训练说话的方法是多听、多说、多练。因为自己的语音毛病、习惯性的方言词汇和语法的运用自己一般不容易察觉，所以，除了自己多说、多练之外，最好能找到普通话水平高一些的同伴帮自己听，指出自己的问题。有些应试者如果不好意思说给别人听，也可以采用自己录音的方式自己找出错误。实践证明，这是一种很有效的训练方法。

2. 测试时应该注意的问题

（1）迅速选定话题，构思框架，组织语言。

（2）语音规范。

应试者可以有意识地避免和克服自己的语音难点，在提高语音标准程度上下功夫。有意识地使用普通话中的轻声词、儿化词、语气词，增强普通话色彩，减少方言味儿。

（3）词汇语法规范。

注意不要使用方言词语来组织句子。

（4）语调自然流畅。

说话不是朗诵，不是表演，所以要杜绝表演腔调，应自然、得体地聊天儿。

（5）仪态自然大方。

神态镇静、自然，充满信心，不紧不慢，娓娓道来。

（6）注意时间。

提前准备好，避免临时组织语言、反复说同样的内容，拖时间；内容不易过多，避免3分钟结束了，还没有进入主题；内容要适度，同时要注意语速和节奏，避免时间未到就把准备的内容讲完了。

附录十　普通话水平测试（新大纲）说话话题目录

1. 我的愿望
2. 我的学习生活
3. 我尊敬的人
4. 我喜爱的动物（或植物）
5. 童年的记忆
6. 我喜爱的职业
7. 难忘的旅行
8. 我的朋友
9. 我喜爱的文学（或其他）艺术形式
10. 谈谈卫生与健康
11. 我的业余生活
12. 我喜欢的季节（或天气）
13. 学习普通话的体会
14. 谈谈服饰
15. 我的假日生活
16. 我的成长之路
17. 谈谈科技发展与社会生活
18. 我知道的风俗
19. 我和体育

20. 我的家乡（或熟悉的地方）
21. 谈谈美食
22. 我喜欢的节日
23. 我所在的集体（学校、机关、公司）
24. 谈谈社会公德（或职业道德）
25. 谈谈个人修养
26. 我喜欢的明星（或其他知名人士）
27. 我喜爱的书刊
28. 谈谈对环境保护的认识
29. 我向往的地方
30. 购物（消费）的感受

三、命题说话参考提纲

（一）《我的愿望》

1. 我的愿望是：获得二级甲等以上较好成绩，成为一名幼儿教师，成为一名建筑工程师，拥有自己的实业公司……

“它”为什么是我的愿望……

2. 因为我有这样一些经历（讲述一段难忘的经历、故事）……

切记：尽量往“讲故事”这里靠拢，因为容易凑满 3 分钟。当然，议论文、说明文不能忘记议论和说明，只要形式上像就可以了。（以下同）

3. 所以说，“我的愿望”是……

（二）《我的学习生活》

1. 我的学习生活内容丰富，形式多样。
2. 读小学的时候，有哪些学习内容，记忆深刻的有哪些……
3. 读初中的时候，有哪些学习内容，记忆深刻的有哪些……
4. 读高中的时候，有哪些学习内容，记忆深刻的有哪些……
5. 现在，我在某大学读什么专业，有哪些主干课程，老师怎样，同学如何……

（三）《我尊敬的人》

1. 我尊敬的人是我的×老师（爸爸、妈妈……）
2. 我尊敬他（她），是因为他（她）品德高尚，学识渊博……（应试人讲故事）
3. 我尊敬他（她），还因为他（她）特别关心我……（应试人讲故事）
4. 所以，×老师（爸爸、妈妈……）是我尊敬的人。

（四）《我喜爱的动物（或植物）》

1. 我喜爱××（动物或植物）。
2. 它具有什么样的生理特性（强调惹人喜爱的方面）。
3. 我喜爱××（动物或植物），还因为我曾经与它结下了一段不解之缘……（应试人讲述故事）

（五）《童年的记忆》

有趣的、难忘的、高兴的、悲伤的……

讲故事。故事里要有爸爸、妈妈、老师、同学……

本题可以与《难忘的旅行》一起准备，必须强调这次旅行在童年。可以加一句：“这次童年时期的旅行，对我后来的人生经历有很大的影响。”

（六）《我喜爱的职业》

1.“我”喜爱的职业是教师（或编辑、警察……）

2. 为什么喜爱这个职业。

3. 这个职业有哪些吸引人的地方。

4. 一段经历（讲故事）……

本题可以与《我的愿望》一起准备。

（七）《难忘的旅行》

1. 何时在何地的一次旅行。

2. 有哪些景点让我难忘……

3. 有哪些美食让我难忘……

4. 有哪些经历（旅行过程中与他人的交往）……（应试人讲故事）

本题可以与《我的业余生活》《我的假日生活》一起准备。

（八）《我的朋友》

可以讲小学的、初中的、高中的、大学的朋友。

1.“我的朋友”是谁，肖像、性格、为人……

2.“我的朋友”在学习上帮助我：有一次……

3.“我的朋友”在精神上安慰我：有一次……

4.“我”也经常帮助“我的朋友”：有一次……

（九）《我喜爱的文学（或其他）艺术形式》

1. 喜爱的文学（或其他）艺术形式是……

2. 它有什么样的特性让“我”喜爱……

3.“我”怎样喜爱它……讲故事：什么时候开始喜爱它的，小学时怎么做的，中学时怎么做的，现在在大学里又做了些什么……

（十）《谈谈卫生与健康》

1. 关系：讲卫生才能健康，不讲卫生则易生病。

2. 个人不讲卫生的情形：(1) 贫穷，“讲究”不了。(2) 懒惰，“不干不净，吃了没病”。(3)“吝啬”，老年人过于节约，舍不得倒掉变质的剩饭剩菜……

3. 人类：环保与健康。

（十一）《我的业余生活》

1. 学习。

2. 游乐：旅游、下棋……

3. 做体育运动、听音乐、上网、看书等。

本题可以与《我的假日生活》一起准备。

（十二）《我喜欢的季节（或天气）》

1．“我”喜欢的季节（或天气）是……

2．它有怎样的特性（让你喜欢）。

3．在这样的季节（或天气），曾经发生了一件令“我”（终生）难忘的事情……

（十三）《学习普通话的体会》

1．很重要。

人际交往：如与不同方言区的老师、同学相处；

到外地旅游闹的笑话……

2．学习生活：课堂学习、课后交流……

（十四）《谈谈服饰》

1．穿着恰到好处的服饰可以使人精神面貌焕然一新，让人看起来舒服。

2．服饰是否恰当，与经济实力没有必然联系，不穿名牌也能吸引别人的眼球。

例如：一位同学……

3．服饰恰当与否的关键在于搭配，例如……

4．不同的年龄、国别、民族、肤色、高矮、胖瘦……

（十五）《我的假日生活》

本题可以与《我的业余生活》一起准备。

（十六）《我的成长之路》

我今年××岁了。××年来，我从一个不懂事的娃娃成长为一名大学生，其间，我走过了一段不寻常的成长之路。我的老师、父母、同学都曾给我很大的关心和帮助……

讲故事：小学的时候……初中的时候……高中的时候……如今……

（十七）《谈谈科技发展与社会生活》

1．科技发展使社会生活发生很大变化。

2．穿的：面料更多样化……

3．吃的：保鲜技术的发展，使我们能吃到很多以前极不容易吃到的食物，尤其是新鲜水果，如荔枝、鲜桂圆、杧果……

4．住的：楼层更高，也更安全。

5．交通：更方便，火车大提速……

6．联络：更快捷，手机的普及，功能多样化……

7．网络：信息、视频、微博、游戏……

（十八）《我知道的风俗》

1．我知道的风俗很多：情人节送花、端午节吃粽子、中秋节赏月……

或者是结婚、生小孩的风俗……

2．我对××节（或具体事情）的风俗更加熟悉（介绍这个风俗的一些内容）。

3．记得有一年的××节（某一次什么场合），我见到这样一些令人难忘的情景……

本题可以与《我喜欢的节日》一起准备。

（十九）《我和体育》

1．我从小就喜爱体育运动，例如……

2. 我特别喜爱××体育运动项目。

3. 小学的时候……中学的时候……现在……（讲故事）

4. 体育运动给了我强健的体魄，我喜爱体育运动。

（二十）《我的家乡（或熟悉的地方）》

我的家乡（或熟悉的地方）是……

那里的人勤劳、善良、好客……有一次（讲故事）……

那里有××等名胜古迹……（穿插一些神话、传说、先烈事迹等）

那里有××等美食：名称、特色……（有一次，我和朋友们吃……）

（二十一）《谈谈美食》

1.“美食”有狭义和广义之分，广义的美食包括一切好吃的、让人喜爱吃的食物。

2. 狭义的美食有很多，我吃过（南充的川北凉粉、成都的麻婆豆腐、天津的狗不理包子……）的小吃有……（大讲特讲是可以的）

3. 真正的美食是父母做的回锅肉、鱼香肉丝、番茄炒鸡蛋……

（二十二）《我喜欢的节日》

1. 我喜欢什么样的节日：春节、中秋节、端午节、情人节、圣诞节、愚人节……

2. 这个节日的特点。

3. 在××年的这个节日，有一件事情使我难以忘怀……

本题可以与《我知道的风俗》《童年的记忆》等整合。

（二十三）《我所在的集体》（学校、机关、公司）

我所在的集体（班级、寝室、球队、学校、机关、公司）是……

这是一个很好的集体：有严明的纪律，像家庭一样温馨……

集体中的领导：……有一次……

集体中的同事（同学）：……有一次……

（二十四）《谈谈社会公德（或职业道德）》

1. 社会良好秩序的形成需要社会成员有良好的社会公德（对于从事某项职业的人而言，需要有良好的职业道德）。

2. 公共汽车上的所见所闻……

3. 有关诚信的问题：讲诚信的重要性——社会经济生活可以良好发展，人与人之间的信任度提高等。不讲诚信的害处——经济生活受影响，人和人之间缺乏必要的相互信任……

我的一次遭遇……

（二十五）《谈谈个人修养》

当今社会，多强调弘扬个性，但也别忽略了个人修养。

个人修养的内容主要有：

(1) 内省：“严以律己，宽以待人”。

(2) 谦让：“退一步海阔天空”……

(3) 加强个人修养有利于人际关系的良好发展。有一次……（讲故事）

本题可以与《谈谈社会公德（或职业道德）》一起准备。

(二十六)《我喜欢的明星（或其他知名人士）》

我喜欢的明星（或其他知名人士）是（体育、音乐、影视）……

他……（高尚品德和精湛技艺）让我喜欢……

有一次……

(二十七)《我喜爱的书刊》

1. 我喜爱的书刊是……

2. 这些书刊为什么让我喜爱，……（优点）……

3. 特别是其中的……（讲述情节等）

(二十八)《谈谈对环境保护的认识》

1. 很重要：大到人类的生死存亡，小到个人的身体健康。例如……

2. 当前环境保护中存在哪些问题：有一次，我看到……

3. 环境保护要讲究科学性，不能先污染后治理……

(二十九)《我向往的地方》

1. 我向往的地方是……（我在外地读书或工作，现在最向往的地方就是我的家乡）

2. 那里的人勤劳、善良、好客……有一次（讲故事）……

3. 那里有××等名胜古迹……（穿插一些神话、传说、先烈事迹等）

4. 那里有××等美食：名称、特色……（有一次，我和朋友们吃……）

本题可以与《我的家乡（或熟悉的地方）》一起准备。

(三十)《购物（消费）的感受》

1. 感受是什么？（累、美、受骗、要学会砍价……）

2. 为什么会有这样的感受？

(1) 生活水平提高，消费品品种繁多、琳琅满目，拿不定主意；(2) 科技含量高，很难短时间内完全弄明白；(3) “诚信”缺失现象，使消费者在商品质量和价格的把握上大费周折……

3. 有一次，我到……买……

四、命题说话参考范文

1. 我 的 愿 望

我几乎不曾听我父母说过属于他们自己的愿望。“愿望”，这是小时候的我们，最经常使用的一个词。那时候我们常常说：我希望明天考试拿一百分，或者说，我的愿望是爸爸妈妈明天带我去公园玩儿；再或者就是想拥有一大堆好吃的……我们经常这样说，是因为我们的愿望很简单，也很单纯，并且我们的愿望经常发生变化。可是长大之后，似乎说得很少了。小的时候最希望听到这样的话：说吧，我可以实现你三个愿望！然后，我就开始掰着手指头一个一个地数开了，衣服、零食、玩具……长大后，当真正有人在你面前要你说出愿望的时候，你却又想不起来自己有什么愿望了。因为我们开始不知道自己能有什么样的愿望，开始认不清自己想要的是什么东西，开始只在生日那天吹蜡烛的时候逼着自己数出三个愿望来。有的时候，希望世界和平真的就变成了我内心的真诚愿望了。对，就是和平！和平不是一句空话，说起来容易，真正做起来好难。世界和平，先要各国和平，但有哪个国家做到真正意义上的和平了？和平究竟是什么？难道和平仅仅就代表没有战争吗？如果一个国家贫富差距太大，叫和平吗？受到委屈没地方说，叫和平吗？找工作，凭关系，叫和平吗？我想：这叫作一种病态的和平。和平不是鲜花，不是和平鸽，不是话语，是人，是心态。俗话说，面由心生。心态的平和代表了人的宽容。每个人都是宽容的，没有尔虞我诈，没有斤斤计较，没有唯利是图，那么，和平还会远吗？到那时，和平就是一只鸽子，会飞到世界的每一个角落。这就是我的愿望：和平！

我 的 愿 望（旅游专业参考）

我的愿望是成为一名导游。你看，我们国家地大物博，拥有世界一流的旅游资源，如雄伟的长城、秦代的兵马俑、奇异的云南石林、险峻的长江三峡、瑰丽的溶洞、秀丽的桂林山水、卓绝的石窟艺术，这一切都吸引着我，我要把这美丽的风景介绍给全世界的游客。

说起导游，有人觉得这是一个非常浪漫的专业。将来当了导游，每天领着游客游山玩水，吃香的，喝辣的，多好啊！也有人觉得这是一个非常艰苦的专业。如果当了导游，通常要三更起，半夜眠。旅游界有这么一段话：“北京的导游跑断腿，西安的导游磨破嘴，海南的导游晒脱水”；“客人坐着我站着，客人吃着我看着，客人骂着我忍着，客人歇着我累着”。可以说这是一个“痛并快乐着”的职业。年轻的我活泼开朗，喜欢挑战，喜欢旅游，我自己觉得比较适合这个职业。

如今，还有×年我就要毕业了，今年×月我就要参加全国导游资格证的考试了，离达成我的愿望不远了。在学校读书的×年里，我学了不少专业知识，如《导游基础》《导游实务》《导游政策与法规》《四川导游》等，这些科目为我将来从事导游工作奠定了理论基础。将来当我成为一名真正的导游之后，我将用我最真挚的心迎接八面游客；我将用我最甜美的微笑，让游客感到无限的亲切；我将用我最亲切的声音，向游客介绍我们祖国各地的风景。

2. 我的学习生活

学习，有快乐，有痛苦，有悲伤，也有烦恼。进入大学前，我以为大学里的学习就是自主学习，没有特别的硬性规定，对什么感兴趣就学什么就可以了，而且没有考试，可以自由自在地学习。可是进入大学后我才发现自己原来的想法是如此天真，现实的生活和我想象中的一点儿都不一样。以前高中老师经常鼓励我们，对我们说，熬过了高中，大学就轻松了。现在想想，那只不过是老师的一个善意的谎言。现在听学姐们说，大一时挺辛苦的，大二就解放了，我不得不怀疑这些话的可靠性。不过，这样也好，有了动力，才有干劲。总的来说，我的学习生活是多姿多彩的，比起高中的枯燥，它确实带给我无穷的乐趣。在课堂上的学习，是由老师跟我们一起进行的，课堂气氛也比较活跃。除了课堂上的学习之外，在课外时间我的学习生活也是多彩的。我喜欢看书，不管是在网上看还是在书上看，都给我的学习生活增添了色彩。我和同学经常结对去学校图书馆借书，在周末，既可以用来消磨时光，又可以陶冶自己。有时，我也会读读杂志，看看报纸，既能娱乐，更能增长知识。我的学习生活就是这样，简单但让我充实。总的来说，我的学习生活是非常充实的，这些让我觉得大学生活特别有意义。希望自己能够继续保持这样的感觉，并让自己的学习生活更有意义，更丰富多彩。

3. 我尊敬的人

在我的世界里令我尊敬的人有很多，但是最令我尊敬的人是我母亲。我的母亲是一名农村教师，由于种种原因没有转成正式教师，但是她并没有离开她的三尺讲台，没有离开她的学生，也就是这个原因她更值得我尊敬和自豪。

我的母亲，不仅是我的母亲，还是我的老师。

作为妈妈的她，从我呱呱坠地起，就用心呵护我健康成长。当我犯错误时，她耐心教诲；当我失败时，她用温暖的手将我从失败中扶起，鼓励我继续努力；当我成功时，她教导我不要骄傲，继续再接再厉。现在我外出求学，母亲总是每个星期都给我打电话，关心我……作为妈妈她给我的是无私的爱，是感动，使我尊敬。

作为老师的她，对学生总是耐心地教诲，从不放弃一个学生。很小的学生不会写字，她总是手把手地教；有的学生算不好算术，她会通过数手指、数小棒、画竖条等多种方法把学生的算术教好。在教学的路上，她总是认为身教好于言教，她所要求学生做到的，她自己一定先做好。她是一个开明的老师，并没有把教师看成一个职业，而是把它当作自己的事业，把学生当成自己的孩子一样教诲。母亲对我的管教有时候我认为还不如对她的学生管得严。她总是说：我该教育的都说了，学习是你自己的事，以后的路要靠你自己，父母能做的也只有这些。短短数语，点到我的心中，我告诉自己，必须自立。

我的母亲虽然很平凡，但我认为她是伟大的，是值得我用一生尊敬的人。妈妈你是最伟大的！

4. 我喜欢的动物（或植物）

我想，在生活中，每个人都应该有自己喜欢的一种植物吧。有的人喜欢荷花，因为它出淤泥而不染；有的人喜欢玫瑰，因为它娇艳美丽；也有的人喜欢梅花，因为它的品质高贵。那么我也来说说我最喜欢的植物吧，它就是向日葵。向日葵还有一个名字叫太阳花，原产地是北美洲。它是秘鲁、玻利维亚、俄罗斯等国的国花，美国堪萨斯州的州花，日本北九州市的市花。向日葵的花语是沉默的爱。中外也有很多杰出的关于向日葵的优秀作品，如梵高的《向日葵》。我还知道一个关于向日葵的传说：古代有一位农夫的女儿名叫明姑，她憨厚老实，长得俊俏，却被后娘“女霸王”视为眼中钉，受到百般凌辱、虐待。有一次，因一件小事，明姑顶撞了后娘一句，惹怒了后娘，后娘使用皮鞭抽打她，可她不小心，一下子失手打到了前来劝解的亲生女儿身上，这时后娘又气又恨，夜里趁明姑熟睡之际挖掉了她的眼睛。明姑疼痛难忍，破门出逃，不久死去。死后在她坟上开出一束鲜丽的黄花，终日面向阳光，它就是向日葵，表示明姑向往光明、厌恶黑暗之意。这传说激励人们痛恨暴力、黑暗，追求光明。向日葵还有很多药用价值，比如它可以治疗哮喘、百日咳、胃病等。我喜爱向日葵，因为它象征着温暖和希望，它每天都微笑着面对太阳，面对生活，无论是晴天还是雨天，它都能保持一种向上的姿态，把背影留给过去的黑暗，而将笑脸留给太阳。这就是向日葵，我很喜欢它，无论是它的外表，还是它所具有的精神。

5. 童年的记忆

每个人都有童年，记忆中童年时我最喜欢的季节是夏天。我家门前有一个大大的池塘，池塘里的水清澈见底，平静无波时可以清晰地看见水底稀少的水草，大大小小的不扎脚的小石头和鹅卵石，游来游去的欢快的小鱼。盛夏时节，最惬意不过的事情就是跟着妈妈去池塘边了。妈妈在水边洗衣服，我在水里游泳，在妈妈的看护下我不用担心会不会溺水。有时，我跟伙伴们往池塘中心游去，比赛谁最先游到对岸；有时我就在靠近妈妈的地方仰躺在水上，让妈妈欣赏我的泳技。我可以在水下憋气 1 分多钟；或者问妈妈看中水底哪块石头，我就潜下水去把它摸上来。妈妈洗完衣服后，要是我还没玩够，她就会跟大婶们聊天等着我。童年还有一件记忆深刻的事情，那就是我家院子里打有一口水井，是砸穿石头层直通地下水的。每年干旱时节附近的几个村庄只有两个地方还有饮用水，一个是邻村的公用水井，一个是我家的水井。因此，每天挑着水桶来我家打水的乡亲们络绎不绝。由于抽水频繁，每到下午水井的出水量会减少，这时我家门前等待打水的乡亲们就排成了长龙。我喜欢这个场景，看到我家能给乡亲们带来这么大的帮助，我感到特别自豪。这时我就很敬佩我的妈妈，是她的善良和大方给大家带来了方便。即使是雨天家门口被挑水的乡亲们踩得泥泞不堪、寸步难行，她也没有一丝怨言。妈妈以她的言行举止教会了我做人的道理，让我学会了分享、善良和大度。

回忆总是美好的。虽然属于我的童年已离我远去，但童年那段无忧无虑的日子在我记忆中将永不褪色。

6. 我喜爱的职业（学前教育专业参考）

记得小时候，每当看着自己的老师，总觉得他们高高在上，无所不能，似乎所有的问题只要报告老师就一定能解决，老师永远是庇护我们的一棵大树。而现在我长大了，也想成为一名教师——幼儿教师，成为一棵能庇护学生的大树。

幼儿教师在许多人的眼里是一个艰苦的职业，每天对着一群天真无知、吵闹的孩子。但我认为，在这种吵闹之中，可以让人找回自己的童年，找到无限的快乐与幸福。

幼儿教师每天清晨都会面带笑容站在教室门口，迎接孩子们的到来。“老师早”，一声声清脆、响亮的声音，孩子们开始了快乐的一天，每天的新事物、新游戏都在他们幼小的心灵留下人生美丽的一页。

当幼儿教师给孩子们讲故事时，他们会用一双双睁大的眼睛望着老师，期待着老师把他们带到一个个美丽的童话世界里。孩子们的眼睛里充满着好奇，心里总有“十万个为什么”。我很喜欢孩子们天使般的声音，是那样的动听，那样的神圣。正因为这些，我喜欢幼师这个职业。

记得一位朋友曾经问我：“你想做什么职业？”我说：“幼儿教师。”“幼儿教师？”他用诧异的眼光望着我说，“你想当高级保姆？为什么？”当时我气愤地说：“怎么可以这么小瞧幼师！世界上的工作没有贵贱之分，关键看你是以怎样的心态去对待，去接受。”

有人说："教师是蜡烛，燃烧了自己，照亮了别人。"但我觉得，教师在照亮了别人时，也照亮了自己。在陪伴孩子们成长的过程中，自己也会得到许多快乐。拥有这份热情，投入到这个角色，再多的苦，再多的累，都会被抛在脑后。幼儿教师心甘情愿地为孩子们服务，用他们的爱心、热情去照顾孩子们，关心孩子们的生活，了解孩子们的想法。而孩子们天真、可爱的笑容就是给教师们最好的回报。

我喜欢幼教这个职业，我希望自己将来能成为一名优秀的幼儿教师。

7. 难忘的旅行

每年的暑假和寒假，我都会和家人出去旅游。但最让我难忘的旅行是有一次和几个同学去探险。记不清那座山的名字，只记得那天天气很冷，又下着雨，不知是哪名同学心血来潮，建议大家去登山，大家也就同意了。我们在一个同学的带领下，直奔目的地。到达时，我才发现这是一座没有路的山。我稀里糊涂地跟着同学开始登山。因为我天生胆小，如果一开始知道要做这样的冒险活动，说什么我都不会去的，但到了那里我就没有退路了，只好硬着头皮往上走。起初，还有一点点路的痕迹，但是当我们爬了一会儿以后，就没有什么路可以走了。冷雨落在身上却浑然不觉，因为所有的注意力都集中在如何爬出这件事上。我爬到山腰，往下一看便感到头晕目眩，再也不敢往下看了。走到一处，发现一个不大的山洞，我们几个人就挤在山洞里，让有经验的同学找来一些藤条，拉我们上去，我们就这样一个一个地被拉了上去。后来，我们听到了几声鸡叫，知道山上有人家，心里才稍微放松了一些，于是就派一个同学上去问路，后来，我们平安地到达山顶。这样的经历真是终生难忘。

8. 我的朋友

我是个幸运儿，因为我的性格随和，所以有很多朋友。但是，能够无所顾忌地谈论任何事情的只有两三个。但是，古语说："人生得一知己，足矣。"何况我还不止一个。所以，我很知足。现在，我就讲讲其中的一个吧。她叫××，是我最知心的好友。我们是小学同学，自从六年级开始，我们就已经成为很要好的朋友。在学校的日子，我们形影不离，当然除了体育课。因为她不喜欢运动，而我喜欢打乒乓球。但在一般情况下，朋友之间的爱好是可以传染的，一方有这个爱好，那么经过一段时间的相处之后，另一方也极有可能会生成这个爱好。我和她也不例外。由于她经常看我打乒乓球，时间长了也很手痒，想尝试一下，于是我就耐心地教她握拍子的手法以及发球和接球的基本功。过了一段时间以后，她的技术进步很快，有时都能跟我较量好几个回合呢。我和她无话不谈，从天上谈到地下，从古代谈到现代，从过去谈到未来，从生谈到死，从学习到感情……总之，我们在一起，总有说不完的话题。我们之间没有隐私可言，而且有许多连自己父母都不知道的事情，我们却彼此了解得很透彻。直到现在，她在家乡，而我在这里读书，我们依然如此。我们在对方的面前，都可以毫不掩饰：伤心的时候可以尽情地哭，不用担心被对方取笑；开心的时候，可以尽情地笑，不用担心影响形象……总之，在对方面前，我们都可以做一个真真正正的、原汁原味的自己！有这样的朋友，我还有什么不知足的呢？

9. 我喜爱的文学（或其他）艺术形式

我喜欢文学，但我更喜欢文学形式中的小说。

小说有趣、好看、吸引人，许多人都很爱看。每当自己买回一本新的小说后，总会迫不及待地翻开它，一动不动地读起来，遇到感人的情节时，还会掉下眼泪。要说喜欢它的理由嘛，可以归纳出这么几点：

首先，它有细致而鲜明的人物描写。小说中的人物不仅有神态、语言和行为的外在表现，而且有思维、意识和心理的内在活动。小说的特点之一就是作者能对各种各样的人物进行细致而鲜明的描写。就拿曹雪芹写的《红楼梦》来说吧，书中描写的人物，个个性格各异、细腻鲜明，像柔情似水的贾宝玉、多愁善感的林黛玉、聪明泼辣的王熙凤等。

第二，小说中的情节是完整而多变的。小说的情节一般按照开端、发展、高潮和结局这四大步骤来编写，是一个完整的整体；小说的情节又是多变的，它可以不受时间和空间的限制，偶尔半路杀出个程咬金，出乎意料，扣人心弦，总想方设法吸引住你，让你爱不释手地把小说从头看到尾。

第三，小说中对感情的描写丰富而细腻。小说中对感情的诉说有时细腻得让你感同身受，如同身临其境一般；其主人公的遭遇有悲有喜，有时会让你哭得死去活来，有时会让你笑得肚子直痛，有时还会让你哭笑不得，心里憋着直难受，哎，感情太丰富了！

生活是丰富多彩的，现实生活中的人是多种多样的，我可以通过小说去了解丰富多彩的生活，可以透过小说去洞悉现实中各种各样的人，这就是我爱看小说的最好理由吧。

10. 谈谈卫生与健康

俗话说，穷人没病就是福。我要说富人没病更是福，不管怎样的人，又有谁愿意生病呢，那么，怎样才能不生病而保持健康的身体呢？

卫生与健康是紧密相连的。不讲卫生不仅使身体容易生病，有时连你宝贵的双眼也会受到侵袭。当你接触过钱、霉旧的书之类的东西，你可千万不要去揉眼睛，否则，沾在你手上的细菌就会跑进眼睛，从而使你患上沙眼，导致视力下降。为了有个健康的好身体，平时我们要养成良好的卫生习惯。良好的卫生习惯不是抽象的概念，而是表现为一点一滴的生活小事。比如，要保持个人卫生清洁，要勤换洗衣服，勤洗澡，勤剪指甲；饭前便后要洗手；经常打扫环境卫生；适当地参加体育锻炼，增强身体免疫力。此外，晴天的时候，最好把被子晒一晒，这样有助于我们身体健康。人只有在生病的时候才知道健康的重要性，才能体会到身体健康是多么幸福的事。讲究卫生是拥有健康的前提，我们每个人都要从自身做起，时常做好个人卫生，同时要维护环境卫生，从而使得健康与我们常相伴，快乐与我们常相随，因为健康就是快乐的源泉。

我们要有良好的生活习惯和健康的身体，这样我们才有资本去拼搏，去打拼，从而实现自己美好的愿望。

11. 我的业余生活

在大学里，上课是我的主线生活。业余时间，我的生活由体育、音乐、文字、网络组成。从初中到大学，我一直都很喜欢体育活动。刚进大学的时候，我当选为班里的体育委员。我一直鼓励同学们努力去参加训练，迎接系运会，而我自己也不敢偷懒，努力去锻炼。功夫不负有心人，我们班的运动员团结奋进，赛出了风格，赛出了水平，拿到了总分71分，总排名第三名的好成绩。要知道我们去年总分是排在最后一名。同时，我个人也获得了三级跳远第一名，以及4×100米接力赛第四名的好成绩，也是班里的个人最好成绩。除此以外，我还喜欢踢足球、打篮球、打乒乓球等。业余时间，我还经常欣赏音乐。不是因为我唱歌好听，而是因为音乐能够带给我心灵的感动。在宿舍里，当我学习感到累了，我就会冲一杯清茶，一边听着音乐，一边和室友聊天。此外，我还喜欢写博客，有时候写别人，有时候写自己。关于自己开心的和不开心的事都写。在写博客的同时，我对生活有了一点思考，对人生也多了一些体会。网络带给我的不只是跟同学的QQ聊天，也不是多看了几部电影，我尽可能地利用网络多学一点知识，充实自己。

我的业余生活就是这样，简单但让我放松，让我享受，让我充实。

12. 我喜欢的季节（或天气）

一年四季，各有千秋，但相比之下，我还是最喜欢秋天。我不知道该怎样形容秋天给我的感觉，也无法说出它的好。但是相比之下，我不太喜欢春天那整天下不完的雨；不喜欢夏天炎热的天气，火辣辣的太阳烤得人喘不过气来；更不喜欢冬天的干燥和时不时北下的寒流。

而秋天是一个收获的季节，是一个让人充满喜悦的季节。而我最喜欢的，还是秋天的天气。没有了火辣辣的太阳，也还没到那个寒风凛冽的冬天，太阳是那么的温暖，穿一件衣服不会觉得太热，也不会觉得冷，没有下个不停的雨，这时候做户外运动是最好的。闲暇时，可以和同学到楼下打羽毛球，既能缓解平时学习带来的压力，又锻炼了身体，增进了同学间的友谊。假日，可以和同学相约去游玩，秋天是骑自行车、在绿荫道上散步的最好季节。暖暖的太阳、微微的清风，三五个谈天说地的女孩儿，欣赏着绿荫道两旁的秀丽风景，那是一幅多么温馨的画面啊！秋天还是个最好的出游时节，开学还没多久，还没到期末，我们还不用忙得天昏地暗，还不用记挂着要考试，对于我们这些学生来说，这是最有空的时候。

秋天是个收获的季节，很多美味新鲜的水果，是我们女孩儿的最爱。傍晚时分，沐浴着柔和的阳光，我们会一起在林荫道上散步，找一个安静的地方坐下，然后边吃水果边聊天。

我喜欢秋天，喜欢秋天凉爽的天气，它并没有古诗词中说的那么悲凉，在我们南方，树木还是绿油油的，还充满着生机，带着一种平静的韵味。

13. 学习普通话的体会

记得我刚上大学的时候，讲普通话很不标准，咬字发音都会引来舍友们的笑声。因为在小学、中学时没有接受过正规的拼音学习，而且在小学的时候那些老师自己本身讲的普通话就不标准，更何况教我们了。一直到中学基本上都用方言和同学交流。所以刚来大学时讲普通话一点也不习惯。觉得有点别扭，特别是一些送气、不送气的声母，平舌和卷舌分不清楚，经常弄混，有时会把本来不送气的读成送气的，平舌的读成卷舌的。

中学时看到语文老师能不查字典就可以写出一些字的拼音，真的好羡慕啊！因为那时候我根本不懂拼音。现在，我们开设了普通话课程，听老师讲课，才发现要真正学好普通话的确不是一件容易的事。经过一个学期的学习，我总结了一下学习体会：第一，要有热情。学习普通话不是一件轻而易举的事情，必须勤学苦练，那么我们就必须做好刻苦学习的准备，以积极的心态去学习它。第二，学好声母、韵母、声调的基本理论，掌握发音部位，对于个别发音要反复练习，直至完全掌握为止。第三，有读不准的字就查字典，字典是我们最好的老师，若有不懂，一定要虚心请教，直至发音完全正确为止。尤其要注意一些字的多音与多义和易错读音等。第四，要多交流。语言需要环境，尽量和爱好普通话的人多交流。一般人在说话时自己不觉得有错，但是旁人一听就能听出问题。或者和普通话说得好的亲戚、朋友、同事、网友等交谈，这样会让普通话发音得到巩固。

通过普通话课的训练，我受益匪浅，自我感觉，我的普通话水平在不断提高中。

14. 谈谈服饰

俗话说，人看衣装，美靠亮装。显然，打扮是多么必然的事情，打扮得漂亮了，能给人一种美丽的感觉，增加你在他人眼中的形象分。否则，就适得其反，反而招来别人的笑话。那么，我们该如何打扮自己呢，又该怎样选择适合自己的服饰呢？这是一个很值得大家探讨的问题，下面我就谈谈我个人的观点：

第一，服饰要大方得体。“大方得体”容易让很多人误解。要表现大方得体并不是指一定要穿清一色的西装或者其他古板保守的衣服，而是说我们要根据自己的年龄、体型、身份或者场合、气氛来选择搭配自己的服饰。如果年轻人模仿年老人穿衣，不但显得老气，那种年轻的蓬勃朝气也被淹没了；如果老人模仿年轻人穿衣，就会被别人说装嫩；如果参加朋友的结婚典礼却穿着一身轻快简便的T恤衫配上短裤，或是女生踩着高跟鞋出现在体育场所，这将会使其他人产生什么感觉呢？与当时的场景气氛格格不入，那就尴尬了。

第二，你的打扮要展示个性。什么叫个性呢，就是你的打扮有你自己的主见，穿出自己的风格。有些人出门总喜欢浓妆艳抹，或衣服过于花哨，那样会让人觉得太俗气；有些人，尤其是我们年轻人脸上偶尔长了几颗青春痘，总喜欢涂一层厚厚的粉来掩饰，这样会使你看起来不自然，会让周边的人觉得你这个人怎么这样不自信呢？另外，服饰要注重搭配。无论是色泽上的搭配，还是各种小挂件等，都是为了给你的整体服装加分的，因此要多方面考虑，同时留意一下当前的潮流，不至于让自己太落伍了。服饰随便自然，充分展现自己独有的风格，这就是个性美。好的穿着打扮能体现气质，有些人虽然穿着一身名牌的衣装，可是脸上呈现的却是一副无精打采或心事重重的样子，走起路也没精神，那样将会破坏整体的美感。衣装要与心情、气质相配合，不要只重衣服而没有了气质。

总的来说，人无论穿得多么漂亮，打扮得多么花枝招展，这些都只是起到陪衬的作用，最重要的是人本身的自然美和内在美。

15. 我的假日生活

作为学生有时候不得不承认我们是多么幸福，每年都有很多的假日，长假有寒暑假，短假有清明、端午、中秋、元旦等。基本上我的长假都是在家里度过的，而短假时间太短，通常只有两三天的时间，我就选择待在学校里。在家里和在学校里，我的假日生活是不同的。在家里，除了整天看电视之外，我还喜欢烧菜做饭，虽然谈不上色香味俱全，但因为是自己亲手做的，就会特别有成就感，即使口感稍微差点儿，但还是每次都把饭菜吃得精光。在学校里，上网似乎成了假日里最主要的活动。其实上网已经成为我们大学生日常生活中很重要的一部分。我常常浏览学校学院的网站，有许多通知都在那，要想了解学校什么时候有讲座或是什么时候举办一些活动，还有一些学院的教学通知，都可以上网关注一下。有时，我也会和远方的家人、朋友聊聊天，发发邮件。当然，我偶尔也会听听音乐，玩玩游戏。有人曾说，对于大学生来说，电脑就是男生的游戏机、女生的影碟机。显然，这是错误的说法。但是我不忍心就这么糟蹋美好的假日生活。这个学期，我报考了普通话等级测试。其实我是非师范专业的，非师范专业对普通话是没有等级要求的。虽然我想要通过普通话三甲以达到国家公务员的基本条件，但事实上报名普通话水平测试有很大的原因是我自己很喜欢普通话。身为南方人的我常常很羡慕那些能讲一口标准的普通话的人，感觉他们特别有气质，为此，我在平时也会注意普通话的发音、咬字等，可是仅仅这样我是不能学好普通话的，更别提能讲一口标准的普通话了，于是我就决定报考普通话等级测试，希望由此给自己施加一些压力。有了压力，才会有动力，当动力转化为实际行动时，我们离成功也就更近一步了。虽然有时假期时间很短，但我每天都会花上两到三个小时进行单音节字词、多音节词语的练习，以及朗读短文。时间飞逝，短暂的假日很快就过去了，学习普通话并非一朝一夕的事情。我知道想要实现目标要做的事情还很多呢，在正常上课的日子里，我还得继续抽出一些时间来练习说普通话。

16. 我的成长之路

每个人都有自己的成长之路，每个人的成长都有属于自己的故事。我的成长也和大多数孩子一样是在学习中度过的。有人说，成长是痛苦的，因为它把一个人从天真无邪、无忧无虑的世界，带入了一个充满世俗烦恼、虚伪的世界。对于这种说法，我不敢苟同。其实，成长是快乐的，它是一个人在人生旅途中自身的演变。成长使我的思想更成熟，使我遇事懂得要三思而后行；成长使我更明白事理，辨别是非，懂得如何在别人有困难的时候施以援手。我认为，成长就是在不同的时候交很多不同的朋友。我的成长之路平凡而简单，从小到大，我有过很多朋友，有的是小学时的玩伴，一起玩捉迷藏、过家家、跳房子等很多很多游戏，是他们陪我度过了我生命中最快乐、最纯真的时光；还有的朋友是我初中、高中时的同学，我们一起讨论题目，一起面对考试的压力，一起吃饭学习，是他们陪我度过了我生命中最困难却又最富回忆的时光；现在，我又拥有了许多大学的朋友，除了学习、生活，我们还一起参加活动、组织活动，是他们让我体验到团结的力量和组织的活力。当然还有许多不同辈的朋友，是他们告诫我生活中应该怎样克服困难，应该怎样为人处事，让我少走了很多弯路。就是这些朋友陪伴着我成长，让我懂得了很多人生的道理，让我体验到成长的快乐，当然成长的烦恼是免不了的。成长的过程就像一本书，书中有泪有笑，有愁也有乐，也会有我的理想与憧憬，我会更加努力地继续我的成长旅程。

17. 谈谈科技发展与社会生活

我们的生活每天都在发生变化，而且越变越好，这是由于科技融入了生活，丰富了生活，给我们的生活带来了方便，带来了舒适，没有科技的发展，也就没有我们今天幸福的生活。

现在家家户户都在使用家用电器，如电饭煲、电磁炉、微波炉、洗衣机，这些都是科技产品，它们的出现大大节约了家庭主妇们做饭的时间，把女性从繁重的家务劳动中解救出来；电信科技的飞速发展使得电话、手机等已成为公众普遍使用的通信工具，缩短了人与人之间的距离；如今上网听歌、看电影、聊天、看新闻等早已成为新时代的人们娱乐的新天地；现在正流行的网上教育，使得孩子不出门就能看到远在外地的老师为他讲课；交通工具领域也发生了很大变化，摩托车已成为大众普遍使用的交通工具，小汽车也正在逐步进入百姓的生活。所有的这一切变化表明科技的发展已对我们的社会生活产生了巨大的影响。但是反过来说，社会生活又对科技的发展产生了巨大的反作用，社会生活的变化引起了科技的变革，促进了科技的发展。科技发展给人们带来的好处还有很多，我就不一一列举了。话说回来，科技的产生和发展有利也有弊，比如手机、电脑等电子设备会产生辐射，对人体健康不利。还有就像我们的教材提到的，20 世纪 30 年代发明的塑料袋，包括塑料餐盒、饮料瓶、雪糕杯等，这些废弃物形成的垃圾给我们的环境造成了极大的污染，不利于人类长久的生活。

但愿科技发展的同时能够多关心人类的长远利益。

18. 我知道的风俗

我知道的风俗很多，如春节、元宵、清明节、中秋、重阳、腊八节等，每一个节日和风俗都有它们特别的地方。

春节的时候，天南海北的人都会赶回家过节。春节，我们会穿新衣服、新鞋子，还有压岁钱。当然，少不了的是放鞭炮、放烟花和挂灯笼。每次过春节，都能看到马路上高高地挂起大红灯笼，我们和家人一起吃年夜饭、放烟花、看春晚，好不热闹。

过完春节，又迎来了元宵节。元宵节是春节的最后一天，在元宵节，人们有吃元宵、赏花灯、舞龙、舞狮子的习俗。

之后是清明节，清明是人们祭祖、扫墓、踏青的节日。现在，一般人都以扫墓、祭拜等形式纪念祖先。这时，学校会组织我们去烈士陵园祭拜烈士们。

清明节后就是端午节了，端午节有赛龙舟、吃粽子、吃咸鸭蛋的习俗。现在我们国家的赛龙舟可是很出名的。近几年来，每到端午前后，接连不断的龙舟赛吸引了很多人，还有许多外国人参加。

还有老人的节日——重阳节。因为《易经》中把“六”定为阴数，把“九”定为阳数，九月九日，日月并阳，两九相重，所以叫重阳，也叫重九。重阳这天有登高、插茱萸、赏菊花等风俗。

在这么多的节日当中，我最喜欢中秋节。人们过中秋节没有春节那么隆重，也没有很长的假期，但我还是喜欢中秋节，因为中秋是人月两团圆的节日。

阴历八月十五这一天正是秋天的正中，所以称“中秋”。到了晚上，人们把圆圆的月亮看作大团圆的象征，要准备各种各样的瓜果和食物，一边看月亮一边吃月饼。中秋节吃月饼还有一个小故事呢。据说，在元朝末年，人们为了推翻残暴的元朝统治，把发动起义的日期写在纸条上，放在月饼馅儿里，来传递起义消息。终于在农历八月十五这天暴发了全民大起义，推翻了元朝的统治。从此，中秋吃月饼的风俗就更加广泛地流传开来。

19. 我和体育

我们的身体最重要的就是健康，而健康与体育运动密切相关，多做运动，能强身健体。我喜欢的体育运动是打篮球。

记得上高中的时候，我经常一个人在篮球场边看老师们比赛，那时候看到他们打得非常开心，即使输了也还是很满足的样子，心中感到很疑惑，难道输球赢球不重要吗？从此，我对篮球产生了浓厚的兴趣，我想接触篮球的念头也由此而生。

开始学打球时，我反应很迟钝，身体也很僵硬，特别是接到队友传过来的球时，心里更是紧张，竟一时找不到队友身在何处，最终遭到对方抢断。

经过一段时间的接触，我的身体也变得灵活些了，反应也快些了，但还是克服不了紧张的心理，不知道怎么去处理传来的球，还是经常遭到抢断。难道做到镇定，真的那么难吗？

经过一个学期的摸索，我终于克服了紧张的心理，也不害怕队友传来的球了。我也因为篮球认识了一些朋友，经常和他们在球场上挥洒着汗水，不管是下雨天，还是烈日当头，只要兴起，说走就走。我也深深地体会到了老师们那知足的笑容了……

高中毕业，来到大学，由于课余时间更多了，打球的时间也变多了，偶尔也会接到一些其他班的邀请友谊赛。每次接到邀请，我都异常兴奋，但是每次比赛下来，却兴奋不起来——输球了。虽说是友谊赛，友谊第一，比赛第二，不知为什么我却把它看得很重要，再也绽放不出当年知足的笑容……

对我而言，篮球不再是一种运动，它已经成为我生活的一部分，我对它难舍难分。或许太看重，所以总是怕输。

20. 我的家乡（或熟悉的地方）

我的家乡是安徽省滁州市。它位于安徽省最东部，在南京和合肥这两大省会城市之间，交通发达。滁州辖两市四县两区，全市土地总面积1.35万平方千米，户籍人口454.6万。

滁州有很多名胜古迹，如黄埔山、明皇陵、狼巷迷谷等，其中最著名的是琅琊山。欧阳修曾经写过《醉翁亭记》，盛赞琅琊山的美景。那里绿树成荫、古木参天，是天然氧吧，有很多爷爷奶奶喜欢早晨或傍晚去那里锻炼身体、下棋、聊天。那里还有许许多多的泉水，水非常清，一眼就能望到底。水里的小鱼和小虾也很多，以前，孩子们总喜欢在小溪里抓鱼摸虾。给我印象最深的还是每年春节时在琅琊山上举办的庙会。庙会上的东西可真是应有尽有呀！有很多好吃的，如糖画、棉花糖、臭豆干等，还有很多好玩的，如气球、橡皮泥、风车、口哨等。我曾经还在庙会上买过一只可爱的兔子呢！

除了风景名胜，滁州还有特色美食，那就是琅琊酥糖。这种糖非常好吃，酥酥的，一口咬下去甜味布满嘴巴，是我最爱的小吃。

滁州的菊花闻名全国，滁菊是菊花中花瓣最为紧密的一种，名列“四大名菊”之首，清朝光绪年间被朝廷纳为贡品，所以也叫“滁州贡菊”。

滁州虽然没有大城市的繁华，但是也没有大城市的拥挤和快节奏的生活，它是一个适合居住的城市，那里的人们生活很悠闲。大家有机会一定要来我的家乡体验一下滁州人民的好客与热情。

21. 谈谈美食

纪录片《舌尖上的中国》在央视热播，片中展示了许许多多中华传统美食，让广大吃货们在深夜对着电视机屏幕垂涎三尺。

人们对于美食，往往是没有抵抗力的，我想，这一定不仅仅是食物本身有多么美味，更多的是每一种食物背后都蕴含着一种文化、一种情感。

就像《舌尖上的中国》中说的那样：这是盐的味道、山的味道、风的味道、阳光的味道，也是时间的味道、人情的味道。这些味道，已经在漫长的时光中和故土、乡情、念旧、坚忍等情感混合在一起，才下舌尖，又上心头，让我们几乎分不清哪一种是滋味，哪一种是情怀。

那么在你的眼里究竟什么是美食呢？是五星级酒店里的满汉全席，还是街边的特色小吃？对我而言，我觉得我爸爸做的都是美食。从小到大爸爸经常做红烧肉给我吃。红烧肉是一道很普通的家常菜，制作过程也不复杂，但是我就只喜欢吃我爸爸做的，因为有家的味道。

小时候，我还经常吃街头巷陌里卖的糖葫芦、羊肉串、棉花糖。这些小吃在现在看来并不是特别美味，但是每每吃起来别有一番滋味，在食物中回味童年的滋味，总是很香，很甜。那时候的小吃虽说数量不多，但绝对样样美味。

我相信，人们对待美食的态度，可以间接地反映出人们对待生活、对待家庭，甚至对待社会所持有的态度。什么时候吃什么，什么地方吃什么，和什么人一起吃，都有很大的讲究。我也认为，食物不论分量，不计价格，不论卖相，只要能从中吃出愉悦，吃出感动，就能称之为美食。

22. 我喜欢的节日

我最喜欢的节日是春节，俗称“过年”。

因为在我很小很小的时候，只有在过年的时候才能穿上新衣服，作为女孩子，每到过年的时候也就是我最开心的时候。

现在不一样了，人们的衣服越来越多，款式也越来越新颖，走过了新潮，又迎来了复古，真是一波接一波啊！说实在的，要想赶上潮流的步伐真是难上加难。

再来看现在的女孩子永远觉得自己的衣柜里少一件衣服。包括我也不再是一年一套新衣了，如果走亲访友，也总是在自己的衣柜里挑挑选选。

再说过年的时候不仅可以穿新衣服，还可以放鞭炮，放烟火，一家人聚在一起喝喝茶，聊聊天，再看看外面的万家灯火，别提有多惬意了。最精彩的就是春节联欢晚会，每一年都会翻花样，每一次都让我看得心满意足。

所以，我最爱的节日就是春节。

23. 我所在的集体（学校、机关、公司）

从幼儿园到小学，再从小学到大学，一路走来，给我印象最深的还是高中时的班集体。我所在的班集体很特别，也很有意思。也许在老师的眼里我们班是比较麻烦的，在其他班级的同学的眼里是最闹的。但我非常爱这个集体，因为在这个班集体中。团结是我们班的准则，善良是我们班同学的本性，搞笑是我们班的娱乐方式。我们班有许多怪才，例如，总是给人以大方感觉的杨某某，文学修养很高。他上知天文，下知地理，中国文学、外国文学都不在话下，他是老师的得意帮手。有时候，老师忘记了的东西，他会以一种暗示的方式提醒老师，既顾全了老师的面子，又让老师觉得他很贴心。还有人称“刘德华”的李某人，虽然长得不像，但唱起歌真有那么点儿味道，那声音动作极其相似。全班同学都称他为“华仔”。班里还有一个叫小邓丽君的小甜姐儿，她个子小小的，眼睛总带着一种说不出的韵味，她的声音和邓丽君有 70% 的相似度，可神态却有 90% 的相似度。我们班的怪才的确挺多，这只是最有代表性的几个。我非常难忘那个曾带给我无限快乐和温暖的班集体。

24. 谈谈社会公德（或职业道德）

社会公德是人类在长期社会公共生活实践中逐渐积累起来的，是社会公共生活所必需的、最简单、最起码的道德准则。它一般指影响着社会公共生活的行为规范，例如：遵守公共秩序、爱护公物、保护环境、讲文明懂礼貌等。

每个人都应当遵守社会公德。就拿乘坐公交车这个日常生活中最普通的事来说，它在很多方面都体现了社会公德的重要性。首先上车要排队。现在好多人为了自己能有座位，都不排队，而是挤在公交车的门口。这样一些人就会被踩到脚，瘦弱的人甚至会被挤倒，而女性还可能遭到咸猪手的偷袭，同时还便于小偷偷东西。其次，要主动让座。因为现在主动让座的、富有爱心的人越来越少，所以公交车上专门为老弱病残孕设置了爱心座位，车内的广播系统中也有“请主动为老弱病残孕和抱小孩的人让座”的语音提示。可是有些人霸占着爱心座位不让座，头还朝向窗外，就当没看到有老人或是孕妇，也没听到车里的广播提示。第三，要讲究车内卫生，不在车内吸烟、吐痰，不乱扔瓜皮果壳。经常有男士在车内吸烟，然后被司机劝阻了，他还不服气。另外，在车内吐痰、嗑瓜子也是常见的现象，甚至偶尔还会看到有抱在手上的小孩在车上小便。为什么现在公交车上都有个垃圾篓？为什么会有“请讲究车内卫生，文明乘车”这样的广播提示？其实就是因为有些人不遵守社会公德，公交公司不得不采取以上措施。此外，为了遮挡夏日的太阳光，也为了给乘客提供更好的乘车环境，公交公司不惜重金，为每辆车的车窗都安装上了窗帘。可是一个夏季都没过，那些窗帘不是脏了、破了，就是掉下来了，残缺不堪。若非人为破坏，窗帘的使用寿命是不会那么短的。

总之，遵守社会公德，有利于精神文明建设，有利于创造美好生活。社会公德需要社会的每个成员共同遵守。遵守社会公德从我做起，从身边的小事做起。

25. 谈谈个人修养

我认为修养是指一个人的品质、道德、气质，对生命的领悟等，经过锻炼和培养达到的水平。这个定义虽然不敢说准确无误，不过却是修养本身的内涵所在。修养，顾名思义，就是“修身”“养性”。古人曾经说过，“修身，齐家，治国，平天下”。把修身列在首位可见修身是一切事业通往成功的基础，而“养性”不仅包括一个人内在的能力、性格、天赋、情趣，还应该包括其外在表现与道德品质。“身不修则德不立，君子不可以不修身”所说的正是这个意思。

修养要从日常生活的一点一滴做起，从零做起。从一件小事中就可以看出一个人的修养。我曾看到有人在公共场所大声喧哗，随意制造噪声；有些人还乱扔垃圾，随地吐痰。我也曾经看到过在楼下走路的人被从楼上倒下来的水浇了一身。有的人有吸烟的习惯，但不分场合，上了公共汽车还在抽，损害了别人的健康，自己还不知道。这些都是缺少修养的表现。

曾经听过这样一件事：在一次新闻发布会上，人们发现坐在前排的美国传媒巨头，ABC副总裁麦卡锡突然蹲下身子，钻到了桌子底下。大家目瞪口呆，不知道这位大亨为什么会在大庭广众之下做出如此有损形象的事情。不一会儿，他从桌子底下钻了出来，扬扬手中的雪茄，平静地说：“对不起，我的雪茄掉到桌子底下了，母亲告诉过我，应该爱惜自己的每一分钱。”麦卡锡是亿万富翁，照理说，应该不会那么看中一根掉在地上的雪茄，但他给了我们意想不到的答案。这是一种个人修养，这种修养正是他们创造巨大财富的源泉所在。

26. 我喜欢的明星（或其他知名人士）

“听见冬天的离开 \ 我在某年某月醒过来 \ 我想 \ 我等 \ 我期待 \ 未来却不能因此安排”，念到这里的时候，你一定知道我想说的是谁了吧？

是的，她就是新加坡小天后孙燕姿。从2000年6月9日华纳唱片公司成功将孙燕姿送上亚洲舞台起，她就一再制造惊喜。燕姿的出现，颠覆了歌坛很多不成文的规矩，让实力超越外力成为成功的起点。比起歌坛里好多艳丽的女明星，燕姿仿佛是一朵清丽的百合。

我是从中学起开始听她的歌的，正赶上她的第一张专辑《我要的幸福》，没想到，第一次听就喜欢上了她的声音。她的声音是那样的与众不同，温柔中充满坚定。

我喜欢孙燕姿，不仅因为她的声音很特别，还因为她有跟别的艺人不一样的个性。她不是那种张扬的女明星。她为人很低调，打扮也不怪异，很清纯，很简单，有时觉得她和刚刚在街上与自己擦肩而过的女生没什么两样。她是那样的具有亲和力。

孙燕姿还是一个有爱心的人，她经常参加公益活动。就在今年10月，她又参加了音乐之声“我要上学”的探访希望小学活动，跟随音乐之声爱心探访团从北京驱车往返10个多小时，为山里的小学生们送去手套、铅笔袋等物资，还有自己火热的爱心。

这就是孙燕姿，一个用自己的声音和爱心给人们送去幸福的音乐人，一个视音乐为自己一生最爱的单纯女生。

27. 我喜爱的书刊

我喜欢的文学形式是小说。在我的心中，好的小说一定要有一个好的故事，好的故事能给人一定的思考和启迪。在众多的书刊中，我喜欢读小说。无论是成本的专著，还是文学期刊里的单篇作品，我都喜欢看。

小时候，我就很喜欢听故事。我记得上小学的时候，有时候我不想去上学，妈妈就拿讲故事作为交换条件。如果我去上学，妈妈就会在路上给我讲一个故事。爸爸见我如此喜欢听故事，就给我买来一本《一千零一夜》，让我自己看。我拿着厚厚的《一千零一夜》，读得爱不释手。到现在，我还能记起里面的一些故事，比如辛巴达的七次航海、七色鱼的故事等。从这些寓言性质的故事中我学会了一些做人的基本道理，比如诚实、善良、勇敢、坚强等。

上了中学以后，我就开始读小说了。我喜欢跟着书中的人物经历他们生活中的喜怒哀乐，我渴望知道每一个故事的结局。我不再满足于寓言、童话，而是想了解真实的生活。记得当时我们班举行读书会，参加的同学可以介绍一本自己喜欢的书。那天，我第一个上场，介绍的是路遥的《平凡的世界》。讲到孙少平不得不整天忍饥挨饿时，我竟然禁不住哽咽起来。记得，我当时是这样结尾的，引用了作者在后记里的一句话：“即使没有收获的指望，也要心平气和地继续耕种。”在我看来这就是好的小说，他给你展现最真实的生活，触动你的情感，又引导你进行一定的思考。

现在上了大学，我读的是中文专业。我非常喜欢上文学课。老师一般会提前给出下节课要讲的作品。拿到书单后，我就赶紧去图书馆借书，生怕去晚了，书就没有了。借到书以后，我会通读一遍，然后自己试着做人物形象的分析。下节课上课的时候，只要有一点和老师说得一样，我就非常高兴。

我通过读小说，更积极地思考，更努力地生活。我想这是小说带给我的宝贵财富。

28. 谈谈对环境保护的认识

环境保护并不是一个新鲜的话题，但是现如今成为我们国家的头等大事。不可否认，环境保护是一个庞大的、系统性的工程，关系着千千万万人的命运，所以，这也需要所有人的配合与努力。我们知道，人类只有一个地球，地球已经存在了几十亿年，但是它非常脆弱，现在更是受到各种灾难的威胁：水污染、空气污染、江河断流等。看看1998年的洪水和2006年的海啸吧，我们就会知道，地球其实已经千疮百孔。如果有那么一天，地球不堪重负，我们的命运又将何去何从呢？毫无疑问，我们别无选择，只有死路一条。所以，作为地球上的一员，我们不能仅仅担忧和抱怨，而必须加紧行动，像爱护我们的眼睛一样爱护我们的地球。那么我们应该怎么做呢？

首先，我们应该尽量少用或不用一次性用品，如一次性筷子、一次性牙刷等。虽然这些物品给我们带来了短暂的便利，却使生态环境付出了高昂的代价。其次，我们应当节约资源，减少污染。具体来说就是，节约用水，节约用电，不乱扔垃圾，同时注意回收和循环再利用等。只有这样，我们才不会透支有限的资源，才不会给我们自己和我们的后代留下遗憾。

然后，我们应当学会保护动物，保护植物，与其他生物和平相处。因为，其他生物也是地球上巨大生物链上的一个重要环节，缺少了它们，我们的生活也将受到影响。

所以，在这里，我要呼吁，爱护地球、爱护环境吧。这是我们每个人的责任！让全世界的人们都行动起来，为我们美丽的家园，为现有的优美环境，为我们美好的未来，共同努力保护好环境。

29. 我向往的地方

每个人心中都有向往的神圣的地方，而我一直认为丽江是我生命里最神圣的人间天堂。特别想去丽江的想法源于小时候的一部电视剧，叫《一米阳光》。在这部剧里，丽江是其主要外景地。通过它，我第一次看到丽江古城的清澈和美好，于是就有了去亲眼看一看的愿望。这些年来，我常常会突然地出走，但去的都是在自己心中不是特别向往的地方。原来，真正贪恋且向往的地方，是不会也不舍得轻易动身的。前段日子，看到朋友在人人网上发布的她去丽江旅行的照片，通过她的照片，我又一次看到了丽江古城的美。尤其是丽江的客栈，总让我有去住一下的冲动。于是我觉得，我真的该去了。如果哪天现实允许又有个适合的人陪伴，我想我会立即飞去丽江；当然了，如果没有适合的人做伴，那么好吧，就一个人上路，做个背包客独自去赴我与丽江古城迟到已久的约会。也许，那座艳遇之都会带给我惊喜也说不定啊！

其实，喜欢丽江还有一个原因，就是我自己是一个喜欢怀旧的人，所以一直很喜欢那些留有岁月痕迹的地方、事物以及文化。而在我心里，丽江这座古城正是一个写满了岁月痕迹的地方。它清澈的小溪、木头制的客栈，还有它的一米阳光，处处都是有灵性的。现在都市生活的快节奏让置身其中的人们变得劳累和焦躁，而我觉得丽江这样一个地方正是适合我们暂时停下来休憩的地方，停下来回望一下来时的路，寻找一下自己的初衷甚至是灵魂。说的再艺术一点，我觉得丽江就像一种药，可以医治都市里受的伤。

就是这样子，我喜欢丽江，丽江就是我所向往的地方，假如有一天我老了，能到丽江去安享晚年，那就是我的梦。

真的好想游走在丽江古城的街上，听着身边过往人们的故事，用心去感受一下丽江古城的柔软时光。

30. 购物（消费）的感受

我是一个比较现实的人，只有在需要的情况下才会去购物。一般在节假日，大多数人都会出去逛街购物，但我不会，购物只能满足我的物质需要，满足不了我的精神需要。有些人把购物过程当成一种享受，但我从来没有这种感觉，因为我每次都会抱怨双腿的酸痛。说实话，我对购物并不感兴趣，就说买衣服吧，我是一个不会砍价的人，自己心里也明白，这些年来肯定被蒙了很多次，但也是没办法的事。我现在买衣服几乎不砍价，所以一般会去那种不需要砍价，价格也不会太离谱的地方。

我喜欢逛书店，对于喜欢的书，就会买来看。假如通过其他途径看到喜欢的书，只要我真的喜欢，即使我已经看过了，我还是会去书店买来再看一遍。我特别喜欢在书店淘那种有价值的，但我没看过的书，会让我产生很高的成就感，这时候会替自己感到高兴，也挺为自己感到骄傲的。

说到书，我还有一个怪癖。我特别不喜欢把书借给别人，这并不是因为我小气，我认为自己并不小气，只是对书有一种奇怪的保护欲，不管新书、旧书，我都会尽可能让它们维持原状，折叠书这个动作我永远不会做，当然课本除外。有些人喜欢给书加上外皮，这样不容易坏，但我不喜欢。我想看到的是书本来的面目，原汁原味的一本书，充满书香味。别人不可能会了解我对书的这种奇怪的心情。记得曾经有一次，同学还回来的书中，有几页沾到水，干了以后一大半都是皱的。我知道她不是故意的，所以没有说出来，我也并不怪她，但莫名地对书心疼死了，感觉自己没保护好它，太失职了。

参考文献

[1] 国家语委普通话培训测试中心. 普通话水平测试实施纲要 [M]. 北京：商务印书馆，2005.

[2] 四川省普通话水平测试中心. 普通话水平测试训练教程 [M]. 电子科技大学出版社，2008.

[3] 宋欣桥. 普通话水平测试员实用手册 [M]. 北京：商务印书馆，2002.

[4] 梁德曼. 四川方言与普通话 [M]. 成都：四川人民出版社，1982.

[5] 杨小锋，兰玉英，陆嘉懿. 普通话水平测试实用教程 [M]. 成都：四川大学出版社，2012.

[6] 杨绍林. 普通话训练与测试教程 [M]. 成都：四川大学出版社，2001.

[7] 张静. 新编现代汉语 [M]. 上海：上海教育出版社，1980.

[8] 邢福义. 现代汉语 [M]. 北京：高等教育出版社，1993.

[9] 黄伯荣，廖序东. 现代汉语 [M]. 北京：高等教育出版社，2008.

[10] 张斌. 现代汉语 [M]. 上海：复旦大学出版社，2002.

[11] 文宪. 普通话水平测试的必由之路：计算机辅助普通话水平测试前瞻 [J]. 西华师范大学学报，2007 (09).

[12] 文宪. 从 ABB 式形容词的注音变化看《现代汉语词典》规范化进程 [J]. 四川教育学院学报，2009 (12).